JN240047

経営組織

安藤史江／稲水伸行／西脇暢子／山岡 徹 [著]

ベーシック＋プラス
Basic Plus

中央経済社

はじめに

　本書は，大学において経営学部の主要な専門科目の1つ，「経営組織論」を初めて学習する学部生を主なターゲットとして執筆した教科書です。また，経営の実務に携わる方々や，経営組織に関する基礎知識を実践に積極的に活用したいと考えている方々にも役立てていただけることを目指した書でもあります。

　私たちの生活や日常は，組織と密接な関係を持っています。組織に1つも所属していない人はいません。むしろ同時に大小複数の組織に所属しているほうが一般的です。したがって，私たちに大変身近で，欠くことのできない存在である組織に関する，体系的な知識やそのメカニズムを正しく理解することは，個人としてそれら組織と上手く付き合っていくことに役立つばかりでなく，目指す成果に向けてより良い組織運営をしていくことにも非常に有用であると考えられます。

　本書では，現在の経営組織論における主要トピックスや議論をカバーするとともに，それらを学習する際，学習者の間から比較的よく提示される疑問や質問に対しても，各章を担当する執筆者なりの現時点での1つの考えを示すよう試みています。いわゆるオーソドックスな内容にとどまらず，新たな時代や状況についてもできるだけ反映し，対応しようとしています。

　また一般に，経営組織論の教科書は執筆者自身の専門や関心の影響もあり，どうしても，組織を構成する個々のメンバーのマネジメントに主な焦点を当てた「ミクロ組織論」か，外部環境との関係性から組織の構造や戦略を考える「マクロ組織論」のいずれかに偏りがちになります。しかし，本書ではできるだけ双方を盛り込んだ，バランスのとれた内容になるよう心がけています。4名の大学教員で執筆されている本書ですが，そのため，ミクロ組織論を主な研究関心とする者とマクロ組織論を主な研究関心とする者とがバランスよく混在するよう強く意識して，執筆チームの結成も行いました。

▶本書の構成

　本書は，3部13章で構成されています。第Ⅰ部では，組織とは何を指すのかを含めた，組織の基本の解説から始まり，第Ⅱ部ではその基本を踏まえたうえで，どのように組織内部のマネジメントを進めるべきかを考えます。

　ただし，いかに組織内部を上手にマネジメントしたつもりでも，組織は環境との相互作用で成り立っています。加えて，組織は静的なものではなく，日々うごめいているダイナミックな存在です。そこで，最後の第Ⅲ部では，組織内外のダイナミクスという観点から，比較的新しいものまで含めて，それに関わる議論を可能な限り手厚く取り上げています。

　本書では，各章の冒頭にその章の学習ポイントやキーワードを掲げるとともに，各章の内容に関わるエピソードを載せています。社会人経験のない学部学生にも，各章で取り上げる問題を具体的にイメージし，その内容に関心を持ってもらうための工夫です。さらに，章末には演習問題として，「Working（調べてみよう）」と「Discussion（議論しよう）」を設けています。これらを授業やゼミなどで活用することで，各章の内容に対する読者の理解が増すことを期待しています。

▶本書の使い方

　本書の使い方で最もスタンダードな方法は，本書の順番に従い，各章の内容を学習した後，演習問題に取り組み，段階的に理解を深めていくことです。しかし，経営組織論にこれまで馴染みがない方は，各章の冒頭に掲載した学習ポイントやエピソードのみ手早くさらい，早めに経営組織の全体像を把握するのも，1つの学習方法として有効と考えられます。

　さらに，各章のエピソードは，それぞれ本文とは独立したショート・ケースとして活用可能です。そのため，ゼミなど少人数で議論できる状況にある場合は，まず各エピソードを使ってケース・ディスカッションをしていただく方法もありうるでしょう。学問的に正しいか正しくないかを特別に意識す

ることなく，それぞれのエピソードの最後に用意された問いかけに対してむしろ自由に意見形成し，多様な意見が出揃った後，本文をゆっくりと学習していただくことで，本文で取り上げたトピックスに対する理解もより一層深まりやすくなるに違いありません。

　最後に，本書の刊行にあたっては，株式会社中央経済社ホールディングスの代表取締役会長山本継氏，同社長山本憲央氏をはじめとする関係者の皆様に貴重な機会を頂戴し，感謝申し上げます。特に，なかなか予定通りに進まないなか，本書の企画から完成に至るまで辛抱強くご支援・ご尽力いただいた中央経済社学術書編集部編集長の納見伸之氏，および担当いただいた編集次長の浜田匡氏には，心から御礼申し上げます。

2019 年初夏

執筆者を代表して　　安藤　史江

はじめに……001

第 **I** 部 **組織の基本を理解する**

第 **1** 章 **組織とは何か**……014

1 組織の基本……015
- **1.1** 組織の重要性　015
- **1.2** 組織の種類：営利組織と非営利組織　017
- **1.3** 組織を作る目的　018

2 組織の役割……020

3 経営資源……021
- **3.1** 経営資源とは　021
- **3.2** 「情報」の多様な役割　023

4 経営資源の獲得と資源化……024
- **4.1** 経営資源の獲得　024
- **4.2** 経営資源の資源化　025
- **4.3** 望ましい獲得と資源化のあり方　026

第 **2** 章 **組織の基礎理論**……029

1 古典的組織管理論……030
- **1.1** 時代背景　030
- **1.2** 科学的管理法　031
- **1.3** 管理過程論　032
- **1.4** 官僚制　033

2 近代組織理論……034
- **2.1** システムとしての組織　034
- **2.2** 組織均衡論と「バーナード＝サイモン理論」　035

2.3 C.I. バーナードの組織理論—協働体系としての組織—　036

2.4 H.A. サイモンの組織理論　038

3 組織均衡論 039

3.1 有効性と能率　039

3.2 誘因と貢献　040

3.3 組織の均衡　042

4 組織理論の現代的意義 043

4.1 古典的組織管理論の現代的意義　043

4.2 近代組織理論の現代的意義　044

第 **3** 章 **組織構造と組織デザイン** 047

1 組織デザインの要諦 048

1.1 組織デザインの考え方　048

1.2 部門化　049

1.3 権　限　050

1.4 ラインとスタッフ　051

2 組織の基本構造とその特徴 052

2.1 組織の形　052

2.2 機能別組織（または職能別組織）　055

2.3 事業部制組織　056

2.4 マトリックス組織　058

3 組織デザインの応用と実例 059

3.1 事業本部制とカンパニー制　059

3.2 マトリックス組織の導入事例　060

4 組織デザインの留意点 062

4.1 デザインできない組織の形—ネットワーク組織—　062

4.2 模倣の危険性　063

第 II 部 内部組織のマネジメント

第 4 章 組織におけるモチベーション ────────────── 066

1 モチベーションとは ────────────────── 067
1.1 モチベーションの重要性　067
1.2 モチベーションの 3 つの要素　068

2 モチベーションの内容理論 ───────────── 069
2.1 モチベーションと欲求　069
2.2 マズローの欲求階層説　070
2.3 ハーズバーグの二要因理論　072

3 モチベーションの過程理論 ───────────── 075
3.1 目標設定理論　075
3.2 期待理論　077

4 仕事とモチベーション ─────────────── 079
4.1 期待理論とマネジメントの役割　079
4.2 職務設計　080
4.3 モチベーションとリーダーシップ　082

第 5 章 集団力学（グループ・ダイナミクス）──── 085

1 集団という概念 ──────────────────── 086
1.1 集団になると変わる個人の行動　086
1.2 集団，組織，チームの違い　087

2 集団の生産性 ───────────────────── 089
2.1 集団による生産性の向上　089
2.2 集団がもたらす生産性の低下　090
2.3 集団内の能力格差と生産性の関係　091

3 集団による意思決定バイアス ──────────── 092
3.1 集団への同調行動　092

3.2 集団分極化　094

3.3 集団浅慮　096

4 集団力学を左右する諸要因 ………………………………………………097

第 **6** 章　**組織の意思決定** ………………………………………………101

1 合理的な意思決定 ………………………………………………102

　1.1 合理的な意思決定の条件　102

　1.2 合理性の限界　103

2 限定された合理性による意思決定 ………………………………104

　2.1 現実の人間の意思決定　104

　2.2 意思決定の連鎖　106

3 限定された合理性を克服するための組織づくり ………………107

　3.1 タスクの割り当て　107

　3.2 組織ルーティン　108

　3.3 権　威　110

　3.4 一体化　111

4 組織的決定のゴミ箱モデル ………………………………………111

　4.1 現実のあいまいな意思決定プロセス　111

　4.2 ゴミ箱モデルの基本的な考え方　113

　4.3 ゴミ箱モデルで考えられている意思決定　117

第 **7** 章　**組織と環境** ………………………………………………120

1 環境の変動に対処することを示す事例 …………………………121

2 合理的モデルと自然システム・モデル …………………………123

3 技術と環境からの影響の遮断 ……………………………………125

　3.1 技術（テクノロジー）とテクニカル・コア　125

　3.2 環境からの影響の遮断　128

4 タスク環境と依存関係のマネジメント …………………………129

　4.1 ドメインとタスク環境　129

　4.2 パワーと依存関係　131

4.3 パワーと競争戦略　132

4.4 パワーと共同戦略　133

第 **III** 部　**組織内外のダイナミクス（うごめいている組織）**

第 **8** 章　**組織構造のダイナミクス**　138

1 コンティンジェンシー理論と不確実性　139

1.1 コンティンジェンシー理論　139

1.2 不確実性　140

2 組織デザインの基本モデル　142

2.1 規則と手順　142

2.2 階層に沿った上申　143

3.3 目標設定　144

3 情報処理の必要性を低減させる方法と能力を増大させる方法　145

3.1 スラック資源の創出　145

3.2 自己完結的職務の創出　146

3.3 垂直的な情報処理システムへの投資　147

4 横断的関係の構築　148

4.1 直接接触　149

4.2 連絡調整役（リエゾン）　150

4.3 タスクフォース　150

4.4 チーム　151

4.5 統合的役割　152

4.6 統合的管理職位　153

4.7 マトリックス組織　153

第 **9** 章 **組織間関係**────────────────156

1 **組織間関係とは**────────────────157

  1.1 組織単体での限界　157

  1.2 組織間関係の意義　158

2 **組織間関係から享受できるメリット**────────160

  2.1 資源獲得・交換および不確実性の軽減　160

  2.2 効率性の向上　161

  2.3 シナジー効果や学習機会　163

3 **組織間関係から被るデメリット**────────164

  3.1 依存関係による立場の弱体化　164

  3.2 予想外のコスト増　166

  3.3 関係の不安定さ　167

4 **組織間のネットワーク**────────────168

第 **10** 章 **組織変革の捉え方**────────────172

1 **組織変革の必要性**────────────173

  1.1 外部環境と組織変革　173

  1.2 内部環境と組織変革　174

2 **組織変革の対象**────────────176

3 **組織変革のプロセス**────────────178

  3.1 変革の3段階モデル　178

  3.2 計画的プロセスと創発的プロセス　180

  3.3 変革プロセスをめぐる課題　182

4 **変革への抵抗**────────────184

  4.1 習慣と不安心理　184

  4.2 個人や部門の利害　185

  4.3 決めつけと思い込み　187

第11章 組織変革の進め方 ·································· 190

1 組織変革の理論的アプローチ ·································· 191
1.1 組織変革を取り巻く現状　191
1.2 コッターによる8つのステップ　192
1.3 「学習する組織」の実現　194

2 それぞれのアプローチの落とし穴 ·································· 196
2.1 ダブル・ループ学習の必要性　196
2.2 制度や仕組みによる応援　197

3 統合的な発想が持つ力 ·································· 199
3.1 4つの要素の整合性　199
3.2 外部環境と業務組織との整合性　200

4 カスタマイズの必要性 ·································· 202
4.1 各組織で異なる実状　202
4.2 変えるべき点と守るべき点　203

第12章 組織のパラドックス ·································· 206

1 組織のパラドックスとは ·································· 207
1.1 組織における多様な緊張関係　207
1.2 「最適解」の限界　208
1.3 パラドックスの定義　209

2 組織におけるパラドックスの分類 ·································· 211
2.1 学習のパラドックス　211
2.2 所属のパラドックス　212
2.3 組織化のパラドックス　212
2.4 実行のパラドックス　213

3 重要性の高い学習のパラドックス ·································· 214
3.1 互いに矛盾する学習間の緊張関係　214
3.2 成功の罠　216
3.3 有能さの罠と自己強化ループ　217

4 パラドックスと両利き組織 218

    4.1 構造的両利き 219

    4.2 文脈的両利き 220

第13章 流されず，しなやかに 224

1 環境決定的か自己決定的か 225

2 組織の個体群生態学 226

    2.1 自然淘汰モデル 226

    2.2 強い慣性を生む組織内部の制約 228

    2.3 外部制約としての正統性確保と同型化 229

3 生き残りの確率を高める方策 231

    3.1 変異の出現を許し，歓迎する環境 231

    3.2 ノイズや過当競争から距離をおく姿勢 232

4 リビング・カンパニーからの教訓 233

索　引 237

第 **I** 部

組織の基本を理解する

第1章
組織とは何か

第2章
組織の基礎理論

第3章
組織構造と組織デザイン

第 **1** 章 # 組織とは何か

▶私たちが組織を作る主な目的は，個人では限界があることを克服すること
と，より新たな可能性を拓き，それを実現することにあります。

▶組織は人や機能の単なる集まりではなく，人が生み出す諸力と諸活動の体
系である「協働体系」と理解されます。

▶組織活動に利用される「経営資源」は，ヒト，モノ，カネ，情報に大別さ
れ，必要な資源の獲得こそが組織能力や成果に影響をもたらします。また，
保有する資源をいかに資源化するかも重要な課題となります。

Key Words

**営利組織　非営利組織　協働と分業　限界と制約の克服　組織の役割
経営資源　経営資源の資源化**

Episode 1

　今日は，大学時代のサークル仲間との久しぶりの飲み会だった。卒業から約
10 年，まだ独身を謳歌している者から，すでに子供が 3 人もいる者まで，いろ
いろだ。それはキャリアについても同様で，もともと業種も規模も異なる就職先
ながら，社内で順調にキャリアを高め管理職になっている者もいれば，入社後す
ぐに転職してしまった者もいる。最初の会社をいったん辞めた後，派遣社員とし
て働いている者，最近になって専門性を武器にフリーランスとして独立した者，
会社での出世より家庭や地域との交流，NPO での活動など，プライベートの充
実が何よりという者もいた。

　大学時代の昔話や，およそ社内では口にできないであろう仕事上の笑い話など
で盛り上がるなか，誰かが「皆の話をきいていると，一言で組織といっても，人
によって随分イメージには違いがあるんだね」と言い出した。確かに，自分に
とっては，組織といえば今，自分が勤めている「会社」が真っ先に浮かぶが，会
社全体に限らず，自分が所属している「職場」だって組織だ。それにプロジェク
ト・チームのような時限的な集団や，ごく少人数のまとまりも組織と呼べるはず

だ。これだけ規模が違うものがすべて組織と呼べるとすると，そこに共通する要素は何だろうか。利潤の追求を重視する点だろうか。

　もしそうだとすると，非営利の代表的な例であるNPOは組織ではないことになる。だが，もちろん，そんなはずはない。NPOは誰がみても組織だ。PTAなどの地域・ボランティア活動，地域の野球チームや趣味のサークル活動も，まず間違いなく組織だろう。もっといえば，一家庭ですら組織とみなせる可能性がある。

　そうなると，唯一組織でないと言い切れるのは，個人事業主であり，1人で仕事に携わっているフリーランスの人々かもしれない。ところが，最近フリーランスを始めたばかりの友人は，その考えにこう反論してきた。「確かに，いわゆる会社には所属していないけれど，自分の働き方は組織といっていいと思う。だって，誰かから仕事をもらって初めて成り立つわけだし，同じフリーランス仲間と協力して仕事をこなすことも，よくあることだからね。そういう意味では，今流行りのクラウドファンディングだって，立派な組織だよ。どんどん時代は変化しているんだから，組織といったらこういうものだっていう固定概念に，あまりとらわれないほうがいいんじゃないかな。」

　この発言ですっかり頭の中が混乱してしまった。結局，組織とは何なのだろうか。そして，どういった目的や条件を満たすと「組織」になるのだろうか。

1 組織の基本

1.1 組織の重要性

　私たちと組織は切っても切れない関係にあり，誰もが一生のうちに多様なタイプの，数多くの組織と関わります。病院，学校，会社，官公庁，クラブやサークル，ボランティア，などはその一例ですが，近年ではこれらに加えて，ネット空間上でメンバーが結びついているだけのバーチャルな組織も珍しくなくなりつつあります。

　これらの組織に対して，私たちはメンバーとして直接その活動に参加することもあれば，顧客として組織が生み出す製品やサービスを購入することも

あります。また，資金を提供して投資家として参加する人もいるでしょう。組織は私たちにとって生活の基盤となっているだけでなく，友人や家族を含む対人関係を形成する場であったり，個人的な目標や価値観に影響を与える手段になったりします。中には，組織に尽くし，組織とともに歩むことそのものが生き甲斐になっている人もいるでしょう。

　組織はこのように個人と密着した存在といえますが，一方で個人とは独立した**社会的アクター（行為者）**としての側面も持っています。組織を一から立ち上げる場合，通常は小規模なものからスタートし，徐々に大きくなっていきます。一般的に，組織は小規模なうちは活動範囲が狭く，メンバー1人ひとりの顔も見えるため，組織はメンバーの所有物のように感じられるかもしれません。しかし，大規模化するにつれて，組織内外の多様な人々が組織の目的や活動に影響を与えるようになり，組織それ自体が1つの自律した社会的アクターとして機能するようになります。組織のこのような側面は，法律によって認められた人という意味で「法人」と表現されることもあります。

　以上のような特徴を踏まえて組織を研究するのが**経営組織論**です。厳密に言うと，経営組織論の内容には**図表1−1**で表したように，「事業やビジネスの経営主体である組織や組織に関する諸現象についての研究」と「組織と

図表1−1 ▶ ▶ ▶経営組織論の構成

カテゴリー	近代組織理論		古典的組織管理論
	マクロ組織論	ミクロ組織論	
概要	組織全体の構造，成長と発展，ガバナンス，組織を取り巻く環境のマネジメント，組織間関係など，組織全体とそのダイナミズムに関する研究	職場を単位とする組織内での人の行動，態度，心理，相互作用を含む個人間関係と，そこから派生する組織内のダイナミズムに関する研究	組織と組織活動の管理に関する研究
主な研究や理論	組織デザイン，チャンドラーモデル，コンティンジェンシー理論，資源依存モデル，取引費用管理論など	動機付け，リーダーシップ，グループダイナミクスとその関連研究　など	官僚制，科学的管理法，管理過程論など
	意思決定論，組織学習論，パワー論　など		

出所：筆者作成。

組織活動の管理に関する研究」の2つが含まれます。詳しくはどちらも第2章で説明しますが，前者には近代組織理論，後者には古典的組織理論やそこから発展した経営管理論が該当します。経営組織論が対象とする組織は企業であることが多いですが，「経営」の発想そのものは企業のみにとどまらず，より幅広い対象に必要となります。そこで，組織とは何か，組織を経営するとはどのようなことなのかを順に解説していきましょう。

1.2 組織の種類：営利組織と非営利組織

　組織は**営利組織**と**非営利組織**に大別されます。前者は主に企業が，後者には病院，官公庁，学校，スポーツクラブやチーム，ボランティア，同窓会，などの多様な組織が該当します。

　営利組織と非営利組織の共通点は，組織参加者と呼ばれる人々が協力して製品やサービスを生み出し，それを必要とする人々に提供している点，条件を満たせば法人格を取得して「**法人**」になれる点です。法人とは一定の社会的活動を営む組織体で，法律により特に権利能力を認められたものを指します。日本で認められている法人はさらに**営利法人**と**公益法人**とに大別されます。営利法人には「会社」が該当し，公益を目的に事業を行う法人である公益法人には，公益財団法人，公益社団法人，一般社団法人などがあります。

　営利組織と非営利組織の相違点は，組織活動で得た利益（剰余金）を構成員に分配できるか否かです。よく誤解されますが，「非営利」とは利益をあげないという意味ではなく，構成員の利益（私利）より公益追求が組織の主目的であるという意味です。したがって，非営利組織も営利組織と同様に，サービス利用者から料金を徴収したり，構成員に賃金を支払うことができます。しかし，活動で得た利益を従業員や出資者（株主）に配当やボーナスなどの形で分配することは認められていません。利益が出た場合は，組織の次の活動のために使うことが義務づけられています。

1.3 組織を作る目的

　組織論は学際的な学問領域で，経済学，政治学，心理学，社会学などの隣接領域における研究成果を取り入れながら，幅広く組織の諸現象を明らかにしてきました。

　組織の捉え方は研究領域ごとに特徴があります。たとえば組織とそれに関連する諸現象を，個人的あるいは社会的な合理性や，相互作用する人の行動，心理，態度から捉える研究もあれば，組織の特徴の1つである安定的な機構や構造に着目する研究もあります。対象とする組織の規模も研究ごとに異なり，大規模な組織全体の場合もあれば，その中の一部分を構成する職場やチームの場合もあります。このように，複数の捉え方と複数の分析枠組みが存在することが，組織に関する諸現象の解明を手助けする一方で，結局組織とは何かをわかりにくくしている面もあります。

　組織の諸理論は組織を説明する際に，長らく人間の身体・能力の限界や時間などの資源の制約に着目してきました。その代表的な研究が第2章で取り上げる，人間の持つ合理性の限界に着目しながら組織の本質的特徴を論じたサイモン（Simon, H. A.）やマーチ（March, J. G.）によるものです（Simon [1947], March & Simon [1958]）。

　私たちは全知全能の神ではない以上，起こりうる諸現象も含めてすべてのことを把握できるわけではありません。いくら力持ちでも1人で何百キロもあるものを持ち上げられる人はいませんし，いくら頭脳明晰でもすべてのことを1人でやれる人はいません。私たちが組織を作る理由の1つは，**限界と制約の克服**です。さまざまな制約や限界を持つからこそ，私たちは組織を作り，互いに協力しながら多くのことを行うのです。組織の基本は**分業と協働**です。分業とは，組織メンバーの間で業務を分担して行うこと，協働は共に働くことです。分業と協働が組織の基本である点は，今後組織がどのような形態をとろうとも変わることはありません。

　限界と制約は長らく組織を説明するキーワードでしたが，今日ではその中に人間が持つ可能性も含まれるようになっています。「知識創造の理論」（野

中〔1991〕）で提示されている組織像はその代表例です。ここでいう可能性とは，限界と制約を克服するという受動的な立場で組織を作るだけでなく，組織を活用することで人間が持つ**潜在的な力**を引き出そうとすることを指します。

　組織に対する考え方のこのような変化の背景には，情報技術の発達などによって，**協働体系**としての組織が，安定的な構造体や人の集合のような形から，人や資源が必要に応じて結びついては離れる，柔軟なネットワークへと変貌していることがあげられるでしょう。ネットワーク型組織は参入も退出も自由で，組織の内側と外側の境界線も，構造や集団ほど明確ではありません。インターネットなどを使えば，物理的に離れた場所にいる人の参加も可能です。このようなバーチャルな組織は，誰が組織の構成員なのか，どこまでが組織の範囲なのかわからないだけでなく，活動しているのかいないのかさえはっきりしないこともあります。

　比較的容易にいつでも誰とでもつながれるようになったことで，私たちは1人でも以前ほど困らなくなりました。こうした現状から，「ネット時代に組織はいらない」と考える人も出るかもしれません。しかし，組織が本当に必要ないかといえば，答えは「否」です。なぜなら，限界と可能性は表裏一体であり，どちらも私たちが組織を作る本質的理由であることに変わりないからです。世の中がどれだけ便利になろうとも，私たちはすべての限界や制約を完全に克服することはできません。むしろ，それらをかなりの程度克服できるようになったことで，これまで諦めていたことや気づきもしなかったことも，他者との協力で実現できるかもしれないという新たな可能性が見えてきます。それが私たちをさらなる組織化へと駆り立てます。つまり，私たちが組織を作るもう1つの理由は**可能性の追求と実現**です。

　組織のあり方は時代とともに変わります。しかし，私たちが限界を克服したい，可能性を追求，実現したいという欲求を持ち続ける限り，組織の重要性が変わることはありません。以降，本書の各章で解説する組織の諸理論は，いずれも私たちが組織を作る本質的理由と関わっているのです。

2 組織の役割

　組織の役割は大きく分けて2つあります。社会に対する役割と組織のメンバーに対する役割です。社会に対する役割は，製品やサービスの提供を通じて，社会をより豊かで文化的なものにすることです。これは**生産主体**としての組織の役割です。組織の成果の中には，単なるモノやサービスにとどまらず，ファッションや音楽のようにブームや流行を作り出すものもあります。言い換えれば，組織は社会にモノやサービスを提供するだけでなく，社会そのものをも作り上げているのです。

　組織メンバーに対する役割は2つあります。そのうちの1つは**報酬提供**です。私たちが組織に入る主な理由は報酬を得るためです。組織参加によって得られる報酬の中には，賃金や職位のように仕事の対価として組織から与えられるものや，知識や技能のように仕事や研修を通じて習得するもの，社会的地位や威信など，その組織のメンバーであることで組織外部の人々から半ば自動的に与えられるものがあります。この他，仲間からの評価のように，組織での活動を通じて自ら生み出し，自ら獲得する報酬もあります。これらの多種多様な報酬は私たちのさまざまな欲求を充足する手段であり，組織参加の主な理由となっています。ただし，どのような報酬によってモチベーションを高めるかには個人差があります。

　もう1つは**帰属先・所属先**としての役割です。おそらく皆さんも一度は体験したことがあると思いますが，何かをやり遂げるための場がある，そこには自分を必要としてくれる人や困ったときに助けてくれる仲間がいるなど，どこかに帰属しているという感覚があるときは，それがないときに比べて，充実感が高かったり，仲間のために尽くしたいという気持ちが強いでしょう。また，そのような気持ちを持つことで，組織の一員としての義務感や道徳観が芽生え，その組織のメンバーである以上は，組織の外でも組織が求める行動や態度を積極的にとろうとするかもしれません。組織への帰属意識や愛着は，第4章で解説する動機付けと同様に，メンバーの組織への満足度を高め，

より高いパフォーマンスを引き出す効果が期待できます。

3 / 経営資源

3.1 / 経営資源とは

　生産主体としての組織の活動は，**図表1−2**に示した「**インプット→変換プロセス→アウトプット**」のプロセスで表されます。インプットとは組織活動に用いられる資源で，一般的に「**経営資源**」と呼ばれます。アウトプットは組織が生み出す付加価値で，製品やサービスが該当します。変換プロセスはインプットをアウトプットに変える過程であり，製造過程や付加価値の創造過程にあたります。

　経営資源は**図表1−3**にまとめたように，**ヒト**，**モノ**，**カネ**，**情報**の4種類に大別されます。ここでいう「ヒト」とは組織活動に従事する個人を指します。具体的には，正社員のほか，アルバイトやパートなどの非正規従業員が含まれます。厳密に言えば，経営資源の「ヒト」は，人そのものが資源なのではなく，その人が組織に提供する労働力やアイディアが資源です。「モノ」は組織の生産活動に用いられる材料や手段であり，資材，機械設備，建物などがあります。「カネ」は組織が支払，投資，価値の貯蔵などに用いるもので，現金や預貯金，株や社債などの有価証券に大別されます。「情

図表1−2 ▶ ▶ ▶ 組織の活動プロセス

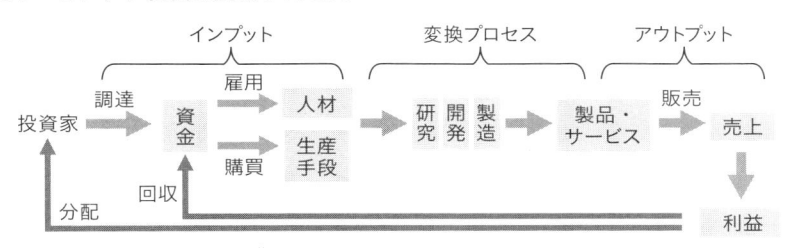

出所：稲葉［1990］を参考に筆者再編集。

図表 1 － 3 ▶ ▶ ▶ 経営資源

	内容	主な提供者（個人，組織）
ヒト	労働力，アイディア，知識，技能　など	従業員（正規社員，非正規社員，パート，アルバイト　など）
モノ	材料，資材	供給業者，取引先
カネ	現金，預貯金，有価証券（株，社債　など）	株主，投資家
情報	顧客や他社に関する情報，ニュース，経済や政治の動向　などの公式・非公式情報	組織活動に直接・間接に関係する組織や個人

出所：筆者作成。

報」はニュースや顧客情報など，組織内外からもたらされる公式，非公式の情報です。情報は新聞や雑誌記事のように文字で表現されるものや，データのように数字や記号で表現されるもの，噂のように言葉や文字で表現・伝達されるもの，勘やコツのように表現が困難で観察や模倣などを通じて少しずつ伝達されるものなど，多様なタイプがあります。

　経営資源を分類するうえで注意すべき点があります。1つは経営者（経営陣）や企業所有者の扱いです。経営資源は組織活動の材料（インプット）であり，活動主体となるアクターが利用するものを指します。経営者は組織とその活動をリードする立場であり，4種類すべての経営資源を使う側です。組織の所有者は自ら経営者となって組織を経営するか，自分以外の誰かに経営を任せます。したがって，経営者や所有者は経営資源の「ヒト」の中に含めないのが一般的です。モノ，カネ，情報は経営者と従業員が利用する資源です。

　もう1つが自社製品です。ある製品が経営資源にあたるかは，それがインプットとアウトプットのどちらに該当するかで違います。自社製品はそれを製造した企業にとってはアウトプットにあたるため，経営資源に含めないのが一般的です。しかし，国内外に事業所や子会社を多く持つような大規模な組織では，自社製品を同一組織内の他部門や他工場に材料として販売することがあります。この場合，自社製品であってもアウトプットとインプットの両方を備えていることから，経営資源とみなすことも可能でしょう。

3.2 「情報」の多様な役割

　経営資源は当初ヒト，モノ，カネの３種類でした。情報が経営資源の１つと考えられるようになったのは 1980 年頃からです。背景には，コンピューター化の影響でオフィスや職場で情報が活用されるようになったことや，組織活動の国際化が進み，情報の獲得や活用が業績に大きな影響を及ぼすようになったことがあげられます。

　情報は経営資源として後発であるだけでなく，ヒト，モノ，カネにはない特徴があります。第１に，情報だけが物体や肉体などの人間が観察できる何らかの実体を伴わないことです。情報それ自体は信号です。それを資源として利用するためには，何らかの方法で私たちが認識できる形に表したり，伝達や保存ができるような形式に整える必要があります。たとえば，文字にして紙に記録する，音声にして人やものを介して伝達する，映像化してモニターに投影する，複数の情報を組み合わせてプログラムにする，などがあります。情報の獲得や利用にあたり，多くの場合，モノやヒトなどの他の経営資源の動員が必要です。それが情報の第２の特徴である，他の資源と一体化したり，複数の経営資源同士を結びつけたりする機能を生み出すのです。

　たとえば電子マネーは，価値尺度，交換，保存という貨幣の基本機能を持つという点では「カネ」ですが，同時にそれらの機能を電子化してやりとりできるように整えられているという点では，「情報」ともいえます。電子書籍は，紙媒体の書籍のコンテンツを独立させることで，好きな媒体でそれを読めるようにしたものです。書籍と同等とみなすなら「モノ」ですが，「情報」とみなすこともできるでしょう。ベテラン従業員の持つ勘やノウハウも価値ある経営資源の１つです。これらは長期的な学習によって体得された知識や情報です。ただし，それを保有する個人と一体化されていない限り，組織や個人が獲得も利用もできない点で，「情報」と「ヒト」の両方の側面を持つと言えます。これらは情報と一体化した経営資源に該当します。

　プログラム化された情報はそれ自体が資源です。たとえばアプリやソフトウェアは，機械が利用するために組まれたプログラムです。アプリは物体と

しての商品ではありませんが，スマートフォンなどのそれを認識・利用できる機械にダウンロードすることで，はじめて資源としての機能を発揮します。特定のメンバーだけが理解し，利用できる勘やコツ，ノウハウもプログラム化された情報の1つです。こちらはダウンロードやインストールではなく，学習やトレーニングを通じてメンバーに習得されます。「ヒト」の価値を高める方法としてよく学習の重要性が指摘されますが，その理由を「情報」とのつながりから説明するならば，価値あるプログラムを追加的に搭載していくこと，あるいは，過去に学習した利用価値の低いプログラムをアンインストールし，より高いものにアップデートすることと言えるかもしれません。

企業活動の拡大や情報化の進展により，4つの経営資源を区別する壁は以前ほど明確ではなくなっています。他の経営資源との組み合わせで高付加価値化されるものもあります。つまり，ヒト，モノ，カネ，情報の区別は目安であり，実際には事例ごとに柔軟に判断し対応するのが望ましいでしょう。

4 経営資源の獲得と資源化

4.1 経営資源の獲得

組織存続のためには，組織の生産活動のプロセスを絶え間なく継続しなければなりません。このとき課題となるのが**経営資源の獲得と資源化**です。これは第2章で説明する有効性と能率に直接関わる問題です。

経営資源のほとんどは有限で，どの組織も必要な資源を好きなだけ確保できるわけではありません。たとえば，優秀な人材，高度な技術，特定の企業しか製造できない部品や材料，個人情報などの入手困難かつ貴重な情報は，多くの企業が欲しがる経営資源です。それらを獲得できるかどうかは組織経営上の重要課題の1つであり，組織の能力や成果に差をもたらす要因となります。

経営資源の獲得は，必ずしも組織による資源の所有を意味するわけではあ

りません。たとえば，派遣社員や期間工の利用，機材のリースやレンタルな
どがそうであるように，必要な資源を別の組織や個人から借りる方法もあり
ます。フリーランスは特定の組織に属さない働き方ですが，組織側からみれ
ば，必要な資源を持つ人から直接調達する方法に相当します。保有を前提と
しない経営資源の獲得方法は，資源保有のリスクである資産価値の下落や破
損を避けられるなどのメリットがあります。

　経営資源の獲得にあたって保有を選択するかどうかは，組織側の資源獲得
意欲とそれに必要な資源とのバランスで決まると考えられます。たとえば優
秀な人材は多くの組織からオファーがあるため，組織はそういう人材を獲得
する場合は，できるだけ長期に組織に囲い込める方法を選択しようとします。
正規雇用での採用や高額年俸の提示はその一例です。逆に，そうでない場合
や，優れた人材かどうかの確証が持てない場合，資金不足や事業の先行きが
不透明などの理由で長期的な囲い込みは望ましくないと判断した場合には，
いつでも雇用関係を見直せるような方法で獲得しようとします。

　組織が欲しがる資源は千差万別で，絶対的に価値のある経営資源が存在す
るわけではありません。経営資源の獲得は，次に解説する経営資源の資源化
と同様に，組織にとって重要な**意思決定事項**です。意思決定のあり方の詳細
については，第 6 章で解説します。

4.2　経営資源の資源化

　経営資源の資源化は経営資源の獲得と並ぶ重要課題です。なぜなら，経営
資源はそのすべてが常に組織にとって資源になるとは限らないためです。資
源化されていない経営資源の一例として，人件費に見合う働きができていな
い従業員，購入したままほとんど使っていない設備，持ち合いをしている株
のように，帳簿上は「資産」であっても組織が使いたいときにすぐに利用で
きないカネ，そして，集めたものの利用されないままの顧客情報，などがあ
ります。これらが資源と言えないのは，資源利用によって得られる**便益**が資
源の調達，保管，利用にかかる**コスト**を下回っているからです。つまり，経

図表 1 − 4 ▶ ▶ ▶ 経営資源の資源化

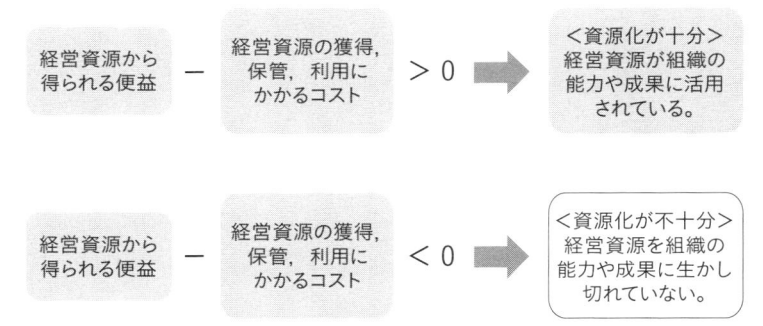

出所：筆者作成。

営資源が資源化されるか否かは，**図表 1 − 4** のように区別されると考えられます。

　経営資源の中でもヒトの資源化は難しい課題です。なぜなら，モノやカネと違い，「ヒト」は経営資源の中で唯一，組織の思い通りにならない資源だからです。経営資源の「ヒト」にあたるのは労働力や知識です。それを保有するのが人（個人）です。保有資源のどれを組織の活動に提供するか，どこまで提供するかは，常にそれを有する個人の感情や意思決定に委ねられています。詳しくは第 2 章の「誘因と貢献」で解説しますが，ある組織に参加するかどうか，どれだけ働くかの意思決定は，組織から得られると期待できる報酬（誘因）によって決まります。

　資源化の鍵はコストよりも便益を多くすることですが，組織は諸施策を通じてそれをある程度コントロールすることができます。たとえばヒトの資源化は，採用，配置，公正な人事評価と賃金支払を通じて実現できます。モノ，カネ，情報も同様に，組織が調達，管理，利用に関して適切な意思決定をし，それを実行に移すことで資源化されます。

4.3 　望ましい獲得と資源化のあり方

　経営資源の獲得と資源化は，可能な限り公正・適正な方法で行うことが求

められます。組織は社会の一員として，多くのアクター（人や組織）に支えられています。第2章で取り上げる**組織均衡論**で詳しく説明しますが，無理な資源獲得はそうしたアクターとの関係を壊し，組織活動を脅かす要因となります。無理な資源化も逆効果です。経営資源からできるだけ多くの便益を得ようとするあまり，経営資源の獲得，保管，利用にかかるコストを過度に削減したり，資源が本来持っている能力や機能を無視した使い方をすれば，経営上の様々な問題となって跳ね返ってきます。従業員の過労や鬱，安全基準を満たさない製品の製造や出荷は，その一例と言えるでしょう。

　経営資源の獲得と資源化をどのような方法で行うか，両者のバランスをどうとるかは，組織の成果や能力だけでなく，長期的には組織の方向性や雰囲気を決める要因にもなる，非常に重要な経営課題と位置づけられるのです。

1. 本章の冒頭のエピソードの主人公による最後の問いに答えるとすれば，あなたはどのように答えますか。組織の目的や役割など，本章で説明した事柄を参考に自分なりの答えを導き出してみましょう。

2. 現代の企業にとって，経営資源の獲得と資源化はどちらが難しい課題であると思いますか。いろいろな事例を取り上げることを通じて，自由に議論してみましょう。

▶ ▶ ▶さらに学びたい人のために

● 藤田誠 [2015]『経営学入門（ベーシック＋）』中央経済社。

　経営学の基本概念を理解するのに適しています。特に，コーポレート・ガバナンスの制度の基本が丁寧に説明されており，企業組織の統制メカニズムについて知りたい人向けといえます。

● Penrose, E. [1959] *The Theory of the Growth of the Firm.* New York, John Wiley & Sons.（日高千景訳『企業成長の理論（第3版）』ダイヤモンド社，2010年）

　経営学の古典的名著の1つです。企業を「経営資源の束（集合体）」とし，資源の獲得と利用から組織の成長を論じています。経営学と経済学の違いを踏まえている点，現代企業にも通じる基本を論じている点で優れています。

参 考 文 献

● 稲葉元吉 [1990]『現代経営学の基礎』実教出版。

● Penrose, E. [1959] *The Theory of the Growth of the Firm.* New York, John Wiley & Sons.（日高千景訳『企業成長の理論（第3版）』ダイヤモンド社，2010年）

第 **2** 章 **組織の基礎理論**

Learning Points

▶組織理論には，古典的組織管理論と近代組織理論があります。古典的組織
管理論は主に組織の管理に関する研究，近代組織理論は組織と組織活動に
関する研究です。

▶組織の基礎理論の1つである「組織均衡論」は，現代のさまざまな組織の
活動と成り立ちを説明する優れた理論です。

▶古典的組織管理論と近代組織理論は，どちらも現代組織の諸問題を解決す
るためのヒントを多数含んでいます。

Key Words

**古典的組織管理論　近代組織理論　協働体系　クローズド・システム
オープン・システム　組織の3要素　誘因と貢献　有効性と能率
組織均衡論**

Episode 2

　最近，同僚は仕事中も身が入らない様子だ。これまで何度も高い営業成績をあ
げてきた，優秀なこの同僚に何があったのか気になって尋ねてみると，実は転職
を考えているのだという。驚いて理由を聞くと，堰を切ったように，会社への不
満をぶちまけ始めた。

　同僚によれば，この会社は対外的には成果主義を謳っているが，その内実は客
観的な成果より，社長やその取り巻きである取締役・営業所長たちの主観的な評
価，俗にいう「お気に入り度」に左右されている。どれだけ実績を積んでも，
トップたちのお眼鏡に適わなければ，正当に評価されることはない。それに，
オーナー会社だから，仮に昇り詰めたとしても，せいぜい一番下の取締役止まり
である。このような会社に長く留まり続けていても，先がない。それならば，少
しでも早く別の道を進んだほうがよいと決断し，転職活動を始めたのだという。

　確かに，同僚のいうことにも一理ある。だが，私はこの現状にそれほど不満を
感じていなかった。自分の営業成績からみれば，この会社の私への処遇は比較的

妥当なものだと思うし，むしろ世間的には高い報酬をもらっているほうかもしれない。仮に転職しても，今より高い報酬や評価を得られる保証はないだろう。仕事内容も自分の関心やこれまで培ってきたスキルと適合しているし，上司や後輩など職場の人間関係も良好だ。通勤時間も短いし，休みも十分にとれるので，現在のところプライベートとのバランスもいい感じでとれている。

　そもそも，オーナー会社であることは就職前から明らかにされていた。だから，能力や実績にかかわらず，組織の上層部をオーナーの親族や関係者が占めるだろうことも，私にとってはある程度予想できることだった。もちろん，必ずしも公平だとは思わないが，それが不満の原因になることはない。

　同僚との会話を通じて，同じ組織が対象でも，その組織に不満を感じるかどうか，あるいは離職を考えるのか参加を継続したいと思うのかは，人によって随分違うものだということを実感させられた。こうした違いは，どのような条件から生み出されるのだろうか。

1 古典的組織管理論

1.1 時代背景

　組織に関する研究は豊富に蓄積されており，現在の組織研究の基盤となったのは，その中でも近代組織理論と呼ばれるものです。近代組織理論は，それ以前に行われた組織に関する古典的な研究とは全く異なる組織像を提示したことで，組織論を経営学における重要領域に押し上げました。近代組織理論を解説するにあたり，まずその前身となった古典的研究である科学的管理法，管理過程論，官僚制の概要を紹介します。厳密にいうと，これらは組織理論ではなく管理の理論です。いずれも19世紀後半から20世紀にかけて欧米の研究者や実務家によって開発，提唱されました。組織論よりも管理論が先行した理由には，次のような社会的事情が影響したと考えられています。

　19世紀は，産業革命によって生産現場の機械化が進んだほか，作業員や労働者を大量に雇って大規模生産を行う大規模企業組織が登場しつつあった

時代です。同時に，生産現場で使う機械や設備の規格化や標準化が進み，機械自体の性能も向上しました。その結果，それまでベテランの職人しか持ち得なかった高度な技術も，徐々に機械で代替できるようになっていきました。

技術革新とそれに伴う生産方法の変化により，大規模化した生産現場では，技能レベルに差のあるさまざまなタイプの労働者が一緒に活動するようになりました。アメリカでは，出身国の異なる移民たちを作業現場に迎え入れる必要もありました。生産現場の高度化と多様化は進みましたが，当時の多くの現場では以前と変わらず，作業員の経験と勘に頼った生産と現場監督者の裁量による管理が行われていました。その結果，近代化する生産現場に合わない旧態依然とした管理手法と処遇に不満を持つ従業員による離職やストライキが深刻化しました。こうした事態をうけ，近代的な大規模生産能力を持つ組織に適した管理のあり方が本格的に研究されるようになりました。

1.2 科学的管理法

科学的管理法は，製鋼会社のエンジニアであったアメリカ人，テイラー（Taylor, F.）が，生産現場の監督としての経験を通じて開発した管理方法です。科学的管理法の内容や成果は経営史で詳しく研究されているほか，技術的な成果は工学系の研究に生かされています。一方，組織論では，特に労働問題との関わりから科学的管理法が研究されてきました。

科学的管理法は，1つひとつの動作のレベルから徹底的に行った作業の**標準化**と，それをもとに合理的に設計した評価報酬システムを導入した点が特徴的です。これにより，個人の経験や勘に頼っていた作業が科学的に管理統制されるようになり，現場の混乱が解消されました。その一方で，それまでは現場の労働者側がある程度裁量で行えたことも管理の対象となったために，彼らの新たな不満を招いた面もあります。

科学的管理法に対しては批判も多いですが，管理を監督者の好き嫌いや個人の勘や経験などの属人的な活動から，科学的根拠と技術に根ざした活動に転換したことは，大きな貢献だったといえます。

1.3 管理過程論

管理過程論は、フランスの鉱山技師で経営者・経営学者でもあったファヨール（Fayol, H.）らが提唱したものです。「管理過程論」の名前はファヨールがつけたものではなく、その後継者の1人であるクンツ（Koontz, H.）が自著の中で、ファヨールと自身を含む後継者たちを「管理過程学派」と呼んだことに由来しています（二村［1989］）。

現場の管理を主な対象とした科学的管理法と異なり、管理過程論はトップ・マネジメント層から組織の末端までの組織全体の管理統制を研究しています。その特徴は、技術、商業、財務、保全、会計といった組織の基本活動に共通する組織の管理を「予測、組織、命令、調整、統制」で構成されるサイクルとして表したこと、そうした管理から優れた組織機能を引き出すのに必要な、分業、権限と責任、命令の統一性などの「管理の諸原則」を示したことです。

管理過程論は管理機能と管理原則の普遍性を強調したために、近代組織理論をはじめとするその後の組織研究者たちから批判され、衰退しました。た

図表 2 － 1 ▶ ▶ ▶ PDCA サイクル

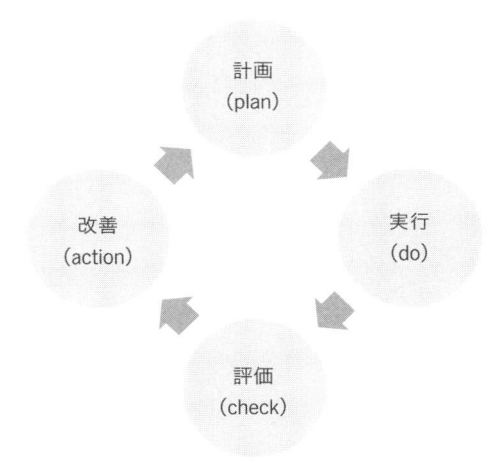

出所：筆者作成。

だしその考え方は，「**PDCA（plan, do, check, action）サイクル**」に
形を変えて，現在でもさまざまな組織の現場で広く利用されています（**図表
2 − 1**）。

1.4 官僚制

　官僚制は，ドイツの社会経済学者ウェーバー（Weber, M.）が構築した，
封建制などの前近代的支配に代わる合法的で合理的な支配形態です。科学的
管理法と管理過程論を企業での実践的利用を目的とした管理理論とするなら
ば，官僚制は主に国家官僚制をモデルとした，抽象概念としての組織の支配
と管理についての理論にあたります。日本では，「官僚」というと，省庁な
どの組織やその構成員（役人）を表す用語と思われがちですが，本来的な意
味はそうではありません。

　膨大かつ体系的なウェーバーの理論のうち，組織研究が取り上げるのは，
官僚制に関する記述のなかでも

　①ルールと手続き

　②専門化と分業

　③権限の階層

　④専門的に資格付けられたスタッフ

　⑤職位と職位につく者が分離されている（職位の占有の禁止）

　⑥文書化された意思伝達と記録

で表される官僚制の諸特徴です。これらを備えた組織を「**官僚組織**」あるい
は「**官僚機構**」と表現します。注意すべき点は官僚制はあくまで理念であり，
さまざまな非現実的な側面を含むことです（佐藤［1999］）。したがって，
ウェーバーが主張するような，完全な官僚制を備えた組織が現実に存在する
と考えるべきではないし，官僚制を実際の組織や管理のための理論とみなす
のも誤りです。

2 近代組織理論

　近代組織理論の基礎を築いたのが，アメリカの電話会社ニュージャージー・ベルの社長であったバーナード（Barnard, C. I.）と，第1章にも登場した，カーネギー・メロン大学教授であったサイモンです。本節は，両者が構築した近代組織理論における協働体系としての組織の定義，それを理解するうえで欠かせない「限定された合理性」，「有効性と能率」，「組織均衡論」について順に解説します。

2.1 システムとしての組織

　バーナードの組織論は，彼の主著である『経営者の役割（*The Functions of Executive*)』[1938] の中で記されている，**公式組織**（formal organization）とそれを表現する**協働体系**（coöperative systems）に関する記述です。この中で，サイモンをはじめとする後続の研究者に影響を与えた点で重要なのが，人が生み出す力と活動の体系としての組織像と，組織の3要素です。
　サイモンの研究は経営学，政治学，コンピューター・サイエンスと多岐にわたります。その中で組織研究として有名なのは，行政組織を念頭に組織活動やその管理を論じた『経営行動（*Administrative Behavior*)』[1945;1997] や，マーチとの共著で，企業組織を含む多様な組織に共通する普遍的な特徴や諸現象を理論的に表した『オーガニゼーションズ（*Organizations*)』[1958] です。
　両者に共通する組織の捉え方で古典的組織管理論と異なるのが，システム観です。「システム」とは，相互に関係を持ち，相互依存する要素の集合体や組み合わせを指します（Scott [1992]）。組織を構成する主な要素は，組織の活動単位となる部門や課などのユニット，活動そのものであるタスク，それに従事する人，組織活動を統制するルールや制度ですが，これらが相互に関連性と依存性を持ちながら機能するのがシステムとしての組織です。大

きくは，材料の獲得（インプット）から成果の産出（アウトプット）まで組織活動の全プロセスが自己完結し，市場や社会などの外部の環境からほとんど影響を受けない「**クローズド・システム**」と，常に外部環境と相互作用することで組織やその活動が成り立つ「**オープン・システム**」があります。

古典的組織管理論が研究対象とするのは，クローズド・システムとしての組織とその内部で行われる管理です。前出の 3 つの古典的組織管理論では，組織の活動はタスクや機能の合理的な設計と管理，それらを支える管理の原則で，ある程度計画的にコントロールできると考えられていました。しかし，現実の組織はオープン・システムであり，古典的組織管理論がいう計画的な管理だけではうまく機能しません。予期せぬ出来事が起きた場合には現場で調整するなど，さまざまな事後的手段を用いて組織活動をコントロールする必要があります。こうしたオープン・システムとしての組織の特徴を的確に捉えているのが，バーナードが示した組織の概念とそれを精緻化したサイモンの組織均衡論です。内容に入る前に，混乱の多い組織均衡論と「バーナード＝サイモン理論」の関係を説明しておきましょう。

2.2 組織均衡論と「バーナード＝サイモン理論」

組織均衡論は，「バーナード＝サイモン理論」と表記されるほど 2 人のアイディアが融合されています。組織均衡論の別称が「バーナード＝サイモン理論」だと思っている人もいるかもしれません。結論から言うと，組織均衡はバーナードとサイモンが一緒に考えた理論でもなければ，「バーナード＝サイモン理論」というものが存在するわけでもありません。

組織均衡論のアイディアはサイモンの完全なオリジナルではなく，「均衡（equilibrium）」という表現も含めてバーナードの研究に由来します。バーナードの組織論は，彼自身の経験に基づく独自のアイディアだったこともあり，斬新で当時の研究者たちに大きなインパクトを与えた反面，組織の一般理論としての精緻化が十分でないという課題もありました。サイモンは複数の著書でバーナードの組織の考え方を積極的に引用し，それらと経済学や心

理学などの他の学問領域における組織に関する記述や研究成果との関連を示したり，それに対する自身の主張も織り込んだりしながら，普遍的な組織の理論を構築していきました。組織均衡論はこうして完成したサイモンの組織理論の主要部分です。ゆえに組織均衡論はしばしば，バーナードの組織理論をサイモンが精緻化したもの，と解説されます。

　無視できないのが，サイモンの共著書の中で組織均衡論が「バーナード＝サイモン理論（The Barnard-Simon Theory of organizational equilibrium；March & Simon［1958］, p.103）」と紹介されていることです。理由が明記されていないため真意は不明ですが，サイモンあるいはサイモンの共著者がそう説明したことで，後続の研究者たちもそれに倣った可能性があります。

　以上の点を鑑みると，組織均衡論を「バーナード＝サイモン理論」と表記するのは誤りとまでは言えないでしょう。ただし，両者を同一とみなしてよいかどうかは，バーナードの組織理論とサイモンの組織理論には共通点と同様に相違点もあること，学説史研究ではそれらをめぐるさまざまな議論があることから，慎重に扱うべきだと考えられます。

2.3　C.I. バーナードの組織理論—協働体系としての組織—

　近代組織理論の礎となっているのが，協働体系としての組織の概念です。これは自身が経営者であるバーナードが，経営者の役割や自ら率いている会社組織はいったいどのようなものかを考えたことを契機として生まれました。

　バーナードが着目した組織の特徴は，組織の持つさまざまな側面の中でも活動の体系としての側面です。組織は確かに実在していますが，私たちがその姿を確認できるのは組織として活動している間で，それ以外の時間帯，たとえば夜間や休日は無人のオフィスがあるだけです。組織は人が集まって活動しているからこそ組織なのであり，組織図として表せる構造や，活動の場となっている建物などの物理的空間は組織ではありません。

　バーナードはこの考えに基づき，組織を「**2 人以上の人間の意識的に調整された諸活動・諸力の体系**」と定義しました。そして，「**コミュニケーショ**

ン，**貢献意欲，共通目的**」を，この中のどれが欠けても組織にはならないという意味で，「**組織の3要素**」と位置づけました。貢献意欲とは協働作業に参加する意志（意思）であり，参加することで得られると期待される報酬と，参加に伴う負担を加味して判断されます。共通目的とは，メンバー全員が協働を通じて達成すべきゴールです。共通目的は明確化されることで貢献意欲を生じさせ，個人を作業に参加させることができます。コミュニケーションはメンバー間で行う情報や命令の伝達で，貢献意欲と共通目的を連結する手段です。簡単な事例を使ってバーナードのいう組織を説明しましょう。

たとえば学校や会社で何かプロジェクトを立ち上げるとしましょう。その際あなたは，どんなプロジェクトをやるかを考え，次にそれに賛同してくれる人を募り，話を具体化するでしょう。あるいは，先にプロジェクト立ち上げに協力してくれる人を集め，その人たちとの話し合いの中で具体的にどんなプロジェクトにするか，どう進めていくかを決めていくかもしれません。どちらの場合も，プロジェクトをやりたいという自分の意志を周囲に伝え（コミュニケーション），それに賛同し，協力してくれる人（貢献意欲のある人）を集め，プロジェクト実現（共通目的）に向けて必要な作業を行います。

プロジェクト遂行過程では，メンバー同士で情報交換し（コミュニケーション），自分たちは何を目指しているのかを確認し合い（共通目的の確認），その達成のために，互いに相手の役割やその進捗状況を確認しながら（組織の定義にある「意識的調整」の実行）決められた役割をこなすこと（貢献意欲の維持）が必要です。途中でお互いが目指すものが違ったり（共通目的の喪失），さぼる人が出たり（貢献意欲の喪失），ケンカなどでお互い口をきかなくなれば（コミュニケーションの欠如，およびそれによって生じる「意識的調整」の機能不全），プロジェクトは崩壊します。

組織の3要素は，組織が人の単なる集まりでなく，組織に主体的に参加する人々とその相互作用で支えられた活動の体系であることを表しています。

2.4 　H.A. サイモンの組織理論

　サイモンの組織理論を理解するためには，2つのキーワードを理解しなければなりません。1つが，「意思決定する人間」です。

　組織研究の歴史を俯瞰すると，時代や研究内容の違いで3つの人間像が設定されてきました。第1に，科学的管理法や管理過程論などの古典的組織論で想定された，「命令や指示に従って行動するだけの受動的な機械としての人間」です。古典的組織論では，管理者と被管理者が社会的に異なる階層として区別されることもめずらしくなかった時代に作られたこともあり，被管理者は管理者の命令通りに活動するものと考えられてきました。第2に，モチベーション研究が前提とする，「組織に価値や感情などの個人的要素を持ち込み，動機づけられる人間」です。これは，第5章でも触れる米国ウェスタン・エレクトリック社のホーソン工場で1924年から1934年にかけて行われた一連の実験を通じて，偶然発見された人間の特性です。

　これらと異なる第3の人間像としてサイモンが提示したのが，「自ら意思決定し，問題解決する人間」です。先の2つは管理者の指示に従うことを前提としたもので，意思決定者は管理者，従業員は命令に従って実行する被管理者という構図は同じです。一方，サイモンは，管理される側の人々でも日々の業務を通じて試行錯誤し，さまざまなことを自らの判断で決定する点に注目しました。こうした人間は受動的な機械でもなければ，感情や個人的要素を持ち込み，動機づけられるだけの存在でもありません。自らの頭で考え，適切と思える決定をし，それに基づき主体的に行動する者です。サイモンの組織理論は，このような意思決定する合理的な人間像をもとに作られているのです。

　もう1つのキーワードが**限定された合理性**（bounded rationality）です。これは経済学が想定する**完全合理性**のアンチテーゼとしてサイモンが提示した独自のアイディアです。「合理」とは，物事の理屈や筋道を表す用語である「理」に適っていること，合致していることを指します（岩波『国語辞典』第六版［2000］）。完全合理性と限定された合理性の違いを端的に表すな

ら，それぞれの「合理」のあり方が完全なものか，不完全で限定されたものかという違いになります。詳しくは，第6章に譲ります。

3 組織均衡論

3.1 有効性と能率

組織均衡論は，組織存続のメカニズムを資源の獲得と利用から説明した理論で，オープン・システムとしての組織と，限界を持ちつつも合理的に意思決定するアクターの活動に支えられた組織の本質を理論化したものです。「均衡」とは，複数のものの間で釣り合いがとれていることを表します。組織の均衡とは，組織が組織活動に必要な資源を提供するさまざまな利害関係者との間で，資源の交換関係をバランスよく維持できていることを指します。

組織均衡を理解するうえでのキーワードが，**有効性**（effectiveness）と**能率**（efficiency）です。どちらも，バーナードとサイモンの双方が**組織存続の条件**としてあげている項目です。組織存続の鍵は，これまでにも繰り返し述べましたが，「インプット→変換プロセス→アウトプット」で説明される組織の活動プロセスを持続させることです。そのために欠かせないのが，資源の安定調達と集めた資源を無駄なく使うこと，組織活動の成果であるアウトプットを社会に提供することです。有効性は組織の目標達成度を表す指標で，アウトプットの大きさで判断するのが一般的です。能率は資源の有効利用の程度を表す指標で，インプットをアウトプットで割ったものです。

組織存続のためには有効性と能率の両方の維持が望ましいですが，時にはどちらかを犠牲にすることもあります。たとえば，組織が市場シェア拡大を狙うときがそうです。市場シェアは自社製品の売上（数量）が，当該製品市場全体でどれだけの割合を占めるかを示したものです。市場シェア拡大のためには宣伝費や販売員増員などのコストが必要ですが，コストをかけ過ぎると，シェア拡大には成功しても利益がマイナスになることがあります。この

とき，組織は有効性だけを確保し，能率は犠牲にしたことになります。反対に，組織がシェアよりも利益を優先するときには，能率を重視したことになります。

有効性と能率に対する感度や考え方は組織ごとに異なります。たとえば競争が激しい市場で多数のライバルと戦っている組織と，そうした競争がほとんどない組織を比べた場合，前者のほうが有効性と能率に敏感でしょう。この違いは，たとえば組織の雰囲気や慣例，ルールの違いとして表れることがあります。組織存続の鍵である有効性と能率は，組織目標や戦略を決めるうえで重要な指標となるだけでなく，組織の文化や制度にも影響を与えるからです。

3.2 誘因と貢献

組織参加者とは，組織が必要とする資源を提供するさまざまなアクター（個人，組織，団体など）です。組織と利害を共にすることから「**利害関係者**（または**ステイクホルダー**）」とも呼ばれます。組織と利害関係者の関係は資源の交換関係で成り立ちます。組織が参加者に提供する資源を**誘因**といいます。これは組織参加によって得られることが期待される報酬で，組織への参加を誘う要因であることから誘因と呼ばれます。参加者が組織に提供する資源は**貢献**です。貢献は報酬を受け取るために参加者が組織に対して行う支払いです。誘因と貢献が双方にとって魅力的であれば，組織と参加者の間で交換関係が成立します。

図表２−２は，誘因と貢献の交換バランスと個人の意思決定の関係を表したものです。アクターが組織への参加を決めるかどうかは，誘因と貢献のバランスで判断されます。一般的に，人は自分の貢献より多くのものが得られる組織に参加しようとします。すなわち，「誘因−貢献＞0」が組織参加を決める基準です。複数の組織の中から参加したいところを選べる場合には，誘因と貢献の差ができるだけ大きいと思われるところが選択されます。

「誘因−貢献＝0」は，これから組織に参加するときには「参加をしない

図表 2 − 2 ▶ ▶ ▶ 参加と離脱の意思決定基準の違い

	組織参加前	組織参加後
誘因－貢献＞0	参加	参加継続
誘因－貢献＝0	参加しない	参加継続
誘因－貢献＜0	参加しない	参加継続または組織離脱

出所：筆者作成。

基準」，すでに組織に参加しているときには「参加を継続する基準」となります。「誘因－貢献＝0」の組織は，不満足ではないですが，あえて参加したいと思えるような組織でもありません。人は新たに組織に参加する場合，できるだけ条件のよい組織を選ぼうとするため，多くの場合，もっと条件のよい組織を探すでしょう。一方，すでに組織に参加している場合，「誘因－貢献＝0」は今の組織に満足でも不満足でもない状態です。この場合，特にやめる理由もないことから，多くの人が参加を継続します。

　「誘因－貢献＜0」の場合はどうでしょうか。貢献よりも報酬が少ない組織は魅力的ではないため，組織参加前であれば，そのような組織には参加しないでしょう。一方，すでにどこかの組織に所属している場合には，その組織への不満を感じている段階です。不満解消の1つの方法は離職ですが，組織への不満がただちに離職行動に結びつくわけではありません。多くの場合，その前に次の行き先を探すか，「誘因－貢献＞0」となるように調整します。たとえば，働くペースを落として誘因と貢献を釣り合わせる方法，組織側と交渉して誘因を増やす方法，今と同じ仕事の中で他の誘因（たとえば新たなやりがい）を見いだす方法，周囲を見渡して現在が妥当な誘因と貢献のバランスであると自らを納得させる方法，などがあります。これらのいずれかが成功すると，人は組織離脱よりも組織残留を選択します。

　これらがうまくいかない場合には本格的に離職を検討します。この段階で「誘因－貢献」はゼロをかなり割り込んでいるはずです。ただちに離職したくても，他によい条件の組織がなければ今の組織で働き続けるしかありません。結果的に，組織に不満を感じてから実際にやめるまでの間，誘因と貢献のバランスが大きく崩れた「不満足」状態が続くことになります。この期間

が長くなるほど，人は誘因と貢献を釣り合わせようとさまざまな修正を試みます。

　組織均衡論の優れた点の1つは，組織参加と組織離脱の意思決定基準にずれがあることを示して，人間の複雑な行動メカニズムを説明したことです。いかに合理的であろうとしても，結局は主観的に満足できる決定しかできないのが人間です。どのような組織であれ，参加者が組織に満足できるかどうかは，自身の誘因と貢献のバランスをどう判断するかにかかっているのです。

3.3　組織の均衡

　組織に関わる複数の参加者（利害関係者）と組織の交換関係はどのように表されるでしょうか。図表2−3は株式会社を例にした組織均衡の図です。

　株式会社の主要な参加者は，従業員，株主，顧客，取引先です。組織とこれら利害関係者をとりまく外部環境として，経済，政治，文化，社会など，参加者の行動や嗜好に影響を与える要素があります。厳密にいうと，4者は**狭義の組織環境**，それらをとりまく外部環境は**広義の組織環境**にあたります。

　従業員は組織メンバーでもあり，組織活動の直接的な従事者です。従業員

図表2−3 ▶▶▶組織均衡

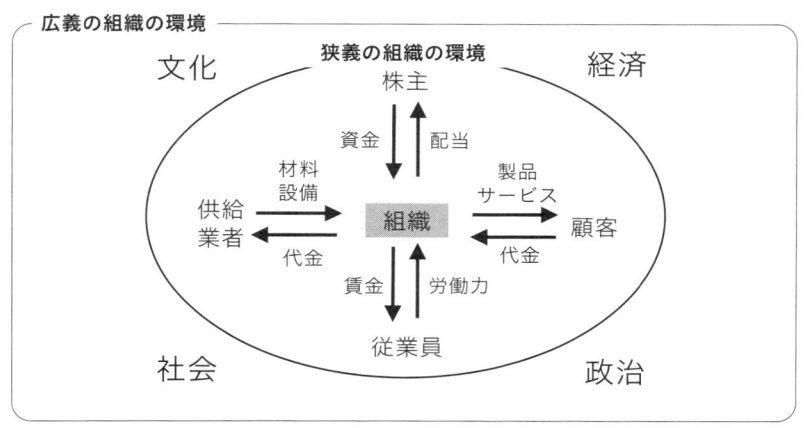

出所：筆者作成。

と組織の交換関係は基本的には労働力の提供と賃金支払で説明されますが，第1章でも紹介したように，従業員が組織に提供するものは実際にはもう少し多様です。株主は企業に資金を提供し，企業から配当を受け取ります。顧客は企業活動の成果である製品やサービスを購入し，企業に代金を支払います。取引先は企業に材料や備品などを提供（販売）し，企業から代金を受け取ります。これら狭義の利害関係者と組織の間で交換関係を成立させる場となっているのが市場です。具体的には，取引先や顧客とのマッチングを行う製品・材料市場，従業員とのマッチングを行う労働市場，株主や投資家とのマッチングを行う金融市場があります。広義の環境は，組織と狭義の環境ならびに両者のマッチングの場となる市場に影響を与えます。

　組織均衡を組織側から捉えるならば，組織が参加者に対して継続的な参加を動機づけるのに十分な支払いを準備できていることを指します。この状態を維持する限り，組織は必要な資源を安定的に調達することができます。

4 組織理論の現代的意義

4.1 古典的組織管理論の現代的意義

　古典的組織管理論は，機能合理的で普遍的な管理のあり方を模索しました。その一方で，管理の現場から属人的要素を排除した点や，唯一絶対の管理の方法を模索した点で，近代組織理論をはじめとする後続の研究者から批判され，衰退したという歴史があります。では，古典的組織管理論は現代において何ら見るべきものがないかといえば，決してそうではありません。さまざまな形で今も多くの組織で活用されています。

　科学的管理法が生み出した，タスクや作業工程を標準化して作業全体を統一的に管理する方法は，同じ水準の製品やサービスをできるだけロスなく安定的に生み出す上で効果的です。そのため，現在でも工場やファストフード店など，多くの組織の現場で採用されています。管理過程論のアイディアを

応用した PDCA サイクルは，期限内に何かを達成したいときに進捗状況や達成状況をはかるのに便利なため，さまざまな組織や個人に利用されています。官僚制の特徴である，ルールによる統制，専門化，専門スタッフの配置，文書による伝達は，程度の差はあれ，ほとんどすべての組織で採用されています。

　重要な点は，古典的組織管理論の管理手法を組織で行う管理のすべてに用いるのではなく，必要な箇所や必要なプロセスだけに限定的に導入することです。組織研究者たちが批判してきたように，古典的組織管理論が追求した機能合理的な管理手法だけで組織全体を統制しようとすると，非人間的な管理になったり組織硬直化などの問題を引き起こしたりします。しかし，うまく取り入れれば業務を効率化し，組織にゆとりをもたらすことができます。もしそれを働きやすい職場作りのために生かせるならば，人にやさしい組織を実現する一助となるはずです。管理手法は1つの道具にすぎません。古典的組織管理論の諸成果を問題の多い管理手法にしてしまうかどうかは，それを運用する組織側の問題なのです。

4.2　近代組織理論の現代的意義

　近代組織理論の最大の成果は何かといわれれば，協働体系としての組織の概念と，それを説明する理論として組織均衡論を提示したことでしょう。組織は人や機能の集まりではありません。1つの共通目的を達成するために主体的に参加した人々が，自らの提供する諸活動や諸力を，コミュニケーションなどを通じて意識的に調整し，体系化している点に，組織の本質があります。バーナードの組織の定義と組織の3要素は，組織とは何かという問いに対する直接的な解答です。

　組織均衡論は現代の組織経営にも多くの指摘や示唆を与えてくれますが，経営におけるバランスと配慮の重要性を解説している点は特筆すべきでしょう。企業と顧客の関係を例に考えてみましょう。

　企業にとって顧客は重要な利害関係者です。企業は顧客獲得や顧客との関

係維持のために，しばしば値下げや付加的なサービスの提供などの魅力的な誘因を提供しようとします。もしそのための原資を他の参加者に提供する誘因を減らすことで捻出したならば，彼らから十分な貢献を得られなくなり，いずれ顧客への誘因も捻出できなくなります。顧客サービスのための原資を組織が自らの取り分を減らすことで確保する場合も同様に，いずれ利害関係者たちへの支払いが滞り，組織活動の継続が難しくなります。

　組織が長期にわたって存続し続けるためには，特定の利害関係者だけを有利あるいは不利に扱わないこと，組織のひとり勝ちを狙わないことです。どちらも一時的には組織経営にプラスかもしれませんが，長期的にはマイナスです。過度な顧客満足追求が経営上のリスクになるように，過度な利益追求，過度な従業員保護，株主や取引先企業への過剰配慮も同様にリスクとなります。バランスのとれた経営を実現するためには，利害関係者の多様な要望の取捨選択，すなわち，応えるべき要望にはしっかり応え，そうでないものについては応えないことも含めて，組織としてどのように対応すべきかを決めることが必要なのです。

Working　　　　　　　　　　　　　　　　　　　　調べてみよう

1. 働きやすくて生産的な職場は誰もが望む組織のあり方です。それを実現するうえで，古典的組織管理論と近代組織理論はどんなヒントを与えてくれると思いますか。自由に論じてみましょう。
2. 本章の冒頭のエピソードに登場した2人の人物の意思決定を，それぞれ，組織均衡論の考え方を用いて解説してみましょう。

▶▶▶さらに学びたい人のために

- March, J. G. & Simon, H. A. [1958] *Organizations*. Wiley.（高橋伸夫訳『オーガニゼーションズ—現代組織論の原典（第2版）』ダイヤモンド社，2014年）
  協働体系としての組織を理解するのに適しています。古典的組織管理論とその背景にある人間像への批判，動機付け理論とその前提の人間像への批判，経済学における完全合理性への批判も含めて，本章の内容をより詳しく知りたい人に適し

ています。

- Simon, H. A.［1997］*Administrative Behavior: A Study of Decision-Making Processes in Administrative Organizations*. 4th. edition. Free Press.（二村敏子・桑田耕太郎・高尾義明・西脇暢子・高柳美香訳『新版　経営行動—経営組織における意思決定過程の研究』ダイヤモンド社，2009 年）
  意思決定，有効性と能率，組織均衡を理解するうえで欠かせない 1 冊です。行政組織論の本としても知られており，経営学だけでなく，政治学や公共経済学に関心がある人にも向いています。

参考文献

- 佐藤慶幸［1991］『官僚制の社会学（新版）』文眞堂。
- 藤田誠［2015］『経営学入門（ベーシック＋）』中央経済社。
- 二村敏子（責任編集）［1982］『組織の中の人間行動（現代経営学 5）』有斐閣。
- 西脇暢子［2001］「組織管理論の系譜—古典的組織管理論から近代組織理論成立まで」田尾雅夫（編集）『組織行動の社会心理学—組織の中を生きる人間のこころと行動』第 1 章，9-19 頁，北大路書房。
- Barnard, C. I.［1938］*The Functions of the Executive*. Cambridge, MA: Harvard University Press.（山本安次郎・田杉競・飯野春樹訳『経営者の役割—その職能と組織』ダイヤモンド社，1956 年）
- March, J. G.& Simon, H. A.［1958］*Organizations*. Wiley.（高橋伸夫訳『オーガニゼーションズ—現代組織論の原典（第 2 版）』ダイヤモンド社，2014 年）
- Simon, H. A.［1997］*Administrative Behavior: a Study of Decision-making Processes in Administrative Organizations*. 4th. edition. Free Press.（二村敏子・桑田耕太郎・高尾義明・西脇暢子・高柳美香訳『新版　経営行動—経営組織における意思決定過程の研究』ダイヤモンド社，2009 年）
- Scott, W. R.［1992］*Organizations: Rational, Natural, and Open Systems*. 3rd edition. Prentice-Hall.

組織構造と組織デザイン

▶組織デザインとは，基本的には，組織内の分業と調整のパターンを設計する作業にあたります。

▶組織の基本構造は，機能別組織，事業部制組織，マトリックス組織です。

▶組織を基本構造通りにデザインするか応用するかは，それぞれの組織の活動内容，活動範囲，保有する経営資源の量などで違ってきます。したがって，唯一絶対の組織デザインの方法はなく，それぞれの組織の戦略に従って行うのが望ましいやり方です。

**組織デザイン　部門化　権限　集権化と分権化　機能別組織
事業部制組織　マトリックス組織　カンパニー制　ネットワーク組織**

Episode 3

　親が始めた小さな町工場を引き継いで早くも 15 年過ぎた。辛く厳しい時期もあったが，他にないきめ細やかなサービスと工夫，そしてその基盤にある他社に引けを取らない高い技術力で，数年前から順調に業績を伸ばし，従業員数も親の時代の 10 倍近くになった。このままの勢いを保てば，まだまだ拡大できそうで，経営者としてはやはりわくわくする。

　その反面，規模が拡大したことの副産物だろう。以前は感じなかった問題にも悩まされるようになった。仕事の割り振りや管理は，その最たるものだ。請け負う業務の量や種類が増えたため，これまでの人数では仕事を回せなくなってきて，従業員を増やしたのだが，単に人数を増やすだけでは全く自分の負担は減らず，それどころか，むしろ負担感が増しているのだ。

　もちろん，誰に何を頼むのかおおよその分担は決めてある。しかし，明確に境界線を引けない仕事は年々増えていて，それを誰にどう割り振るかは，最終的には経営者である自分が判断しなければならない。加えて，なまじ分業させたために，皆，基本的には自分の仕事しか見なくなり，情報交換や協力をしあえば十分

　うまくいくはずの案件もうまく処理できなくなったり，思いがけない無駄が出てしまったりしている。
　成長を続けてきたとはいえ，わが社はまだ明らかに小規模組織だ。互いの顔が見える範囲で仕事をしていること自体に変化はない。それなのに，以前と比較して少し人数が増えただけで，こうした問題が次々に発生するとは。さらに成長を志向し，規模を大きくした場合には，いったいどうなってしまうのだろうか。私の限られた能力だけですべてを管理しようとするからいけないのかもしれない。だが，そうはいっても，私に経営者として会社のマネジメントとその結果について全責任があることは間違いないから，管理自体を放棄することもありえない。

　毎朝の朝礼や月２回のミーティングでは，こうした私の悩みや懸念についても従業員に開示し，共に頑張ってくれるよう繰り返し呼び掛けているのだが，それだけで解決できないことは，私にもわかっている。そろそろ根本的な問題解決策を真剣に考える時期に差し掛かっているのかもしれない。

1 　組織デザインの要諦

1.1 　組織デザインの考え方

　「デザイン」と聞くと何をイメージするでしょうか。デザインの対象として，たとえば洋服やバッグなどのファッションアイテムやグラフィックなどの図柄があります。最近では，ウェブや屋内外の空間もデザインの対象です。デザインに共通するのは，ユーザーのニーズや予算などの制約要因を考慮しながら，デザインの対象となるものの形，素材，色，用途などを決め，これらを調和のとれた１つの全体（製品，サービスなど）に作り上げることです。**組織デザイン**も同様に，分業と協働によって成り立つ協働体系としての組織が効率的，効果的に活動するように，組織をとりまく環境からの影響や資源の制約などを考慮しながら，組織を構成する諸要素，諸活動，諸機能を適切に設計，配置することを意味します。

　組織デザインは組織図とセットで論じられることが多いため，構造体とし

第Ⅰ部●組織の基本を理解する

ての組織を設計することと解釈する人もいるかもしれません。しかし，組織デザインの目的は組織構造の編成ではなく，**分業と調整のパターンの設計**です。分業とは文字通り仕事を分けて行うこと，調整とは分業によって遂行された個々の業務が最終的に組織全体の成果に結びつくように，業務同士の進捗や成果をすりあわせる作業です。したがって，組織デザインには，タスクの配分，経営資源の配分，権限命令のルートの設計など，組織の管理運営に関わる多くのテーマが含まれます。組織構造は，組織デザインによって規定される組織の活動および構成要素の相互関係のパターンであり，組織デザインの帰結にすぎません。

　組織デザイン研究には，古典的組織管理論の流れを汲む研究と近代組織理論の流れを汲む研究があり，それぞれが全く異なる視点から組織デザインを論じてきました。前者は，閉鎖的で安定した構造体としての組織を前提に，その内部で行われる管理と調整のメカニズムから組織デザインを説明しています。後者は，開放的で外部環境と相互作用しながら成長，発展する協働体系としての組織を前提に，組織の機能や業務の設計の観点から組織デザインを解説しています。両者の優劣はつけられませんが，近年は，組織デザインを純粋な管理の問題として捉えるのではなく，組織戦略や組織のダイナミズムとの関わりから説明する，後者に立脚した解説が多くなっています。本章も後者に依拠しながら，組織の基本構造とそのデザインを解説します。

1.2　部門化

　組織がどのような形をとるかは，組織内分業のコアとなる構成単位（ユニット）の編成と配置，およびそれらを統制する権限ラインのデザインによって決まります。前者に関わるのが**部門化**（departmentalization）です。

　部門化とは，組織の活動やそれに関わる資源や機能を，何らかの基準や共通性に基づいていくつかの**単位**（**ユニット**）にまとめる作業です。このようにして括られた最も大きな公式的枠組みが「部門」，その下に配置される下位単位に「課」「係」「チーム」などがあります。

　部門化の軸となるのが機能と事業です。**機能**（function）とは，第1章の**図表1-2**に示した組織の活動プロセスを構成する，組織における基本的な業務のことです。インプットとは経営資源を調達・投入するプロセスで，該当する組織の機能には，モノの調達を行う「調達（購買）」やヒトの調達に関わる「人事」があります。変換プロセスは製品やサービスを生み出すプロセスで，主な機能には「研究」「開発」「製造」などがあります。アウトプットは，変換プロセスを経て生み出された製品やサービスを顧客に提供するプロセスで，主な機能に「営業」や「販売」があります。このほか，組織の活動プロセス全体に関わる機能として，「企画」「財務」「総務」「広報」などがあります。「人事」は人の採用だけでなく配置や管理も行うため，管理機能とみなすこともあります。**事業**とは組織の具体的な活動内容を指す用語で，「ビジネス」とも呼ばれます。事業をまとめる主な軸となるのが具体的な製品群です。その他にも，製品ではなく地域やブランドを軸にまとめるやり方もあります。

　機能と事業のどちらを軸に部門化する場合も，組織の生産，調整，管理を含む全活動の実行にかかるコストをできるだけ小さくするように，各単位の活動内容や範囲を調整し，個々の単位を差異化するとともに，それらの相互関係を規定します。

1.3　権　限

　権限（authority）とは，公式組織におけるコミュニケーションの形の1つで，他者に命令や決定を出す公式的な影響力を表します。

　権限の特徴は，第1に，権限は職位に付帯する権利であり，それを行使する者と受け入れる者との間に公式的な上下関係を生み出すことです。これを「**権限関係**」といい，組織における公式的関係の基本となります。

　第2に，パワーのような個人に付帯する影響力と異なり，同一職に就いた人は誰でも同等の権限を行使できることです。組織のトップから末端のロワーまで組織全体を統制する権限の流れを「**権限のライン**」といいます。た

とえば,「部門－課－係」というユニット間をつなぐものや,各ユニットの
トップである「部長－課長－係長」とそこに配置される人をつなぐものがあ
ります。

第3に,権限はそれを保有する者がその受容者にむけて,自身が持つ公式
的影響力を行使する権利の一部または全部を委ねられることです。これを**権
限委譲**といいます。権限を委譲された側は,その範囲内であれば,他者に公
式的な命令を出したり,さまざまな決定を下したりできます。組織で行われ
る権限委譲の例には,①組織のトップ層から部門へ,②部門からそれを構成
する下位ユニット(課,係など)へ,③直属の上司から部下へ,といったも
のがあります。組織全体の形と統制方法の決め方に関わるのが①と②で,完
成された構造内部で行われる業務の管理と調整に関わるのが③です。

1.4 ラインとスタッフ

組織デザインの本筋から外れますが,ここでラインとスタッフについて説
明します。ラインとスタッフは,古典的組織管理論で取り上げられてきた項
目です。**ライン**とは,組織における公式的な業務や職位(ポジション)の中
で上意下達の公式的権限の流れに則しているもの,**スタッフ**とは,そこから
外れた形でラインをサポートするものをさします(Mintzberg [1979])。

組織業務のうち,**ライン業務**または**ライン機能**といわれるのが,組織の生
産活動に直接関わるもので,たとえば製造や営業などが該当します。一方,
スタッフ業務または**スタッフ機能**と呼ばれるのがライン業務を支えるもので,
例としては人の採用・配置・管理を行う人事,経営企画,広報,総務などの
管理業務のほか,専門的業務を担う法務などがあります。

ライン関係とは,直属の上司と部下の関係のように,公式的権限を行使す
る側とそれを受容する側の関係を指します。スタッフ関係とはこうした権限
関係があてはまらないものです。たとえば営業担当者とそれを支援する事務
員,あるいは営業担当者から取引に関する法的問題を質問された法務部の担
当者のように,ライン関係にない相手に対して,自身の持つ権限の範囲内で

指示やアドバイスを与える関係があげられます（稲葉［1990］）。

　スタッフ関係においてスタッフ側がその権限に基づいて行使する指示は，ライン権限から出される公式的な命令と違い，あくまでアドバイスであり，絶対に受容しなければならないものではありません。

　ラインとスタッフの区別は実際にはあいまいです。営業などのライン部門にもスタッフ業務やその担当者がいるように，人事部や総務部などのスタッフ部門にも，主業務およびその担当者がいることがあります。何がラインで何がスタッフかは，対象や状況に応じて適宜判断するのが現実的といえます。

2 組織の基本構造とその特徴

2.1 組織の形

　組織デザインは，前述の部門化と権限ラインのデザインという，2つの作業を通じて行われます。部門化には，

　(1)機能を部門化する方法
　(2)事業を部門化する方法
　(3)機能と事業をそれぞれ部門化する方法

の3つがあります。そして，権限ラインのデザインには，

図表3－1 ▶▶▶組織の基本形

Ⓐピラミッド型　　　　　　　　　　Ⓑマトリックス型

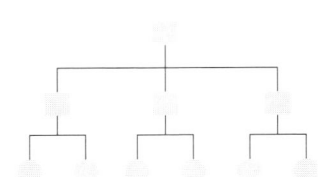
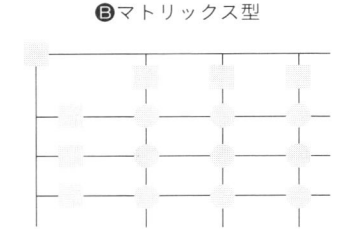

(a)部門化した単位を上下一方向の一元的権限のラインで統制する方法

(b)縦と横の二元的権限ラインで統制する方法

の2つがあります。縦方向の権限ラインで組織全体を一元的に統制する場合，各単位はそれに則して階層的に配置されます。この場合，組織全体の形は**図表3−1 Ⓐ**のように，**ピラミッド型**になります。一方，縦と横の二元的権

図表 3 − 2 ▶ ▶ ▶ 組織の基本構造

機能別組織

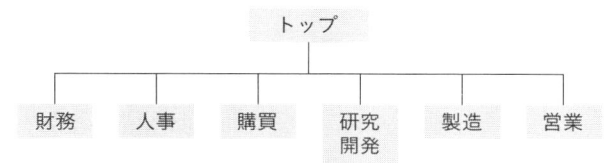

事業部制組織

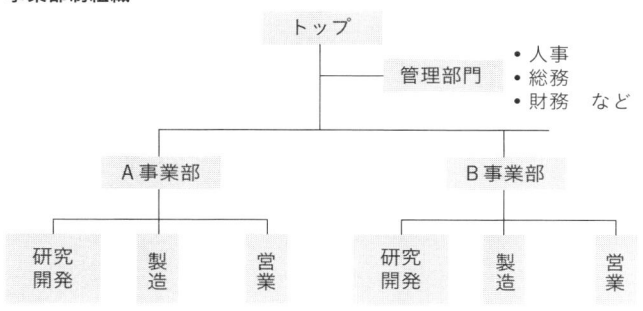

マトリックス組織

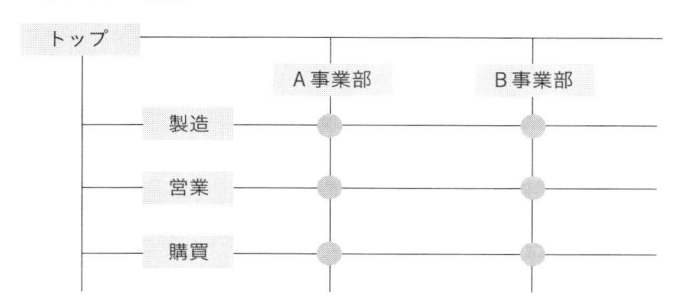

図表3－3 ▶▶▶組織の基本構造とその特徴

	機能別組織	事業部制組織	マトリックス組織
組織編成方法	機能を単位に部門を編成	事業を単位に部門を編成	機能と事業を単位に部門を編成
権限ラインの特徴	一元的	一元的	二元的
権限委譲の程度	少ない（集権化）	多い（分権化）	多い（分権化）
主な長所	①トップ主導の迅速な意思決定 ②重複投資の回避による資源の有効活用	①環境変化に比較的強い ②部門の成果を比較し，競争原理を導入できる。	①環境変化に迅速かつ柔軟に対応 ②機動的で迅速な意思決定 ③資源の有効利用
主な短所（限界）	①環境変化に脆弱 ②部門の利益貢献度を比較できない	①部門間競争に由来する部門間調整の問題 ②機能や投資の重複	命令の二元性に伴う組織管理上の諸問題
導入条件	①一事業展開（単一製品を単一市場に提供） ②環境の安定性	多角化し，複数事業を展開している。	①希少資源共有の必要性 ②両立困難な複数の目的を達成する必要がある ③環境変化が早い＆複雑

出所：筆者作成。

限ラインで統制する場合，各単位はそれらに則して碁盤の目のように縦横に配置され，組織全体は**図表3－1❸**で表すように**マトリックス型**になります。

　機能別に編成したユニットを一元的権限ラインで統制する方法を採用すると，組織構造は**機能別組織**（functional organization）となります。事業別に編成したユニットを一元的権限ラインで統制する方法を採用すると，**事業部制組織**（divisional organization）となります。機能と事業の両方で部門を編成し，それらを縦と横の二元的権限ラインで統制する方法を採用すると，**マトリックス組織**（matrix organization）となります。**図表3－2**で表すこれら3つのタイプは，**組織の基本構造**と呼ばれ，多くの組織で「組織図」として採用されています。それぞれの特徴をまとめたのが**図表3－3**です。

2.2 機能別組織（または職能別組織）

　機能別組織は職能別組織とも呼ばれる組織の基本構造の１つで，機能による部門の専門化とそれに伴う集権化された権限構造に特徴があります。これらの特徴は次に解説する事業部制組織の特徴と対照的です。

　機能の専門化とは，人事や製造といった個々の機能に関する知識やノウハウを，業務遂行を通じて蓄積するとともに，それらをより高度で体系化されたものにすることです。たとえるなら，部門全体を「人事のプロ」「製造のプロ」のような，特定機能の専門家集団にするといえます。**集権化**とは，権限が組織のトップ層に集中し，部門にあまり委譲されていない状態を指します。

　機能別組織が集権化する理由は，機能を軸に部門化することで，インプットからアウトプットまでの組織の活動プロセスのフローが部門の壁で分断されてしまうからです。そのために，個々の部門では組織の活動プロセスの中の１つの機能しか把握できず，多くの意思決定がそれらを俯瞰できる立場にあるトップ層に集中することになります。機能別組織をとる場合，どのような業態であっても事業部制組織に比べて相対的に集権的になります。

　機能の専門化と集権化の２つの構造特性は，機能別組織に次のような長所と短所をもたらします。主な長所は，トップ主導の迅速な意思決定とそれによって得られる組織の機動性，重複投資の回避です。主な短所は，環境変化への脆弱さと，組織の成果に対する部門の貢献度を比較できないことです。

　集権化された組織では，組織のトップが部門のトップにさまざまな指示や命令を出します。機能別編成の部門は組織活動における役割が明確で，かつ重複がありません。部門のトップは上からの命令を部門に伝達することで，部門全体を機動的に動かすことができます。部門間で機能の重複がないために重複投資が起こりにくく，資源の効率的な利用が可能になります。

　環境変化への脆弱さは，機能で部門を分断したために，環境変化の影響を組織全体で受け止めざるを得ないことと，トップだけですべての不確実性を処理できないことに由来します。環境の変化は，はじめに組織の活動プロセ

スのどこかに影響を与え，その影響はやがてプロセス全体に波及します。機能別組織は組織の活動プロセスを部門単位で分断しているため，いかなる小さな環境変化にもトップが関与し全社的に対応せざるを得ません。そうした環境変化が頻繁に起こると，十分な権限のない部門はトップの指示待ちにならざるを得ず，それが一層の対応の遅れを招くことになるのです。

　部門の貢献度を比較できないのは，各部門が異なる業務を担当しており，各部門が組織の目的達成や利益にどれだけ貢献したかを評価する統一的な指標を作れないためです。これは，組織の有効性と能率を損なう要因になるほか，評価や資源配分の公平性や客観性の確保という別の課題も生み出します。

　こうした弱点を持つために，機能別組織の導入にあたっては次の導入条件が必要と言われています。①小規模，②組織全体で一事業だけを展開（単一製品を単一市場に提供）している，③環境の安定性，の３つです。

　これらは，組織活動に伴う不確実性がトップ主導ですべて処理できる程度に収まっているかどうかを判断するための条件で，絶対的というより相対的なものです。特に①の組織規模は例外も多く，②や③が好条件で満たされていれば，かなりの大規模組織でも機能別組織である場合があります。

2.3　事業部制組織

　事業部制は，多角化によって複数事業を展開するようになった組織に適した組織構造です。**多角化**とは，テレビを製造・販売している企業が電気自動車を製造・販売するケースのように，製品もそれを提供する市場（顧客層）も既存とは異なる事業を新たに展開することを指します。事業部を製品別に編成すると「**製品別事業部制**」に，活動地域別に編成すると「**地域別事業部制**」になります。企業によってはブランド別に事業部を編成することもあります。

　事業部制組織の構造上の特徴は，機能別組織とは対照的に，**事業の専門化**と**分権化**が進んでいることです。事業部制組織は，事業を製品，顧客タイプ，地域などを軸にまとめたうえで部門化し，各部門に一部の機能を配置するか

らです。その結果，組織の活動プロセスの分断がある程度回避され，組織全体では事業別の活動プロセスのフローが併走することになります。このような構造的特徴により，事業部制組織では，部門が「ある程度の期間にわたって自律的に存続しうる1つの会社のようなもの（沼上［2004］，29頁）」になります。

　分権化の程度も相対的なものです。事業部制の場合，機能別組織に比べると分権化の程度は高いですが，マトリックス組織に比べると低いです。どこまでの機能を事業部門に委譲するかは組織ごとに異なります。日本企業が採用する事業部制組織は，部門への権限委譲の範囲を「開発」「製造」「営業」などの「変換プロセス」と「アウトプット」に関わる機能に限定し，人事，経理財務，研究部門などの組織の活動プロセス全般に関わる機能は，「管理部門」として全社的に管理運営するケースが多くみられます。

　事業の専門化と分権化という2つの特徴を持つために，事業部制組織には，環境変化に強く，部門間の利益比較が可能という長所と，機能や投資が重複しやすく，部門間調整が難しいという短所があります。

　環境変化への強さは，部門とトップで意思決定機能を分業しているために，部門に関することは部門で処理され，組織全体に波及しにくいこと，一方，部門で処理できない問題や複数部門をまたぐ問題はトップに処理を委ねられることに由来します。意思決定機能の分業により，トップは長期的な組織運営に専念できるとともに，部門には人材育成効果をもたらします。部門間の利益比較ができるのは，事業部が1つの利益単位となっているため，成果を共通指標で客観的に評価できるからです。

　一方，機能や投資の重複は，事業別編成に伴う避けられない課題です。部門間調整の問題は，機能別組織とは異なるメカニズムで生じます。機能別組織では部門の業務や成果を同じ基準で比較できないこと，互いに相手の業務がわからないことから生じるのに対し，事業部制組織では比較する統一基準があることが部門同士をライバル関係にすることで起こります。分権化の度合いが高すぎると，トップによる部門調整が十分機能しないこともあります。

2.4 マトリックス組織

　マトリックス組織は機能別組織と事業部制の組み合わせが基本ですが，地域別事業部と製品別事業部の組み合わせのように，異なる基準でまとめた事業部同士を組み合わせることもあります。機能別の部門編成で分断された組織の活動プロセスのフローを，事業別の部門編成で補完するのが特徴です。

　マトリックス組織の利点は，機能別組織と事業部制の短所を最小化しつつ両者の長所を得ることです。**図表３−３**に示した３つの長所のうち，環境変化への対応は事業部制も得意とします。マトリックス組織は，事業部制では対応が難しい複数事業部をまたぐような複雑な環境変化にも迅速に対応できます。機動的で迅速な意思決定の実現方法は組織形態によって異なります。マトリックス組織ではトップと現場の連携によって，機能別組織では集権化によるトップ・ダウンの意思決定によって，事業部制では分権化による現場主導の問題解決によって，それぞれ実現します。

　資源の有効活用は機能別組織と共通する長所ですが，マトリックス組織の場合，機能別組織のような効果的な資源分配ではなく，資源の共有や共通化で実現します。

　一方，マトリックス組織の短所は，命令系統が２本あるために組織の管理運営が難しいことです。マトリックス組織の強みは，碁盤の目のように配置されたメンバーが，２つの権限ラインから来る命令を巧みに処理しながら，柔軟かつ機動的に行動することで得られます。この利益を得るためには，命令同士に対立や矛盾がなく整合性がとれていることと，各メンバーが異なる命令を適切に処理できる十分な能力や経験を持つことが必要です。命令が整合的でなければ，メンバーは命令の優先順位をつけられず混乱します。メンバーの業務遂行能力に著しい差がある場合，能力のある一部のメンバーに業務が集中する一方で，業務を与えられないメンバーが出るおそれがあります。これではマトリックス組織の強みである，メンバー間での連携やサポートは困難です。

　こうした課題を抱えるために，マトリックス組織をトップから末端の一般

社員を含む全社に適用するケースはほとんどありません。導入事例をみると，特定のメンバーだけを対象にする，特定の部門内だけに適用する，マトリックス編成を組む期限を決めるなど，部分的あるいは暫定的に導入するケースが多いです。この組織形態の導入にあたっては，先の**図表３－３**に掲げた３つの導入条件のうち，１つあるいは複数の該当が望ましいと言われています。

3 組織デザインの応用と実例

3.1 事業本部制とカンパニー制

　事業部制組織をより発展させた形として，**図表３－４**で示すような事業本部制とカンパニー制があります。**事業本部制**は，各事業部の上にそれらを統括する事業本部をおく形態です。事業部内で多角化が進み，事業部の肥大化や事業部間で市場や顧客の重複が生じている場合に導入されます。組織全体を事業本部制にすることもあれば，国内営業と海外営業を統括する「営業本部」のように，特定の業務だけを対象に部分的に導入することもあります。主な利点は，個々の事業部の規模を小さく維持し，かつ類似の製品・市場分

図表３－４ ▶ ▶ ▶ 事業本部制とカンパニー制

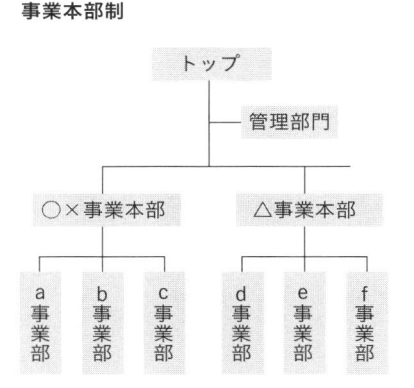
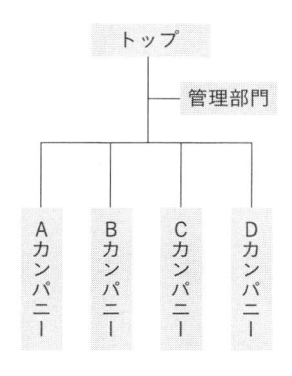

野の事業部が経営資源を相互共有できることです。

カンパニー制は，事業部に利益責任を持たせて事業運営の自律性や独立性を高め，あたかも1つの独立した会社のように位置づけた組織形態です。構造的には事業部制とほとんど変わりません。日本では，1994年にソニーが採用したのを契機に導入事例が相次ぎました。その後，カンパニー間での連携阻害など，その弊害が顕在化すると，カンパニー制から事業部制に戻したり，カンパニー制に代わって事業本部制を採用したりする企業が増えました。

3.2 マトリックス組織の導入事例

マトリックス組織の導入事例が比較的多くみられるのが，コンサルティング会社や国際機関などの専門職組織です。その場合，マトリックス編成の対象者は専門職従業員のみで，一般従業員は含まないケースがほとんどです。ライン−スタッフの枠組みで言うなら，ライン該当者だけを編成し，スタッフ該当者は機能別の階層組織に編成します。

マトリックス編成の対象者を専門職に限定する理由は，彼らが業務遂行に必要な基本能力やスキルを組織参加前に習得しており，それが資格などの形で担保されているためです。複雑な命令系統下でも，他のメンバーと連携しつつ自分の役割を適宜判断して自律的に行動できるメンバーで構成される場合，マトリックス組織は高いパフォーマンスを発揮できるのです。

同様に，欧米の大規模企業の中には，組織図上では全社的にマトリックス組織を導入しているところがありますが，実際に配置されるのはマネジャークラスやその候補者だけであることが少なくありません。

日産自動車が1999年の組織改革時に採用した「クロス・ファンクショナル・チーム（cross functional team: CFT）」も，対象者を限定したマトリックス組織の事例の1つです。CFTは危機的状況にあった組織の緊急立て直しのために導入された選抜メンバーによるチームで，**図表3−5**のように部門横断的に編成されました。図中のセル内の数字は，どの部門からどのCFTに何人が参加したか，マルがついた数字は，CFT内の議論を仕切り，

図表 3 − 5 ▶▶▶クロス・ファンクショナル・チーム（部分）

CFT ＼ 部門	企画	国内営業	海外営業	技術・開発	生産	購買	管理	
事業発展	②	2	3	l				・・・
購買				3	l	④	l	・・・
製造	2			l	⑥		l	・・・
研究開発	l			⑨	l	l		・・・
販売マーケティング		4	①			4		・・・
一般管理費		l	l		l		⑤	・・・
財務コスト		3					④	・・・

出所：日経ビジネス編［2003］より引用，筆者編集。

最終的な提案に着地させるよう誘導する「パイロット」を出した部門を表します。

　図表 3 − 5 をみると，マトリックスの交点にあたるセルに穴が多く，マトリックス構造としては不完全であることがわかります。これらの「穴」は，CFT が必要な部門から必要なメンバーだけを集めて編成されたことを表しています。マトリックス組織の長所は，碁盤の目のように縦横に配置されたメンバーが作り出す横断的な連携ですが，このときの日産においては，連携が必要なのはそれぞれの CFT 内部のメンバーだけでした。CFT 外部とメンバーとの連携は，CFT の独立性の確保のためにも，むしろ避けるべきものでした。不完全なマトリックス構造は，こうした特殊な事情を反映させるためにカスタマイズされたものだったといえるのです。

4 組織デザインの留意点

4.1 デザインできない組織の形—ネットワーク組織—

　本章で解説した組織の基本構造は，いずれも事前の計画や戦略に従って組織の機能と権限ラインをデザインすれば構築できることが前提でした。しかし，組織は常にそのような方法でデザインできるとは限りません。時には，活動しながらその時々の状況や環境に合わせて，形を適宜修正，変更していくほうが望ましいこともあります。このようなタイプの組織が，近年，非公式ながら新たな組織の形として存在感を高めつつある**ネットワーク組織**です。

　ネットワーク組織の特徴は，第1に，安定的な構造を持たず，組織を構成するアクター（個人，組織）同士の結びつきに応じて常に変化することです。第2に，公式的な権限と命令のルートを補完する，あるいはそれらとは独立に機能する非公式的な影響力のルートを張りめぐらせていることです。つまりネットワーク組織は，ピラミッドでもマトリックスでもない組織やその活動実態を表すのに適しているのです。

　たとえば現代の大規模多国籍企業は，世界各国に進出した活動拠点が現地でさまざまなアクターと関係を持ちながら活動します。こうした組織の活動拠点は自律性が高く，本国からの階層的な権限ルートを持ちつつも，独自のネットワークを構築します。このタイプの組織は巨大ネットワークであるため，組織図もネットワーク図で表されることがあります。同様に，組織内部で作られるグループも，アクター同士のつながりを表すネットワーク図で捉えるほうが適しています。

　ネットワーク組織に決まった形はありませんが，代表的なものとして，**図表3−6**のように，中心にいるアクターがその他のアクターを媒介する「**ハブ・スポーク**」と呼ばれる形と，アクターが相互に密な結びつきを持つ「**メッシュ型**」あるいは「**網の目型**」の形があります。

　近年，グループ会社や関連会社を含む組織の全体像をネットワークで表す

図表3－6 ▶▶▶ネットワーク組織

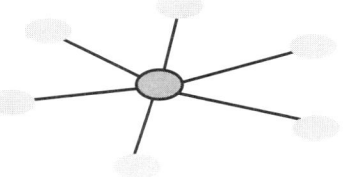
ハブ・スポーク型

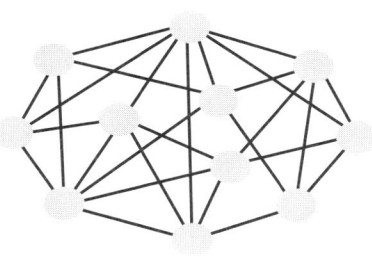
網の目型

企業も増えていますが，それらは公式的な権限体系と分業構造を表した図というよりも，緩やかな連携を含めて，何らかの関係性のある組織同士のつながりを表した図と考えるのが妥当でしょう。

4.2 ▍模倣の危険性

　さまざまな組織デザインの事例が示すのは，安易な模倣は危険だということです。カンパニー制もCFTも，成功事例をみた後追いの導入が相次ぎました。その中には，必要のない人も含めて全員をCFTに動員したために，あるいは，組織変革をすべき理由が特にないにもかかわらず既存の組織のあり方を変えたために，かえって現場の混乱や生産性低下を招いたケースもあります。

　組織デザインは適切に行えば組織の機動性や生産性を向上させる手段となりますが，組織デザイン自体を目的化するとそうした効果は期待できません。望ましい組織のあり方はそれぞれの組織によって異なります。第8章で説明するように，組織デザインは自社の資源や事業との関連を考慮し，明確な戦略に従って行うべきものなのです。そうでなければ，第13章で指摘するように，個別組織はもちろん，所属する組織集団全体が淘汰の対象になる危険性さえあることを決して忘れるべきではありません。

Working 調べてみよう

1. 本章の冒頭のエピソードに登場した社長は，その悩みを解決するために，どのように問題解決を図るべきでしょうか。自由に論じてみましょう。
2. 身近な企業の組織構造をいくつか調べ，それぞれ基本の組織構造のどれに該当するのか分類してみるとともに，その特徴を整理してみましょう。

▶▶▶さらに学びたい人のために ──────────

● 沼上幹［2004］『組織デザイン』日本経済新聞社。

組織で行われる意思決定や戦略との関わりから組織デザインを解説した良書です。組織デザインの基礎である分業と協働について，それらがどういうものかという基本から知りたい人に向いています。

● 金井壽宏［1999］『経営組織』日本経済新聞社。

経営組織について一通り説明しています。本章と関連があるのは第7章「経営組織の設計」です。そこでは，戦略的視点からの組織デザイン研究を踏襲しながら，組織の基本構造と設計方法を解説しています。

──────────────────────

参考文献

● 稲葉元吉［1990］『現代経営学の基礎』実教出版。
● 日経ビジネス編・伊藤良二解説［2003］『ゴーンが挑む7つの病─日産の企業改革』日経BP社。
● 沼上幹［2004］『組織デザイン』日本経済新聞社。
● March, J. G.& Simon, H. A.［1958］*Organizations.* Wiley.（高橋伸夫訳『オーガニゼーションズ─現代組織論の原典（第2版）』ダイヤモンド社，2014年）
● Mintzberg, H.［1979］*The Structuring of Organizations.* Prentice-Hall.
● Thompson, J. D.［1967］*Organizations in Action.* McGraw-Hill.（高宮晋監訳，鎌田伸一・新田義則・二宮豊志訳［1985］『オーガニゼーションインアクション─管理理論の社会科学的基礎』同文舘出版）

内部組織のマネジメント

第4章

組織におけるモチベーション

第5章

集団力学

第6章

組織の意思決定

第7章

組織と環境

第 4 章 組織における モチベーション

Learning Points

▶「モチベーションを高める」とは，人をどのような状態にすることなのでしょうか。この質問に正確に答えるためには，モチベーションの3つの要素を理解する必要があります。

▶個人のモチベーションを高める要因とは何でしょうか。また，個人はどのようにしてモチベーションを高めるのでしょうか。多くのモチベーション理論は，この2つの大きな問いに挑んできました。

▶個人のモチベーションを高めるだけではなく，それを組織の目標に方向づけるためのアプローチを理解することがリーダーには求められます。

Key Words

モチベーション　内容理論　過程理論　欲求階層　職務設計
目標設定理論　期待理論　リーダーシップ

Episode 4

　大学を卒業し今年で入社5年目になる。自分が希望していた営業部署に1年目から配属になったこともあり，仕事には前向きに取り組んでいる。就職した会社は中堅の食品製造業で，今のところ経営は安定している。給与レベルは大手企業にはかなわないが，職場の人間関係は風通しがよく，若手社員でも責任の重い仕事を任せてもらえるところが魅力でこの会社に入社することを決めた。

　営業部署での主な仕事は，得意先の卸会社や小売りチェーン店を回って，自社商品のプロモーションのほか，店頭の売り場づくりの提案をすることもある。得意先には誰よりも足繁く通いつめ，得意先の細かなニーズを逃さないようにいつも心がけている。その甲斐もあって，得意先から徐々に信頼されるようになり，最近では品揃えの相談を受けることも増えてきた。

　営業成績は若手の中ではトップクラスをキープしており，もっと上を目指したいと考えている。確かに会社の看板を背負って仕事はしているが，得意先が「自分という人間」を信頼して仕事を任せてくれること，これこそが営業のやりがい

だと心から思う。だからこそ，もっと人間的に成長して，もっといい仕事ができるようになりたいという想いを持って，いつも仕事に取り組んでいる。

　しかし，実は仕事への熱を冷ます出来事が最近あり，今後どのように仕事に取り組んでいけばいいのか悩んでいる。その原因は，仕事の進め方や業績評価制度が近々変更になることだ。従来，うちの会社の営業は基本的に個人プレーの世界で，個人が頑張った分だけ個人の成果も上がり，それが業績手当にも反映されてきた。しかし，営業担当の執行役は，個人プレーからチーム営業のスタイルに営業活動の方針を転換するという。理由は，個人が同じ得意先に張り付くと，担当者の能力のバラツキが得意先へのサービス品質のバラツキに直結すること，また担当者が変わったときの得意先の負担も大きいこと，営業部員の人材育成やキャリア形成の面からも望ましくないとのこと。新たな方針の下では，何人かでチームを組んで同じ得意先を担当し，担当者間で営業ノウハウや得意先の情報を共有すること，また業績目標もチーム単位で新たに設定するということらしい。

　確かに，チーム営業に移行することで，営業部署全体の業績は上がるかもしれない。多くの得意先にとってもメリットのほうが多いかもしれない。営業部員には営業ノウハウを互いに学べる利点もある。しかし，少なくとも自分の得意先へのサービス品質は，今回の変更で間違いなく下がるだろう。また，自分より能力の劣る営業部員と組んで，自分の営業ノウハウを教えることにも正直抵抗がある。

　今回の改革の話に触れて以来，仕事に対する意欲が明らかに下がってしまった。自分が今まで積み上げてきたものが壊れていく。最近，通勤電車の中でふと考える。いったい自分は何のために，そして誰のために毎日仕事をしているんだろう。

1 モチベーションとは

1.1 モチベーションの重要性

　これまでの章でみてきたとおり，組織としての成果を効果的にあげるために，マネジャーは従業員たちが目指すべき共通の目標を明確に定義したり，その目標を効果的に達成しやすい組織の基本構造を設計したりすることが重要です。しかしながら，仮に同じ共通目的と組織構造のもとで運営されてい

る組織であっても，実際にあげられる成果には組織間で大きな違いがあります。

　その違いを説明する要素としては，マネジャーの発揮するリーダーシップの巧拙や，従業員たちの能力の高低，また彼らの仕事への取り組み姿勢の相違などがあげられます。たとえば，組織の共通目的の実現に向かって主体的に粘り強く仕事に取り組んでいる従業員の多い組織と，そうでない組織とでは，達成できる組織の成果に大きな違いが生まれることは容易に想像できるでしょう。それゆえ，マネジャーのリーダーシップや従業員の仕事に対する能力を開発するとともに，従業員たちの仕事に対する主体的で粘り強い取り組み姿勢を開発することが，組織の共通目標を達成するうえで克服すべき重要な課題といえます。

　ここで，ある目標の達成に向けて，個々人がどの程度の水準の努力を払うかを決めるプロセスのことを一般に**モチベーション**（または，**動機付け**）と呼びます。つまり，モチベーションとは，マネジャーからの命令によって従業員が強制的に行動させられる側面よりも，個々の従業員が自分の意志や利害に基づいて，仕事に対する貢献の度合いを主体的に決めるプロセスを説明するコンセプトと捉えることができます。

1.2　モチベーションの3つの要素

　従業員のモチベーションの向上を通じて組織の成果を高めたいマネジャーにとっては，従業員1人ひとりのモチベーションをいかに高められるか，すなわち組織の共通目標の達成に向けて，彼らをいかに「主体的に」「仕事に取り組ませるか」といった主体性をめぐる一見矛盾する課題の克服が主要な関心事となります。

　そのためには，モチベーションの3つの要素を理解する必要があります。第1に，モチベーションとは，個人が特定の方向性（たとえば，目標）を志向するプロセスとして捉えることができます。この場合，特定の方向性が従業員にとって魅力的となるように，目標の内容や設定方法などを工夫するこ

とがマネジャーにとっての課題となります。第2に，モチベーションとは，個人が特定の行動（たとえば，課題への取り組み）への心理的なエネルギーを高めるプロセスとして理解できます。この場合，どのような要因が従業員の行動エネルギーを高めるのかを理解することが必要となります。第3に，モチベーションとは，個人が特定の行動に一時的ではなく粘り強く取り組み続ける継続的なプロセスとして捉えられます。この場合，その継続性を支える要因とは何かについてマネジャーは理解する必要があるといえるでしょう。

2　モチベーションの内容理論

　モチベーション研究が挑んできた最も大きな問いの1つは，「個人は何によって目標志向的な行動を喚起されるのか」というものです。つまり，個人を行動に動機付ける要因（人間の持つ動機や欲求の内容）とは何かを明らかにしようとする立場で，この問いに挑む諸理論をまとめて**内容理論**と呼びます。以下では，代表的な内容理論をみていきましょう。

2.1　モチベーションと欲求

　内容理論では，人間が何らかの行動をとる理由として，人間の持つ**欲求**というコンセプトに注目します。つまり，人間は現状で何かしら満たされない欲求を持っており，その欲求を満たすことこそが，人間が特定の行動をとる動機であると内容理論では考えるのです。たとえば，私たちが食事をとるのは，現状で満たされていない食欲を満たすためです。逆に食欲が十分に満たされていれば，食事をとるという行動は一般にとらないでしょう。

　このように，人間に目標志向的な行動を喚起するモチベーションの要因とは人間の持つ欲求そのものであり，人間の行動とは自らの欲求を充足するためのプロセスとして説明することができます。そのため，内容理論では，「個人は何によって目標志向的な行動を喚起されるのか」という問いへのア

第
II
部◉内部組織のマネジメント

プローチとして，人間が持つ主な欲求の内容や種類，それらの相互関係や構造などを解明しようとしました。

2.2 マズローの欲求階層説

　心理学者のマズロー（Maslow, A.）は，人間の持つ主な欲求を5種類の欲求に分類しました（Maslow［1954］）。そのうえで，これら5種類の欲求が**図表4－1**に示すように，ピラミッドのような階層構造を成すと主張しました。この欲求階層では，生理的欲求が最低次の欲求であり，自己実現の欲求が最高次の欲求として位置づけられます。

　最低次の「生理的欲求」とは，食欲や睡眠欲など生命を維持するための欲求です。衣食住を満たすためのカネが欲しいという欲求は生理的欲求に位置づけられます。次に「安全の欲求」とは安全や保護，秩序などを求める欲求です。具体的には身分や雇用，収入を安定させたいという欲求がこれにあたります。「所属と愛の欲求」とは社会的欲求とも呼ばれる，集団などに所属し仲間や帰属感を求める欲求です。職場の同僚と良好な人間関係を築きたいといった欲求があてはまります。「自尊の欲求」とは周囲からの尊敬や承認を求める欲求です。上司から自分の能力を認められたいという気持ちは自尊欲求の表れです。最上位の「自己実現の欲求」とは，自分の潜在的な可能性を実現して，理想の自分像に自分を一致させたいという欲求です。たとえば，将来医師になって人類の健康増進に貢献したいといった想いは自己実現の欲求に位置づけられます。

　これら欲求の階層構造は，人間が満たす欲求の一般的な優先順位を表しています。つまり，マズローは，より低次の欲求から優先的に満たすように人間は行動し，その次元の欲求が十分に満たされたと認識すると，次はそれより一段階だけ高次の欲求を順次満たすための行動に人は動機付けられるようになると主張したのです。

　また，最高次の欲求である自己実現の欲求は，自らの潜在的な能力を発揮することで理想の自分を実現したいという欲求であり，その他の欲求とは質

図表4-1 ▶▶▶ マズローの欲求階層説

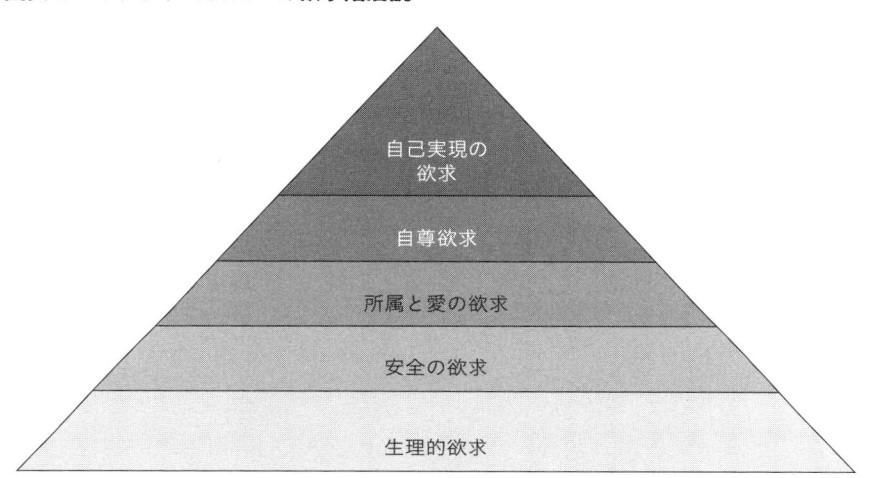

的に異なる欲求と定義されています。すなわち，その他の欲求は，周囲から何らかの資源（たとえば，食事や安定した収入，親しい人間関係，周囲からの高い評価など）を与えられることで満たされやすい欲求であるのに対して，自己実現の欲求だけは，それらの次元を超越した，人生を通じて自らの潜在的な能力や成長を追求するための欲求として位置づけられています。それゆえ，低次の欲求に支配されている人間は，いつも他者に依存するかたちで行動する傾向があるのに対して，自己実現の欲求を持つ人間は，自らの理想像を実現することに動機付けられて自律的に行動するものと考えられています。

　この理論の考え方に従うならば，1人ひとりの人間は，必ずいずれか特定の欲求段階に位置しており，現時点での特定段階の欲求を満たすための行動パターンをとるように動機付けられていると仮定できます。たとえば，所属と愛の欲求が現時点で十分に満たされていない人は，周囲と親密な人間関係を築くことを最優先の個人目標として設定し，その目標を達成するための行動パターンに継続して動機付けられることになります。

　欲求階層説の考え方を組織の従業員のモチベーション管理に応用するならば，マネジャーには従業員1人ひとりの欲求段階を正しく把握することが求

められます。そのうえで，仕事の成果を上げることで彼らの欲求が効果的に満たされるように，職務内容の設計や報酬制度の整備を行うことで，従業員の仕事に対するモチベーションの向上を期待することができるでしょう。

なお，マズローの欲求階層説に対しては，実業の世界で広く普及している実用的な理論との評価がある一方で，疑問や問題点も提起されています。たとえば，人間の欲求の優先順位は実際には固定的ではなく，単一の欲求だけに支配されているわけでもないとの指摘があります。さらに言えば，人間の多様な欲求は，それ自体が階層構造を成しているのではなく，どの欲求が優勢になるかは，個々人がその時々で直面している外部の状況によって左右されるともいわれます。確かに，欲求の優先順位は状況に応じてむしろ流動的であり，状況によっては複数の欲求を満たすことを同時に追求することもあり得るのではないかとの指摘には説得力があります。また，特定段階の欲求が長期にわたって満たされない場合でも，すでに満たされている低次の欲求段階に戻ってその段階に満足するのではなく，あくまでより高次の欲求を満たすことに固執し続けるという欲求階層説の仮定への疑問も提起されています。これらの問題提起はアルダファ（Alderfer, C.）による **ERG 理論**の開発など，その後の内容理論の発展につながっています。

2.3　ハーズバーグの二要因理論

職場や仕事のどのような要因に対して，人々は満足感や不満足感を覚えるものなのでしょうか。ハーズバーグ（Herzberg, F.）は，人々が仕事に対して特に満足感を覚えた出来事と，特に不満足感を覚えた出来事についてそれぞれ聞き取り調査を行い，**図表4－2**に示すとおり，双方の出来事にはそれぞれ特有の要因が含まれていることを明らかにしました（Herzberg［1987］）。

まず，人々が仕事で特に満足感を覚えた出来事の内容を分析したところ，「達成」や「承認」，「仕事そのもの」，「責任」などの職務に関する要因が多く含まれていました。一方，特に不満を感じた出来事については，「会社の

図表 4 － 2 ▶ ▶ ▶ ハーズバーグによる調査結果

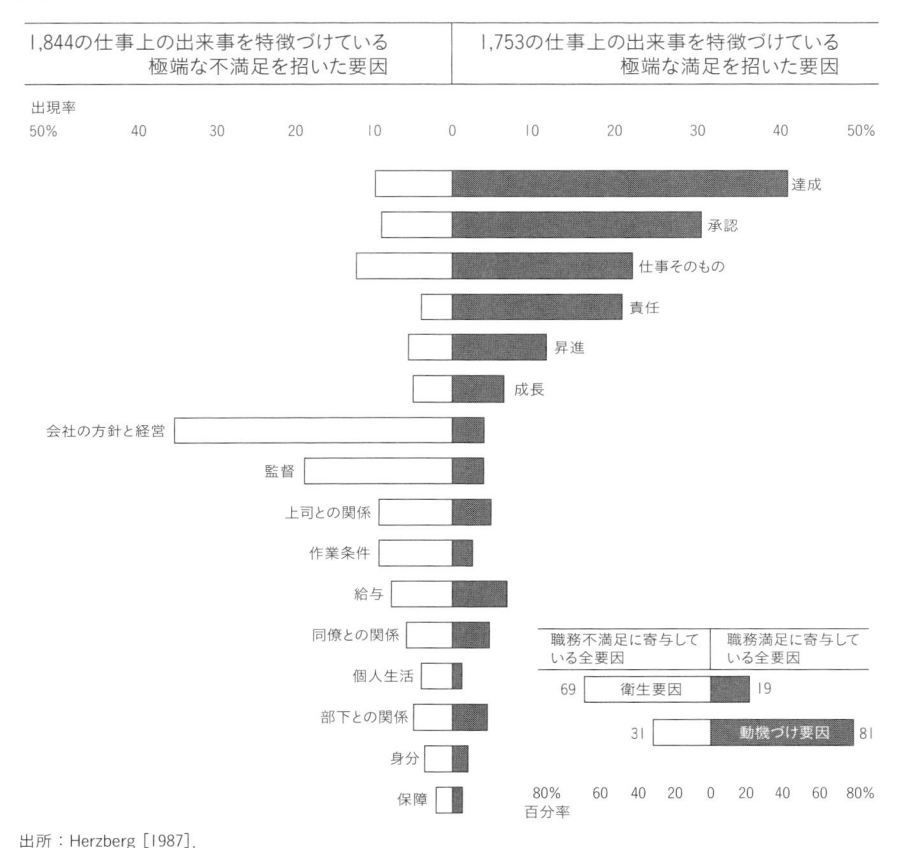

出所：Herzberg [1987].

方針と経営」，「監督」，「対人関係」，「作業条件」，「給与」などの管理体制や
職場環境に関する要因が多く見出されました。

　ここでハーズバーグが着目したのは，前者の満足感をもたらした要因の多
くは，人々が不満足感を覚えた出来事の話にはほとんど登場せず，同様に後
者の不満足をもたらした要因は，満足を感じた出来事の話にはほとんど登場
していないという点です。この傾向はいったい何を意味しているのでしょう
か。

　仕事に対する満足感や不満足感について私たちが一般に想定するのは，た

とえば，会社の方針や作業条件が優れていればそれらに満足し，逆に劣って
いれば不満を感じる，あるいは仕事の目標を達成し承認されれば満足感を覚
え，達成できなければ不満に感じるという仮定ではないでしょうか。しかし，
ハーズバーグの調査結果はその仮定とは異なっています。聞き取り調査の対
象者の中には，優れた経営方針の会社に勤めている人もいるはずですが，そ
のことを満足の要因として指摘した人はほとんどいないからです。一方，調
査対象者の中には，仕事の目標を達成できず周囲から十分な承認を得られて
いない人もいるはずですが，そのことを仕事に対する不満の要因として指摘
した人もほとんどいません。

　ハーズバーグはこの調査結果から，人々に満足をもたらす要因と不満足を
もたらす要因とはそれぞれ独立して存在するのではないかと考え，満足感を
もたらす要因を「**動機付け要因**」，不満足感をもたらす要因を「**衛生要因**」
と名付けました。すなわち，達成や承認などの「動機付け要因」は，それが
実現することで「満足感」を得られるものの，それらが満たされなくとも単
に「満足していない」という状態になるだけで，特に「不満足」をもたらす
には至らない要因を指します。一方，会社の方針と経営などの「衛生要因」
とは，それらが劣っていれば「不満」につながるものの，仮にそれらが改善
されたとしても「不満ではない」という状態になるだけで，特に「満足感」
をもたらすまでの影響力を持たない要因といえます。

　これら2つの要因は，人間の住環境と健康状態の関係にたとえると理解し
やすいでしょう。衛生状態が劣悪な住環境に長くいると私たちは病気になり
がちです。しかし，仮に衛生状態を改善しても，単に「病気ではない状態」
になるだけで，特に「イキイキとした健康状態」になれるわけではありませ
ん。そうなるためにはむしろ，十分な運動や栄養摂取など（動機付け要因）
が必要でしょう。

　この二要因理論に対しては，聞き取り調査の方法や結果の解釈，職務満足
とモチベーション（動機付け）という本来異なるコンセプトの混同などにつ
いて批判も寄せられていますが，欲求階層説と同様に，実業界に大きな影響
を及ぼした理論として知られています。人々の仕事に対する満足感を積極的

に高めるためには，管理体制や職場環境の整備といった衛生要因に働きかけるだけではなく，動機付け要因である仕事の内容やプロセスそのものの改善を図るような職務設計を行うことが重要であることが，二要因理論の普及を契機に広く認識されるようになりました。

3 モチベーションの過程理論

内容理論では，人が何に動機付けられるのか，動機づけの要因に注目して議論が展開されますが，**過程理論**では，個人がどのようなプロセスを通じて目標志向的な行動を選択するのか，その動機付けのプロセスに注目します。以下では，過程理論の代表的な議論をいくつかみていきましょう。

3.1 目標設定理論

人が仕事や学業などで何かしらの課題に取り組む際，その取り組みに対するモチベーションを高める方法の１つに，目標を設定するという方法があります。何もないよりも何か目標があったほうが，その達成に向けて熱心な行動を持続させやすいことを私たちは経験的に知っています。

しかしながら，目標を設定しさえすれば，高い成果が保証されるわけではありません。目標が満足に達成できなかったり，あるいは成果が出る前に取り組みを投げ出してしまったりすることもありえます。この場合，どのような目標を設定すれば，その達成に向けたモチベーションを高めやすく，高い成果につながりやすくなるのでしょうか。また，高い成果が出せるまで熱心に粘り強く行動を持続させるためには，どのような手続きやプロセスが必要なのでしょうか。このような問いに挑んだ代表的なモチベーション理論としてロック（Locke, E. A.）の提唱する**目標設定理論**をあげることができます（Locke & Lathan ［1990］）。

まず目標を設定するにあたって，目標の明確さと難易度をいかに設定する

かが，モチベーションや成果に影響を及ぼすことが目標設定理論では指摘されています。すなわち，抽象的な内容の目標よりも，たとえば数値を含む明確な目標のほうが，また容易に達成できる目標よりも達成が困難な目標のほうが，高いモチベーションと成果を引き出しやすいことが知られています。

　ただし，高い難易度の目標設定によってモチベーションを引き出すためには，課題に取り組む当事者がその目標を自分自身の目標として受け入れていることが前提条件になります。たとえば，マネジャーや教員などから難易度の高い目標を一方的に課されたとしても，その目標を「自分が目指すべき目標」として納得できず不当に感じて，目標に対するコミットメントを持てない場合，人がその目標の達成に向けて本腰を入れることは期待できないでしょう。なお，人々の目標コミットメントを高めるための手続きとしては，課題に取り組む当事者を目標設定のプロセスに参加させることや，各自の目標を周囲に公表させることで，目標達成に対する責任感を喚起しやすくなることがあげられます。

　ところで，達成が困難な目標ほど，その達成プロセスは一筋縄ではいかないことが一般的です。そのプロセスには多くの困難が待ち構えているはずです。そのような困難なプロセスであっても，目標達成に向けた取り組みを粘り強く持続させる原動力とは何でしょうか。

　その要因の1つに**自己効力感**があります。自己効力感とは，個人がある課題に対処する際に，自分はその課題にどの程度効果的に対処できると考えているか，自分の潜在的な能力に対する自分自身の期待や認知を指します。この場合，自己効力感の高い人のほうが，困難な状況でも目標達成に向けた努力を怠らない傾向があることが報告されています。仮に課題への対処能力が客観的に同水準だとしても，自己効力感は主観的な認知ゆえに個人差があります。そのため，高い対処能力があるにもかかわらず自己効力感の低い従業員に対しては，目標達成プロセスを通して，それを高めるためのマネジャーや同僚によるサポートが必要になります。

　また，困難なプロセスでも目標達成に向けた高いモチベーションを維持し，高い成果を引き出すためのもう1つの要因として，**フィードバック**の重要性

が指摘されています。目標とは，現状と理想とのギャップを表すコンセプトです。それゆえ，現状が理想に向けてどこまで近づけたのか，つまり当初のギャップがどこまで縮まったのかという進捗状況に関するフィードバックを与えることは，課題に取り組む当事者たちのモチベーションを持続させるうえで効果的に作用することが明らかになっています。

3.2 期待理論

　ヴルーム（Vroom, V. H.）やポーターとローラー（Porter, L. W. & Lawler, Ⅲ, E. E.）によって提唱された**期待理論**は，**図表4－3**で表すように，特定の行動に対するモチベーションを人がどのように高めるのか，そのプロセスを「期待」と「道具性」，「誘意性」というキー・コンセプトから定式化したモデルであり，数多くの実証研究でそのモデルの正しさが裏付けられている理論です（Vroom［1964］, Porter & Lawler［1968］）。

　組織メンバーが何らかの仕事に熱心に打ち込むのはなぜでしょうか。それは，その仕事に打ち込むことによって，最終的に何かしら自分が望む報酬を手にすることができるからだといえます。ここでいう報酬とは，必ずしも給与とは限りません。周囲から自分の仕事ぶりを認められ称賛されることをそう捉える人もいれば，仕事を通じた自己実現の機会を最高の報酬と捉える人

図表4－3 ▶ ▶ ▶期待理論の考え方

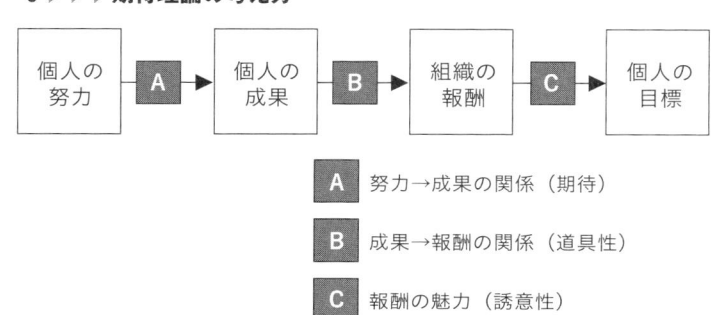

出所：Robbins *et al.*［2013］.

もいるでしょう。このような個人にとって報酬が持つ魅力度のことを「**誘意性**」と呼びます。そして，ある報酬の誘意性が高ければ，個人はそれを得るための行動に強く動機付けられるといえます。なお，誘意性は－1から1の値をとり，その報酬に魅力が全くない場合には0の値を，むしろ有害である場合はマイナスの値をとります。

　ところで，誘意性の高い報酬を手に入れるために，組織メンバーは仕事面でどのような種類の成果を上げようとするでしょうか。闇雲に仕事の成果を上げたとしても，自分の望む報酬を手に入れるための手段として，その成果が必ず役に立つとは限りません。たとえば，高い給与を最高の報酬とみなしている研究開発者がいるとしましょう。仮にその企業が，研究開発者の申請した特許件数に応じた成果給制度を導入しているならば，この研究開発者にとって，特許の申請件数という業績をあげることは，高い給与を手に入れるための有効な手段となります。他方で，特許の申請件数を給与面に何ら反映しない企業ならば，特許の申請件数という業績はこの研究開発者にとって，報酬を得るうえで何ら意味を持たない業績ということになります。このとき，望ましい報酬を手に入れるための手段として，特定の業績をあげることがどの程度役に立つのか，その見込み（確率）のことを「**道具性**」と呼びます。組織メンバーは望ましい報酬を得るために，道具性の高い業績をあげることに強く動機付けられるわけです。道具性は0から1の値をとります。

　では，望ましい報酬を得るための手段として役に立つ，つまり道具性の高い業績を達成するために，組織メンバーはどのような行動に強く動機づけられるのでしょうか。たとえば上記の研究開発者ならば，特許の申請件数をより多く稼げそうな見込みがある技術分野の研究開発に多くの時間と労力をかける可能性が高いでしょう。ここで，ある行動が何らかの成果を生み出す見込み（確率）のことを「**期待**」と呼びます。期待は0から1の値をとります。

　ある行動に対する個人のモチベーションの大きさは，「誘意性」，「道具性」，「期待」の3つの変数のかけ算で表されます。すなわち，それぞれの値が大きいほど，その行動に対する個人のモチベーションは強くなります。他方で，ある行動から成果を出せる見込み（期待）や，その成果が報酬につながる見

込み（道具性）が高い場合でも，結果として得られる報酬の魅力度がゼロならば，個人はその行動をとるモチベーションを全く持たないことになります。なお，「誘意性」，「道具性」，「期待」の値はすべて，その行動を起こす個人の主観的な見込みや価値観で算定されると期待理論では想定しています。

4 仕事とモチベーション

　個人のモチベーションを引き出す要因とプロセスについて，代表的な理論をみてきましたが，経営者やマネジャーの観点に立つと，組織メンバーのモチベーションを高めると同時に，そのモチベーションの方向性を組織の共通目的の実現に方向づけることが必要です。それでは，組織メンバーに対する働きかけとして，経営者やマネジャーには具体的にどのような取り組みが求められるでしょうか。

4.1 期待理論とマネジメントの役割

　組織メンバーの仕事に対するモチベーションを高めるアプローチとして，期待理論では「期待」，「道具性」，「誘意性」を高めることを重視します。ここで，仕事に熱心に取り組めば成果を上げられるという見込み（期待）を組織メンバーが持てるようマネジャーが提供する支援策として，成果を上げるために必要な専門知識やスキルなどを習得できるよう教育訓練や能力開発の機会を組織メンバーに提供することがあります。また，目標設定理論でみたように，組織メンバーの自己効力感を高める支援も必要になるでしょう。

　一方，仕事の成果を上げれば自分が望む報酬を手に入れられるという見込み（道具性）を高めるには，透明性の高い業績評価制度を整えることが有効です。すなわち，組織メンバーがあげるべき仕事の成果を明確に定義し，彼らがあげた成果を客観的に測定し，成果と報酬との関連をオープンにすることが重要です。これにより，どのような成果を上げればどんな報酬が得られ

るのか，組織メンバーはその見込みを明確に持てるようになります。

　関連する論点として，第2章でも触れたテイラーの提唱した科学的管理法は，達成可能な成果目標を合理的に設定することで，目標達成に向けた組織メンバーの「期待」を高めるとともに，成果連動型の報酬制度を導入し「道具性」を高めることで，組織メンバーによる組織的な怠業，すなわちモチベーションの問題に対処したモデルとして理解することも可能です。

　最後に，仕事を通じて得られる報酬自体の魅力度（誘意性）を高めることも必要です。組織メンバーが何を仕事に対する報酬と捉え，どのような報酬に大きな価値を見出すかは，社会情勢や他社の動向などの影響を受けつつも，究極的には彼らの主観に委ねられる問題です。そのため，経営者やマネジャーは，組織が提供できる報酬として，給与や昇進だけではなく，多様な働き方やキャリア，仕事内容を選択できる機会を提供するなど，組織メンバーの多様な価値観に適応できる組織づくりを進めることが，経営のグローバル化や女性の社会進出などが進むなかで，今後ますます必要となるでしょう。

4.2　職務設計

　期待理論では，仕事の成果に対する見返りとしての報酬こそが組織メンバーを動機付ける要因であるという側面を強調しますが，二要因理論でみたように，組織メンバーにとっては「仕事そのもの」が職務満足やモチベーションの要因にもなりえます。つまり，仕事そのものに大きなやりがいを見出せるならば，それを原動力として人は熱心に仕事に取り組み，その結果として，大きな成果を残すということも考えられます。この観点に立つならば，マネジャーは，「仕事そのもの」の魅力を高めるために，組織メンバーの仕事の内容やプロセスを設計し直す必要があります。

　ハックマンとオールダム（Hackman, J. R. & Oldham, G. R.）は，人が職務に対するモチベーションを高めるための条件として，**5つの職務次元**を明らかにしました（Hackman & Oldham [1976]）。第1の次元は「スキルの

多様性」です。これは，その職務を行うためにどの程度多様な活動が必要とされるのかの度合いを指します。第2の「タスクの一貫性」とは，その職務を行うにあたって，全体を通して一連の仕事を完結させることが求められる度合いを意味します。つまり，最終的な成果を見据えながら最初から最後まで一貫して仕事を進める程度を指します。第3の「タスクの重要性」とは，その職務が組織内外の他者の生活や仕事に対して，どの程度重要な影響を及ぼすのか，その度合いのことです。第4の「自律性」とは，仕事のスケジュールや進め方を決める際に，その職務の担当者にどの程度の自由裁量があるかを指します。第5の「フィードバック」とは，その職務に求められる仕事を完了した際に，そのパフォーマンスの有効性について明確な情報を担当者が得られる程度のことです。

　ここで，5つの職務次元が組織メンバーの心理状態に影響を及ぼし，仕事面での成果に影響をもたらすプロセスを表したものが**図表4－4**です。5つの次元のうちの「スキルの多様性」，「タスクの一貫性」，「タスクの重要性」

図表4－4 ▶▶▶職務特性モデル

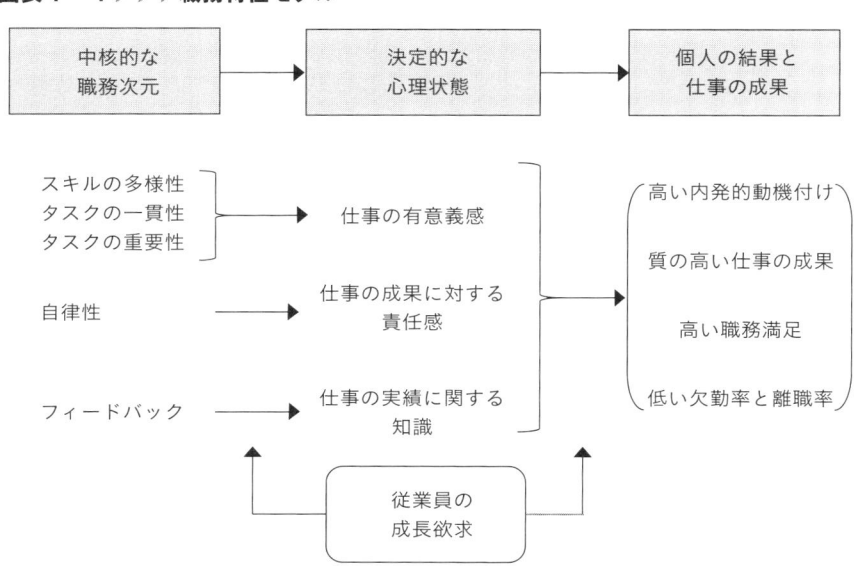

出所：Hackman & Oldham［1976］.

図表 4 － 5 ▶ ▶ ▶ MPS の計算式

$$\text{MPS} = \frac{\text{スキルの多様性 ＋ タスクの一貫性 ＋ タスクの重要性}}{3} \times \text{自律性} \times \text{フィードバック}$$

出所：Hackman & Oldham［1976］.

は，仕事の有意義感を生み出します。また「自律性」は仕事の成果に対する責任感を，そして「フィードバック」は仕事が生んだ実際の成果に関する知識を担当者にもたらします。

　また，職務がその担当者を動機付ける潜在的な影響力をハックマン＆オールダムは，**図表 4 － 5** のように，**MPS**（motivating potential score）として指標化しました。確かに，MPS の高い職務は，組織メンバーを動機付ける潜在的な可能性を持っています。しかし，MPS が高くなるように職務を設計しさえすれば，自動的に仕事の成果が保証されるわけではありません。ハックマン＆オールダムは，職務設計の次元は，組織メンバーの成長欲求の高さとの相互作用を通じて仕事の成果を生み出すことをモデルで示したのです。このモデルに従えば，MPS の高い職務は成長欲求の高い組織メンバーに担当させるといった適材適所の人材配置を行うことや，MPS の高い職務に就いている組織メンバーに対して成長欲求を高めるような人材開発を行うことが，マネジメントには求められるといえます。また，職務経験が人を成長させる側面に目を向けるならば，MPS の高い職務に就くことで成長欲求を高める組織メンバーが現れることも考えられるでしょう。

4.3　モチベーションとリーダーシップ

　本章を通じてみてきたとおり，モチベーションとは，本来的に個々人の主体的な判断と行動に関連するコンセプトです。それゆえ，経営者やマネジャーは，組織メンバーのモチベーションを直接支配することはできません。人材開発，業績評価制度や人事制度の整備と運用，職務設計などを媒介して，組織メンバーのモチベーションを引き出すこと，同時にモチベーションの方

向性を組織の共通目標の実現に向けた方向に効果的に束ねることが，経営者やマネジャーの果たすべき役割といえます。

　ここで，組織メンバーのモチベーションを引き出し，その方向性を束ねる役割を果たす類似のコンセプトに「**リーダーシップ**」があります。Leadership の動詞形の Lead には，「指揮する」という意味の他に，「ある方向に相手を導く」，「誘因となって相手に〜する気にさせる」という意味合いがあります。つまり，魅力的なゴールを示し，フォロワーにそのゴールに向けて進むよう動機付けることがリーダーの役割といえます。このことは，リーダーシップの本質的な役割の１つに，フォロワーに対する動機付けがあることを意味しています。その意味では，本章で扱ったモチベーション理論をリーダーシップの観点から見直すことは，経営組織論を体系的に学ぶうえで有益な試みといえます。たとえば，目標設定理論は，組織メンバーの目標達成プロセスを効果的にサポートするリーダーの役割をモデル化したリーダーシップ研究として位置づけることも可能でしょう。

Discussion　　　　　　　　　　　　　　　　　　　　議 論 し て み よ う

1. **本章の冒頭に記載されたエピソードの主人公の仕事に対するモチベーションの移り変わりについて，内容理論，過程理論，職務設計の理論を用いてさまざまな角度から説明してみましょう。**
2. **そのうえで，本章で説明した多くのモチベーション理論が，個人のモチベーションのどのような側面をうまく説明でき，逆にどのような側面をうまく説明できないか，互いに比較してみましょう。**

▶▶▶▶さらに学びたい人のために

- Taylor, F. W. [1911] *The Principles of Scientific Management*. New York and London: Harper & Brothers.（有賀裕子訳『[新訳] 科学的管理法―マネジメントの原点』ダイヤモンド社，2009 年）

  自ら進んで働かない労働者をいかに働かせるのか。作業分析や報酬制度の整備を通じて，組織的な怠業を克服する方策を示した経営学の古典的名著です。ただし，労働者の自発性を軽視しているとの批判から，労働者の自己実現や経営への参加を重視する経営学がその後登場する契機ともなりました。

- Deci, E. L., & Flaste, R. [1996] *Why We Do What We Do: Understanding Self-Motivation*. New York: Penguin Books.（桜井茂男訳『人を伸ばす力―内発と自律のすすめ』新曜社，1999 年）

  外的な報酬（カネや昇進など）を得るためではなく，活動そのものの魅力から，人が自律的にその活動に動機づけられる「内発的動機付け」についてまとめられた代表的な研究書です。

参考文献

- Hackman, J. R., & Oldham, G. R. [1976] "Motivation through the Design of Work: Test of a Theory." *Organizational Behavior and Human Performance*, 16, 250-279.
- Herzberg, F. [1987] "One More Time: How Do You Motivate Employees?." *Harvard Business Review*, Sep.-Oct., 109-120.
- Locke, E. A., & Latham, G. P. [1990] *A Theory of Goal Setting & Task Performance*. Englewood Cliffs, NJ: Prentice-Hall.
- Maslow, A.H. [1954] *Motivation and Personality*. New York: Harper & Row.（小口忠彦監訳『人間性の心理学』産能大学出版部，1971 年）
- Porter, L. W., & Lawler, E. E. [1968] *Managerial Attitudes and Performance*. Homewood, IL: R. D. Irwin.
- Robbins, S. P., DeCenzo, D. A., & Coulter, M. [2013] *Fundamentals of Management: Essential Concepts and Applications*, 8th Edition. Upper Saddle River, NJ: Prentice Hall.（高木晴夫監訳『マネジメント入門―グローバル経営のための理論と実践』ダイヤモンド社，2014 年）
- Vroom, V. H. [1964] *Work and Motivation*. New York: John Wiley and Sons.（坂下昭宣・榊原清則・小松陽一・城戸康彰共訳『仕事とモティベーション』千倉書房，1982 年）

第5章 集団力学（グループ・ダイナミクス）

Learning Points

▶ 集団の行動は，集団に特有の力学（ダイナミクス）が働くことから，集団を構成する個人の行動の合計と必ずしも等しくなりません。

▶ 集団になることで単独の場合より強く動機付けられたり，単独ならば起こらない手抜きが観察されたりすることがあります。それは，集団の生産性に大きな影響を与えます。

▶ 特に，集団の意思決定では，集団特性を色濃く反映した負のバイアスが生じることがよくあります。そうした望ましくない結果を回避・予防するうえでは，その原因となる仕組みを正しく把握することが不可欠となります。

Key Words

集団力学（グループ・ダイナミクス）　インフォーマル・グループ
社会的手抜き　同調行動　集団分極化　集団浅慮　集団凝集性

Episode 5

仕事がつまらない時期もあったが，私も最近ようやく仕事の面白みを感じられるようになってきた。この心境の変化には，規模は小さいが，社内でそれなりに重要なプロジェクトを任せられたこと，そのリーダーを務めるようになったことが，かなり大きく働いたと自分では思っている。

たった5人構成のプロジェクト・チームだが，皆やる気にあふれていて，1人では到底できないことも，このチームだったら成し遂げられそうな気がする。実際，どのメンバーももともと優秀なうえに日々努力を重ねており，その仕事ぶりは信頼できる。試行錯誤しながら次々に独創的なアイディアや挑戦的な提案を持ち込む彼らの姿を目の当たりにすると，仕事の楽しさを心底実感するし，その存在が刺激となって，自分もリーダーとして負けていられないという気持ちにもなる。

そんな話を違う職場の同僚にしたら，とても羨ましがられた。同僚の職場では，比較的優秀な若手が揃っているはずなのに，若手の間で力の出し惜しみや互いに

牽制し合うかのような行動が目立つのだという。「単独だと結構いい仕事をするのに，集団になると自分だけ目立たないようにしたり，怠けているようにしか見えない行動をとるんだ。困ったことだよ」と，かなり悩んでいる様子だった。「プロジェクト・チームと普通の職場の違いかな」。

　確かに，特別な使命を負ったプロジェクト・チームと，普通の職場では条件が違うのかもしれない。しかし，プロジェクト・チームでもうまくいかないところはあるし，普通の職場でも活発なところはある。単純に形態の違いだけで説明できるものとも思えない。もしかしたら，集団や組織をマネジメントする際には，個人のマネジメントとは本質的に違う，何か別の力が作用するのかもしれない。それがどういうものかは，よくわからないのだが……。

1 集団という概念

1.1 集団になると変わる個人の行動

　大勢の人間の集まり，すなわち**集団（グループ）**で行動する場合，個人で行動する場合とは異なる思考や行動様式が現れることがしばしばあります。たとえば，1人ならきちんと大きな声で挨拶できる個人が，朝礼などで大勢の中の1人となるときは，聞こえるか聞こえないかくらいのか細い声で，いい加減な挨拶しか返さないことがあります。また，マンツーマン体制では集中できる人物が，100人を超える大教室で授業を受けると，束の間も静かにできず，注意されても私語を続けることも稀ではありません。

　個人行動と異なる集団行動は，望ましくない方向だけでなく，望ましい方向にも出現します。集団で物事に取り組むことで，互いに切磋琢磨し合って見違えるような成果をあげたという体験をした人も少なくないでしょう。

　こうしたことから，集団の行動の理解には，個々人の行動を単に合計したり，その集合体として理解したりするだけでは不十分であることがわかります。個人の行動やモチベーションに影響を与える要因やプロセスについては，

第4章で解説しましたが，現実には，その知識だけでは説明できない現象が多々ありそうです。

　個人とは異なる集団に特有の動きを，著名な社会心理学者であるレヴィン（Lewin, K. Z.）を中心とした研究者グループは「**集団力学**」，もしくは「**グループ・ダイナミクス**」と呼びました。集団は個人と影響を及ぼし合い，その相互作用が積み重なる結果，一個人の行動原理とは異なる独特の力学，ダイナミクスを生じることを明らかにしたのです。

　では，集団を望ましい方向に導くダイナミクスと，その反対の望ましくないダイナミクスの違いはどのように生じるのでしょうか。そして，前者を促進する一方で，後者を抑制するには，どのようなマネジメントが求められるのでしょうか。本章では，集団力学がもたらす典型的な組織現象を取り上げ，そのメカニズムと対処法について考えていきます。

1.2 集団，組織，チームの違い

　そもそも集団とは，複数の個人が集まっている状態で，かつその個人間で直接，または間接的に影響を与え合う可能性のある，相互依存関係にあるまとまりのことを指します。

　ただ単に複数の人が同じ場所に集まっているだけでも集団と呼ぶことはありますが，互いの関係性がある程度安定しており，何らかの社会的状況や目的を共有している人々の集まりを想定するほうがより適切です。電車を待つためにそのときたまたまホームに居合わせた人々の集まりより，毎日顔を合わす職場の人々や，学校のクラスメイトたちのほうが，集団の条件により適っていることは明らかでしょう。

　集団と似たような言葉として「**チーム**」があります。チームは，集団と比較して明確な共通目的を持ち，その達成のために意図的に協働を行う存在です。自然発生的に集まった趣味を共有する人々や仲良しグループは，集団ではあってもチームではありませんが，時限的な目標を掲げて結成され，その目標のために協働する**プロジェクト・チーム**は，文字通りチームです。

図表 5 − 1 ▶ ▶ ▶集団とチーム，組織の関係

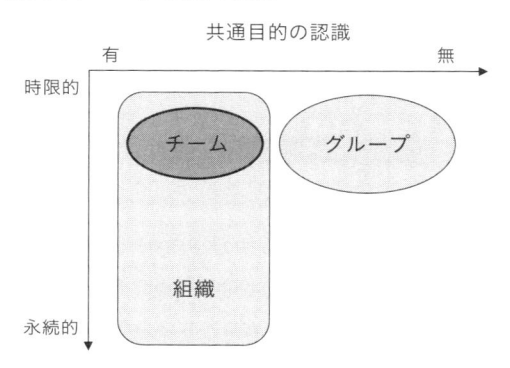

出所：筆者作成。

　もっとも，集団とチームの区別は絶対的もしくは固定的なものではありません。学校のクラスは学校側が一方的に生徒の配置を決定したものであるため，もともとはメンバー同士に共通目的があるわけでも，協働を強く意識しているわけでもないでしょう。しかし，体育祭や文化祭などの行事を迎えると，状況は一変します。自分のクラスという意識を強く持ったり，他のクラスに勝てるよう一致団結したりします。そのとき，クラスは単なる集団を抜け出して，チームもしくは組織に変わっているのです。

　では，組織とチームの違いは何でしょうか。チームは組織であることが多いと考えられます。しかし，その逆となると，必ずしも成り立ちません。ある特定の目的や使命を達成する目的で結成されたチームは，その目的が終了すれば解散することも選択肢の１つであるのに対し，組織は基本的に存続・発展を目指します。そして，その希望を実現すべく，階層や指示命令関係，制度といった，組織内の複数の複雑な活動を管理する仕組みを整備するようになるのです。これらの違いを表現すると，**図表 5 − 1** のように描けます。

2 / 集団の生産性

2.1 ▪ 集団による生産性の向上

　集団になると個人が単独で行うよりも生産性が高まることがあります。友人と競い合うことで勉強やスポーツに対するモチベーションが高まったり、その気持ちを長く維持できたりという経験がないでしょうか。それは「**社会的促進**」と呼ばれる現象です（Allport［1924］）。

　社会心理学の創設者オルポート（Allport, F. H.）は、九九の計算のような単純で簡単な課題の場合、誰かと共に取り組んだり、観察者がいたりするだけで、単独の場合よりも生産性が高まることを明らかにしました。他者の行動や頑張りから刺激を受けた、他者よりも高い評価を得たい、負けたくない、などの感情の発現がその理由と考えられました。

　それに加えて、社会的な圧力が働くことでも社会的促進は生まれます。有名なのは、1924 年から 1932 年にかけて、ハーバード大の経営学者メイヨー（Mayo, E.）とレスリスバーガー（Roethlisberger, F. J.）らが、シカゴ近郊のウェスタン・エレクトリック社で実施した**ホーソン実験**です。

　ホーソン実験では照明実験や継電器（リレー）組立作業実験、バンク配線作業実験といった一連の実験を行い、労働時間や物理的・人的な環境といった作業条件の改善は生産性の向上に、悪化は生産性の低下につながるという仮説を検証しようとしました。ところが実際には、その仮説に反し、作業条件をどう変更しても、実験を重ねるたびに作業能率は上昇していったのです。

　その理由として、実験対象に選ばれた誇りや仲間意識、仲間からの刺激などのポジティブな感情があると考えられました。しかしそれ以上に大きな影響を及ぼしていたのは、実は、集団の足を引っ張ってはならないという、メンバー内の暗黙のルールの存在でした。もしその暗黙のルールを破れば、仲間外れのおそれがあるなどの社会的な圧力があったというわけです。このような自然発生的に生じた非公式なグループ（**インフォーマル・グループ**）の

ルールは，実質的に，実験者が設定した公式的なルールより，はるかに無視できない力を集団に対して与えるものだったのです。

なお，ホーソン実験はその実験方法にさまざまな問題があり，その内容自体は現在あまり評価されていません。しかし，インフォーマル・グループの存在とその影響力については，この実験を機に注目されるようになりました。

2.2 集団がもたらす生産性の低下

集団になることで，逆に生産性が低下することもあります。複雑な課題や苦手な課題，未経験の課題に取り組むとき，そばに他者がいるだけで緊張したり，失敗を恐れる気持ちが生まれたりするなどの**社会的抑制**が起こることがあります。そして，その結果としての生産性の低下をも招きます。

集団による生産性の低下は，より意識的に行われることもあります。他に多くの他者がいて，仮に自分が手を抜いてもその個人的な責任が問われることはないような場面です。典型的な例としてよく挙げられるのは綱引きです。綱引きでは対戦する集団同士の成果は問われますが，各集団に所属する1人ひとりの貢献度が正確に特定できるわけではありません。すると，どうしても手抜きの誘惑が生じてしまうのです。**社会的手抜き**（social loafing）と呼ばれる現象です（Latené, Williams & Harkins [1979], 釘原 [2013]）。

一般に，集団の規模が大きくなるほど，集団全体の成果と集団を構成する個人の成果の合計の差，すなわち社会的手抜きの程度は拡大すると指摘されています。**リンゲルマン効果**です。実際，やはり綱引きの実験において，実際に引っ張るのは1番前の人（被験者）だけで，後は引っ張る演技をするサクラ（実験協力者）という設定を用意すると，サクラの人数が増えるほど，被験者の貢献度は下がり，集団の生産性も下がることが示されています。

能力の限界を克服し，新たな可能性を獲得するために他者との協働は起こり，それこそが組織を作る主目的であると第1章で説明しました。しかしながら，集団になり規模が拡大するほど，それに連れて，社会的手抜きが増えるのでは，元も子もありません。

こうした現象は，努力しても適切に評価されない，あるいは，集団における自分の役割がさほど重要ではないと個人が受け止めるときに起こりやすいと考えられています。確かに，規模が大きくなるほど，自分の役割は見えにくくなります。また，頑張っても正当に評価されない経験や，頑張った他者と頑張らなかった自分の処遇があまり変わらなかったといった現実を目にすることも増える傾向にあります。

したがって，社会的手抜きのような集団によるマイナスの影響を防止するには，集団や組織の規模が大きくなるほど，課題遂行における各人の役割や責任を明確にし，それを互いに見える形にすることが必要になります。あわせて，各人の貢献を正しく評価することも効果的といえます。

2.3 集団内の能力格差と生産性の関係

集団ならではの作用は，集団内に能力格差がある場合にも生じます。ウィリアムズ（Williams, K. D.）とカラウ（Karau, S. J.）は，重要な課題を共に遂行する共同作業者の動機や能力が低いと予想される場合，そう判断した相対的に能力の高いメンバー側の集団成果への貢献度が高まることを明らかにしました。それは，能力の低いメンバーの分も自分が一層頑張らないと，自分たちに課せられた重要な課題を成し遂げることができないという危機意識や，集団における自らの役割を強く意識する結果と考えられています。**社会的補償**（social compensation）と呼ばれる現象です（Williams & Karau [1991]）。

一方，能力が低いメンバー側はどうなのでしょうか。自らの低い能力のために集団に十分に貢献できないという自覚がある者は，その存在意義の低さから，いかにも率先して社会的手抜きを行いそうな印象があります。あるいは，能力の高いメンバーに補償されることに慣れ，その成果に**フリーライド**（**タダ乗り**）することに次第に抵抗がなくなっていきそうです。

ところが実際には全く違うことが明らかになっています。自分の能力の低さにより集団の生産性に貢献できない場合，当事者はその不足分を補うため

に，一層努力する傾向があったのです。仮に，集団を構成するメンバーの能
力が均等な場合に通常費やす努力量を１とすると，集団内に能力格差があり，
自分は能力が低いほうに分類されるという自覚がある場合，その同じ人物は
通常の２倍以上の努力をすることが実験の結果確認されました。この現象は
「**ケーラー効果**（Köhler effect）」と名付けられました。

　社会的補償とケーラー効果は，一方は能力の高い側，もう一方は能力の低
い側という，一見すると正反対の現象です。しかしながら，どちらも集団内
の格差を認識することが引き金となって，集団の生産性向上に貢献しようと
する点は共通しています。つまり，集団であることが生産性に影響を与えて
いる１つの形と捉えることができます。

　なお，社会的補償よりも，ケーラー効果のほうが集団の生産性に関してよ
り顕著な向上をもたらすことが，現在，明らかにされています。自分が他者
の足を引っ張っている自覚がある者ほど，より大きな社会的圧力にさらされ
ており，それを緩和するために必死で努力するということなのでしょう。

　ただし，社会的補償もケーラー効果も，集団に与えられた課題が意味ある
重要なものとの認識があってこそであると説明されます。その条件を満たさ
ない場合は，むしろ社会的手抜きにつながることがわかっています。

3 　集団による意思決定バイアス

3.1 　集団への同調行動

　集団になることは生産性だけでなく，個人の意思決定にも多大な影響とそ
れによる深刻な歪みをもたらすことが知られています。

　たとえば，集団にいると，人は自分の信念や意見を変えてでも集団に合わ
せた行動，すなわち**同調行動**（conformity）をとりやすくなります。アメリ
カの社会心理学者アッシュ（Asch, S. E.）は，複数名で構成される集団に
対して，**図表５-２**の左のような３本の線分を示して，別の図の線分（図

図表 5 − 2 ▶ ▶ ▶ アッシュの実験に用いられた 2 枚の図

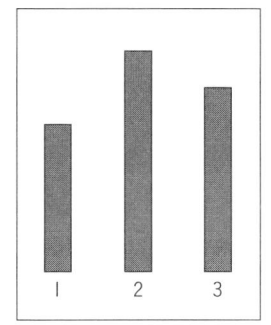 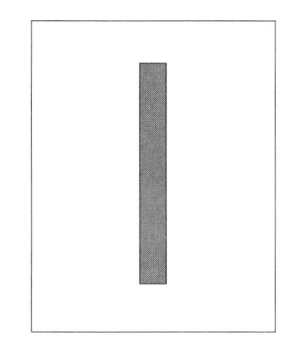

出所：Asch［1951］.

表 5 − 2 の右）と同じ長さのものを選ばせるという実験をしました。すると，正答は「2」であることが明白であるにもかかわらず，かなりの被験者が誘導に逆らうことができないまま，誤った回答である「2」以外を選択してしまうことがわかったのです（Asch［1951］，吉田［2001］）。

　この実験の集団では 1 名の被験者以外すべてサクラでした。全 18 回の試行のうち，サクラは 3 分の 1 に該当する 6 回は正しい答えを選ぶものの，残り 12 回は全員一致で同じ誤答を選ぶよう求められ，一方，被験者の回答順序は常に最後から 2 番目とされました。つまり，被験者は他のメンバー全員が自分と異なる答えを選ぶという社会的圧力の中でも，それに屈せず，正しい答えを選べるかということを問われたのです。

　その詳しい結果が，**図表 5 − 3** です。正しい選択を貫けた者もいた一方で，30％以上の者が 2 回に 1 回は社会的圧力に負け，誤答を選択したことがわかります。1 名のみですが，なんと 12 回中 11 回，ほぼすべての回で集団に同調してしまった者さえいます。本当は，被験者たちは集団の答えが誤りだとわかっていたはずなのです。それなのに，その流れにブレーキをかけられなかったとは，まさに集団や組織を破滅に導きかねない行動といえます。

　こうした非合理的な同調行動を防ぐには，順番ではなく同時に意見を言ったり，異なる意見を歓迎したりするなど，社会的圧力が生じにくい状況づくりをすることが効果的とされています。実際，**図表 5 − 3** からもわかるよ

第
II
部●内部組織のマネジメント

図表 5 － 3 ▶ ▶ ▶ 同調行動の出現

圧力試行のもとでの 誤答数	実験群（N ＝ 50）	統制群（N ＝ 37）
	人数	人数
0	13	35
1	4	1
2	5	1
3	6	
4	3	
5	4	
6	1	
7	2	
8	5	
9	3	
10	3	
11	1	
12		
合計	50	37
平均	3.84	0.08

出所：Asch［1951］.

うに，サクラが全員一致で誤答する状況を作らなかった統制群では，被験者のほぼ全員（約 95％）が正答しています。つまり，1 人でも異なる意見があれば，非合理な同調行動は飛躍的に抑制できるのです。

なお，同調行動は主に多数派によるものですが，少数派によっても起こりえます。たとえ少数派でも実績のある人物が首尾一貫した態度を示し続けるとき，最終的には多数派がその意思決定に同調する場合もあることが，実験を通じて明らかになっています（Moscovici, Lage & Naffrechoux［1969］）。

3.2　集団分極化

集団分極化（group polarization）も，集団による非合理的な意思決定の 1 つです。集団で考えれば「三人寄れば文殊の知恵」ということわざ通り，一般には，個人が 1 人で考えるよりも賢明な結論に至ると思われがちです。しかし実際には，賢明どころか，集団で議論することでかえって極端で建設的とは程遠い結論に陥りやすいことがあるのです。

全く正反対の意見を持つ集団同士，たとえば，護憲派と改憲派とが議論す

る場合，中間地点で意見が折り合ったり，それぞれの納得できる部分を活か そうとしたりすることはほとんどないとされます。むしろ，たとえ間違って いても，互いのもともとの意見をますます主張するようになるとされます。

　もともとリスキーな意見を持っている者は，集団での議論を通じて，さら にその傾向を強め，もともと慎重な意見を持っている者も，さらにその傾向 を強めるのです。議論が互いの距離を縮めるのではなく，一層遠ざける働き をしているわけです。集団が議論を通じてまとまるのではなく，かえって救 いようがないほど両極端に分裂することから，こうした現象を集団分極化 （または，**集団極性化**）と呼びます。

　集団分極化が起きるのは，集団で意思決定すると，その帰結に対する責任 が分散し，個人が責めを負うことが少なくなり，より安心して極端な意見を 言えるためと考えられています。そのうえ，自分と同じ意見を持つ集団に囲 まれていると，たとえ間違っていたとしても，自分の意見の正しさへの自信 を強めるため，一層その意見に固執するようになります。また，自分と正反 対の意見を展開する相手に対して強い嫌悪感を抱く反面，自分と同意見の者 に対しては好意や愛着が増すので，その支持を強く表明するようになります。

　さらに，中庸な意見や穏やかな意見は集団の中に埋没しやすくなるのに対 して，少しでも極端な立場をとれば，それだけ集団内で目立つため，自分の 存在感を高めることに役立ちます。これらの要因が相互作用を起こす結果， 極端な意見は増産されていくと考えられているのです。

　集団分極化は，集団内の分散が小さい一方で集団間の違いが大きく，かつ 集団同士の規模が同程度のときほど，また，集団同士の議論が長時間に及ぶ ほど発生しやすいことが知られています。したがって，可能な限り多様な情 報を取り入れること，多数意見か否かよりも合理的か否かで評価するよう意 識することが重要と考えられています。また，長時間の議論とならないよう， 加熱した議論を冷却化する機会を意識的に設けることも効果的とされます。

　近年では，インターネットの発達により，この集団分極化の危険性が増し ていると指摘されています。ハーバード大学の法学者であるサンスティーン （Sunstein, C. R.）は，同じ意見を持った者同士が簡単に短時間で結びつき，

その集団が拡大する結果，集団の意見・価値観が極端化および閉鎖化するうえ，異なる意見を持つ他者を誹謗中傷するといった，「**サイバー・カスケード**（cyber cascade）」の問題が深刻化すると懸念を示しています。

3.3 集団浅慮

　集団同調や集団分極化より病理的であるため深刻とされるのが「**集団浅慮**（groupthink）」です。集団浅慮とは，過度に高いストレスのもと，閉鎖的な状況に置かれた集団が，通常であれば絶対に行わないような致命的な意思決定を安易に行いがちになる現象を指します。

　アメリカの心理学者のジャニス（Janis, I. L.）は，ケネディ大統領下で起きた「**ピッグス湾の大失敗**」と呼ばれる1961年のキューバ侵攻作戦をはじめとした，集団による意思決定の失敗から深刻な影響を被った5つの事例を研究して提唱しました（Janis [1972], Allison & Zelikow [1999]）。

　本来は問題を適切に解決することを目指すべきところです。しかしながら，5つの事例とも，迅速な解決を求める強いプレッシャーと，それでいて集団が満場一致に至ることを過度に重視するあまり，それを妨げる可能性のある健全な議論を阻止していたことが明らかになりました。明らかに誤った方向に国や組織が妄信的に突き進み，多くの死者や犠牲者を出したり，自ら破滅に至ったりする事態は，その結果として現れていたのです。

　集団浅慮が生じる際には，図表5－4でまとめたような8つの症状がみられるとされました。たとえば，自分たちを自他ともに優秀と認める人々の集まりと捉え，互いを高く評価する一方で，自分たちの集団に属さない他者を「たいした相手ではない」と過小評価する傾向が共通して見出せました。また，違う意見を述べる者を集団から逸脱する者，和を乱す者として徹底的に敵視し，異議を申し立てにくい状況を作り出していました。

　こうした傾向に，外部から隔絶された環境が加わると，その意思決定はますます独りよがりになると説明されています。選ばれた関係者以外入れない特別な空間，他者との交流がない地理的に孤立した場所などで集団で議論す

図表 5 − 4 ▶ ▶ ▶ 集団浅慮の 8 つの症状

①	自分たち集団への無謬性の幻想（自分たちは優れていて失敗しない）
②	集団同士の同調圧力（異議や相互批判は集団の雰囲気を壊す）
③	集団の正しさ・道徳性についての疑いない信念（理想のためには許される）
④	外部・敵に対するステレオタイプ的な理解（たいした相手ではない）
⑤	集団内の逸脱者への直接の圧力（異議を唱える者には脅しをかける）
⑥	集団からの逸脱についての自己検閲（違う意見を述べるべきではない）
⑦	全員一致の幻想（全員そう思っているはず）
⑧	自分たちに不利な情報に対する防御心（都合の良い情報以外は目を向けない）

出所：Janis［1972］.

ると，自分たちの意思決定が非合理でも，それを指摘する者も情報も得られません。そこにあるのは現在の意思決定に同調する者と，自分たちの正しさを支持する情報だけです。そのため，病理が加速しやすいのです。

　こうした現象の発生を回避するには，異議や多様な意見・価値観を表明することを是とする雰囲気を，リーダーが日頃から意識して作り出すことが不可欠です。そのためには，リーダーが自分の意見を最初に表明せず，まず下位集団で議論してから全体会議に持ち寄ることや，あえて反対意見を述べる「**悪魔の提唱者**（devil's advocate）」役を作ること，開放的な環境を作り，外部意見を積極的に取り入れることなどが有効であると考えられています。

4 / 集団力学を左右する諸要因

　集団力学と深い関係を持つ諸要因の 1 つとして，「**集団凝集性**」にも注目しておきましょう。集団凝集性とは，「個人を集団にとどまらせるように働くさまざまな要素の総和」と定義され，団結性やまとまりの強さのことを指します。

　一般に，集団凝集性が高い状態は，低い状態より望ましいと思われがちです。確かに，その集団に魅力があるほど，集団凝集性は高くなる傾向がある

うえ，まとまりが強いほど高い生産性を期待できそうです。

　しかし一方で，集団凝集性は諸刃の剣でもあります。あまりにも強い団結性があり仲間意識が強くなると，自分たちとそれ以外の境界線を明確に引き，異なる意見や価値観を受け入れにくくなります。また，集団内の団結を乱す者に対しては，処罰や排除も当たり前と考えるようになるでしょう。結果として，本章で紹介した集団分極化や集団浅慮のような，集団による非合理な意思決定バイアスも起こりやすくなります。

　つまり，成果をあげるうえで，ある程度の集団凝集性は必要ですが，異議や多様な価値観，逸脱を許さないほどの強い集団凝集性は逆に問題といえるのです。どの程度であれば，負の側面を押さえつつ，正の側面を引き出せるのかは，集団のメカニズムを考えるうえで非常に重要な課題です。

　なお，補足として，本章で取り上げた集団力学の議論では，**ピア・グループ**（peer group）が大前提となっていることについては，忘れずに申し添えておく必要があるでしょう。ピア・グループとは，同僚などと訳され，年齢や社会的立場がほぼ同じ状態の人々で構成された集団を指します。基本的には，上司と部下のような支配服従関係がない状態での集団内での相互作用が，集団力学の議論対象となります。

　たとえば，集団同調の議論では，多数派による社会的圧力により少数派の同調行動が喚起されることを紹介しました。しかし，もし多数派が一般社員で，少数派に課長や部長などの管理職，さらにいえば社長が含まれているとしたら，どうでしょう。よほど特殊な事情がない限り，少数派が多数派に飲み込まれることはないと予想するのが一般的ではないでしょうか。それは，こうした役職や階層の違いに代表される，組織における公式的な権限関係が集団力学に勝るだろうと考えるためです。

　もちろん，公式的な権限関係が集団力学を十分にコントロールできない場合も決して少なくありません。個人が動機づけられるメカニズムが，集団とは異なっていたように，集団と組織が拠って立つメカニズムも異なるからです。そして，そうした力関係のバランスの結果が，私たちが観察しうる諸現象として出現するのです。だからこそ，個人，集団，組織それぞれのメカニ

ズムとその相互作用を正しく理解しようとする姿勢が大切になるのです。

Discussion　　　　　　　　　　　　　　　議 論 し て み よ う

1. **本章で説明したもの以外に，チームと集団，組織を区別するためにふさわし**
   いと考えられる基準を，自分たち自身でも探し出してみましょう。
2. **本章の冒頭のエピソードのように，集団であることがプラスに働くときとマ**
   イナスに働くときがありますが，そのとき，集団凝集性はどのような状態に
   なっているのか，具体的な事例・題材を持ち寄ったうえで，検討してみま
   しょう。

▶▶▶さらに学びたい人のために

- Allison, G. T. & Zelikow, P. [1999] *Essence of Decision: Explaining the Cuban Missile Crisis.* Longman.（漆嶋稔訳『決定の本質—キューバ・ミサイル危機の分析（第2版）1・2』日経 BP 社，2016 年）。
  キューバ危機を回避するに至った意思決定過程を，歴史的な観点や組織行動の観点，政治的な観点から分析した名著です。やや難解かもしれませんが，ピッグス湾の大失敗と比較することで，興味深い視点が得られます。
- 本間道子 [2011]『集団行動の心理学—ダイナミックな社会関係のなかで（セレクション社会心理学 26)』サイエンス社。
  集団力学の基本を学ぶことができるテキストです。本章で取り上げた現象以外にも，集団になることで生じる多様な動きを，データに基づいてわかりやすく紹介・解説しています。
- 西垣通 [2013]『集合知とは何か—ネット時代の「知」のゆくえ』中央公論新社。
  インターネットの発達による集団分極化の増加現象が，近未来社会にもたらす影響について読みやすい文体で解説されています。

参考文献

- 釘原直樹［2013］『人はなぜ集団になると怠けるのか―「社会的手抜き」の心理学』中央公論新社。
- 経営学史学会監修，吉原正彦編著［2013］『メイヨー＝レスリスバーガー――人間関係論（経営学史叢書Ⅲ）』文眞堂。
- 吉田道雄［2001］『人間理解のグループ・ダイナミックス』ナカニシヤ出版。
- Allison, G. T. & Zelikow, P.［1999］*Essence of Decision: Explaining the Cuban Missile Crisis*. Longman.（漆嶋稔訳『決定の本質―キューバ・ミサイル危機の分析（第2版）1・2』日経 BP 社，2016 年）。
- Allport, F. H.［1924］"The group fallacy in relation to social science," *American Journal of Sociology*, 29(6), 688-706.
- Asch, S. E.［1951］"Effects of group pressure upon the modification and distortion of judgements," in H. Guetzkow (Ed.) *Groups, Leadership and Men*. Pittsburgh, PA: Carnegie Press, 177-190.
- Janis, I. L.［1972］*Victims of Groupthink: A Psychological Study of Foreign-Policy Decisions and Fiascoes*. Boston: Houghton Mifflin.
- Latené, B., Williams, K. & Harkins, S.［1979］"Many hands make light the worker: Causes and consequences of social loafing," *Journal of Personality and Social Psychology*, 37(6), 822-832.
- Moscovici, S., Lage, E. & Naffrechoux, M.［1969］"Influence of a consistent minority on the responses of a majority in a color perception task," *Sociometry*, 32(4), 365-380.
- Williams, K. D. & Karau, S. J.［1991］"Social loafing and social compensation: The effects of expectations of co-worker performance," *Journal of Personality and Social Psychology*, 61(4), 570-581.

第 6 章

組織の意思決定

▶一般的に，与えられた問題に対して最大限の成果をいかにして得るのかを考えるのが意思決定です。そのためにはまず合理的な意思決定のためのポイントを押さえることが重要です。

▶ただし，人間の認知能力には限界があるため，個人では合理的な意思決定をすることはほぼ不可能です。そこで，組織が必要になってきます。合理的な意思決定に近づけるような，あるべき組織について学びます。

▶一方で，現実の組織は必ずしも合理的な意思決定をしているわけではありません。現実の組織の意思決定についても学びます。

合理的な意思決定　限定された合理性　満足化原理
プログラム（ルーティン）　一体化　権威　ゴミ箱モデル　やり過ごし

Episode 6

　今朝，新聞を何気なく眺めていると，友人の勤める企業が海外市場の開拓に成功して業績好調との見出しが目に入った。記事の詳細を読んでみると，数年前に経営トップが下した意思決定が先見の明のあるもので，それが今期の成功に結びついているらしい。少し興味が湧いたので，他の経済誌やインターネットなどで関連情報を集めてみたところ，確かに合理的な意思決定の結果，成果を出しているという分析をしているものが多い。

　その翌週，たまたまその友人と会食する機会があり，「お前の会社のトップはすごいな。あんなに理詰めで戦略を立てて意思決定をするなんて，なかなかできないぞ」と話を振ったところ，友人曰く，内実は少し違うらしい。経営トップが最後の重要な局面で意思決定したことは確かだが，そこに至るまでには紆余曲折があったようである。もともと狙って作った商品は重要な問題を見過ごしていて全く売れず，試行錯誤しているうちに，たまたま別の試供品を思ってもみなかった使い方をしている場面に遭遇し，それにヒントを得て，製品開発を進めたのだ

という。そこで，方向性が見えてきたので，それに沿って資源を投入してもらって，ようやく成功の道筋が見えてきたということだ。

　確かに，経営トップやマネジャーが合理的に意思決定をすることができたほうがいい。けれども，企業を取り巻く状況は日々変化しているし，考慮しないといけないことも多い。むしろ，現実の組織の意思決定は混沌としていて，偶然・たまたまということの連続かもしれない。こうした中で少しでも良い意思決定をしていくためにはどうすればいいのだろうか。

1 　合理的な意思決定

1.1　合理的な意思決定の条件

　与えられた問題に対して最大限の成果をいかにして得るのかを考えるのが意思決定です。意思決定という観点から組織づくりを考察したのが，以前の章にも登場したサイモンやマーチといった研究者です。ここでは，彼らの理論を中心に考えていくことにしましょう。

　一般的に，**合理的な意思決定**という場合には次の4つの条件が満たされている必要があると考えられています。1つ目はすべての**代替案**が分かっていること，2つ目は各代替案の結果が与えられていること，3つ目は代替案の結果を最も好ましいものから最も好ましくないものまで矛盾なく順序づけることができること，4つ目は結果の評価に基づいて最も好ましい代替案を選択すること，です。

　つまり，考えられる案すべてが列挙され，それぞれの案がどのような結果をもたらすのか正確に分かっており，それに基づいて齟齬のないように順序づけることができ，1つの案に絞り込むことができる，ということです。

　どのような事例でもいいですが，たとえば，友だちと繁華街に飲みに行く場合を考えてみましょう。上の条件が満たされるということは，まず，繁華街にあるすべてのお店（和食，洋食，ファストフードから高級店まで）を考

慮することになります。そして，各店の料理，金額，待ち時間，得られる満腹度合いなどをすべてわかったうえで，何らかの基準に基づいてお店をランクづけし，その中から1つを選んでそこに飲みに行くということになります。こう考えると，至極当たり前のことのように聞こえますし，最適なお店に行き当たることは間違いないように思えるかもしれません。

1.2 合理性の限界

　けれども本当にそのようなことは可能なのでしょうか。本当にすべての飲食店を挙げることや，あのお店であれを食べるとどれだけ満足できるかを正確に言えるものでしょうか。また，明確な基準に基づいて，すべてのお店を順位づけできるでしょうか。たとえば東京都心には，膨大な数の飲食店が軒を連ねています。これらすべてを同時に思い浮かべ，しかもそれぞれのお店のもたらす結果（メニュー内容，価格，カロリー，店の雰囲気など）をすべて計算し，最適なお店を選び出すことはほぼ不可能なことではないでしょうか。

　この点についてサイモンは次のようにして批判しています（Simon[1947]）。普通の人間は，選択に際して，可能なすべての代替案（多くの場合，無数の代替案）のうち，ほんの2，3の代替案しか考慮しないし，各代替案によって引き起こされる諸結果についての知識は不完全で部分的なものにしか過ぎない。しかも，起こりうる結果に対する価値づけ，もしくは効用序列は不完全なものである，と。

　つまり，人間の認知能力には限界があるため，上記のような合理的な計算は制限されてしまうのです。第2章でも触れた「**限定された合理性**」です。

2 限定された合理性による意思決定

2.1 現実の人間の意思決定

　人間には，合理的な意思決定の4つの条件で要求されるほどの認知能力がないとすれば，熟慮に熟慮を重ねても，結局のところ必要な情報が得られず，途方に暮れるだけに終わってしまうのでしょうか。おそらく答えはNOでしょう。実生活を顧みればわかるように，人間は何かしらの形で意思決定をして行動しているものです。

　それでは，人間はどのようにして実際の意思決定を行っているのでしょうか。サイモンとマーチは，実際の人間は次のような点に基づいて意思決定を行っていると述べています。

　1つ目は，**状況定義**（definition of the situation）です。認知能力に限界のある人間にとって，現実の世界はかなり複雑だと言えます。複雑な現実世界はそのままでは扱えないので，現実世界に近いけれども単純化されたモデルを作り，それに基づいて意思決定を行おうとする，ということです。このようなモデル設定のことを「状況定義」と言います。ちなみに，こうした状況定義は，その人自身が持つ準拠枠組みや，他の人との相互作用の中から作り出されるものだと考えられています。

　2つ目は，**満足化原理**です。これは，すべての代替案を同時に考慮するのではなく，逐次的に代替案を取り上げて，ある一定の水準を満たすものがあれば，それを選択するというものです。先の例でいえば，東京都心すべての飲食店を調べ上げなくても，「1,000円以下のランチが食べられれば満足」という基準のもと，近場から順番に探して要件を満たす最初のお店に決めてしまうというものです。この場合，満足基準が妥当なレベルにあれば，必ずしもすべての代替案とその結果を調べることなく意思決定ができるようになります。この満足基準をどのレベルに設定するかも状況定義の1つといえるでしょう。いずれにせよ，これでかなりの労力が節約されることになります。

中央経済社

ベーシック＋プラス
Basic Plus

いま新しい時代を切り開く基礎力と応用力を兼ね備えた人材が求められています。
このシリーズは，社会科学の各分野の基本的な知識や考え方を学ぶことにプラスして，
一人ひとりが主体的に思考し，行動できるような「学び」をサポートしています。

Let's
START!

学びにプラス！
成長にプラス！
ベーシック＋で
はじめよう！

中央経済社

ベーシック＋専用HP

1 あなたにキホン・プラス！

その学問分野をはじめて学ぶ人のために,もっとも基本的な知識や考え方を中心にまとめられています。大学生や社会人になってはじめて触れた学問分野をもっと深く,学んでみたい,あるいは学びなおしたい,と感じた方にも読んでもらえるような内容になるよう,各巻ごとに執筆陣が知恵を絞り,そのテーマにあわせた内容構成にしています。

2 各巻がそれぞれ工夫している執筆方針を紹介します

2.1 その学問分野の全体像がわかる

まず第1章でその分野の全体像がわかるよう,○○とはどんな分野かというテーマのもと概要を説明しています。

2.2 現実問題にどう結びつくのか

単に理論やフレームワークを紹介するだけでなく,現実の問題にどう結びつくのか,問題解決にどう応用できるのかなども解説しています。

2.3 多様な見方を紹介

トピックスによっては複数の見方や立場が並存していることもあります。特定の視点や主張に偏ることなく,多様なとらえ方,見方を紹介しています。

2.4 ロジックで学ぶ

学説や学者名より意味・解釈を中心にロジックを重視して,「自分で考えることの真の意味」がわかるようにしています。

2.5 「やさしい本格派テキスト」

専門的な内容でも必要ならば逃げずに平易な言葉で説明し,ただの「やさしい入門テキスト」ではなく,「やさしい本格派テキスト」を目指しました。

図表2-2 ▶▶▶ 価値の尺度機能

〈直感的な図表〉
図表を用いたほうが直感的にわかる場合は積極的に図表を用いています。

3 最初にポイントをつかむ

各章冒頭の「Learning Points」「Key Words」はその章で学ぶ内容や身につけたい目標です。あらかじめ把握することで効率的に学ぶことができ，予習や復習にも役立つでしょう。

4 自分で調べ，考え，伝える

テキストを読むことのほか，他の文献やネットで調べること，インタビューすることなど，知識を得る方法はたくさんあります。また，議論を通じ他の人の考えから学べることも多くあるでしょう。

そんな能動的な学習のため，各章末に「Working」「Discussion」「Training」「さらに学びたい人のために（文献紹介）」等を用意しました。

Learning Points

▶金融政策の大きな目的は，物価やGDPなどで示されるマクロ経済を安定化させることです。

しかし他方では，過去の金融政策が現在のマクロ経済状況をつくり出しているという側面もあります。

そのため金融政策とマクロ経済を切り離して考えることはできず，両方を同時に見ていくことが重要です。現在の金融政策を理解するためには，過去の金融政策や，その当時のマクロ経済状況を知っておかなければなりません。

▶本書では，1970年代以降の日本のマクロ経済を見ていくことで，現在の日本経済の立ち位置を確認しましょう。

Key Words

マクロ経済　ミクロ経済　インフレ　バブル

Working　調べてみよう

1．自分が所属するサークル・クラブあるいはアルバイト先の企業・組織の組織文化について調べてみよう。
2．日産，日本航空，パナソニック（旧松下電器産業）などの企業から1社を選び，どのような組織変革を実施したか調べてみよう。

Discussion　議論しよう

1．世の中には，お金を借りたい人と貸したい人が常に両方いるのはなぜでしょうか。お金を借りたい人・企業の数は常に変化するはずなのに，なぜお金を借りるときの金利はあまり変化しないのでしょうか。
2．中央銀行が金利操作を行うと，理論的には物価はどのような水準にもなり得ます。しかし，現実にはそれほど物価が大きく変化しないのはなぜしょうか。

Column　生まれながらのリーダーって？

本文でも説明したように，リーダーシップは生まれつきの資質・能力なのか生得的資質や教育によって得られる能力なのかに関して，理論的な決着はついていません。1つだけ確かなのは，先天的要因だけあるいは後天的要因だけでリーダーシップを説明することはできないということです。それゆえに，「自分はリーダーシップのない人間だ」などと思う必要はないのです。

企業や組織で権限と責任のある地位に就いた時には，まず地位勢力（ヘッドシップ）とリーダーシップの関係を意識する必要があるでしょう。両者は厳密に区別されるわけではありませんが，「地位や権限を越えて，自分は部下（フォロアー）に影響を及ぼしているのだろうか」ということを自問自答することこそが重要です。こうした見識はサークルやクラブで役職に就く機会でも有益です。

また「第5水準のリーダーシップ」で描かれるリーダーは，派手にマスコミなどに取り上げられるタイプではなく，地道な努力を積み重ねるタイプだということも説明しました。これは個人の特性にもよりますが，自覚と努力次第である程度は身につけられるものです。このように，責任感を持って努力すれば，リーダーシップを発揮することは可能です。

5 …and more !!

実際の企業事例や，知っておくと知識の幅が広がるような話題をコラムにするなど，書籍ごとにその分野にあわせた学びの工夫を盛り込んでいます。ぜひ手にとってご覧ください。

＊教員向けサポートも充実！　https://www.chuokeizai.co.jp/basic-plus/

・テキストで使用されている図表や資料などのスライド
・収録できなかった参考資料やデータ、HPの紹介などの情報
・WorkingやDiscussion，Trainingなどの解答や考え方（ヒント）　など

講義に役立つ資料や情報をシリーズ専用サイトで順次提供していく予定です。

ベーシック＋プラス
Basic Plus

ミクロ経済学の基礎	小川 光／家森信善 ［著］	（A5判220頁）
マクロ経済学の基礎（第2版）	家森信善 ［著］	（A5判212頁）
財政学	山重慎二 ［著］	（A5判244頁）
公共経済学（第2版）	小川 光／西森 晃 ［著］	（A5判248頁）
金融論（第3版）	家森信善 ［著］	（A5判256頁）
金融政策（第2版）	小林照義 ［著］	（A5判240頁）
労働経済学・環境経済学 など		
計量経済学・統計学 など		
日本経済論（第2版）	宮川 努／細野 薫／細谷 圭／川上淳之 ［著］	（A5判272頁）
地域政策（第2版）	山﨑 朗／杉浦勝章／山本匡毅／豆本一茂／田村大樹／岡部遊志 ［著］	（A5判272頁）
国際経済学・アジア経済論 など		
産業組織論	猪野弘明／北野泰樹 ［著］	近刊
経済史	横山和輝／山本千映 ［著］	近刊
日本経済史	杉山里枝 ［著］	近刊
経営学入門	藤田 誠 ［著］	（A5判260頁）
経営戦略	井上達彦／中川功一／川瀬真紀 ［編著］	（A5判240頁）
経営組織	安藤史江／稲水伸行／西脇暢子／山岡 徹 ［著］	（A5判248頁）
経営管理論	上野恭裕／馬場大治 ［編著］	（A5判272頁）
企業統治	吉村典久／田中一弘／伊藤博之／稲葉祐之 ［著］	（A5判236頁）
人的資源管理	上林憲雄 ［編著］	（A5判272頁）
組織行動論	開本浩矢 ［編著］	（A5判272頁）
国際人的資源管理	関口倫紀／竹内規彦／井口知栄 ［編著］	（A5判264頁）
技術経営	原 拓志／宮尾 学 ［編著］	（A5判212頁）
イノベーション・マネジメント	長内 厚／水野由香里／中本龍市／鈴木信貴 ［著］	（A5判244頁）
ファイナンス	井上光太郎／高橋大志／池田直史 ［著］	（A5判272頁）
リスクマネジメント	柳瀬典由／石坂元一／山﨑尚志 ［著］	（A5判260頁）
マーケティング	川上智子／岩本明憲／鈴木智子 ［著］	近刊
流通論	渡辺達朗／松田温郎／新島裕基 ［著］	近刊
消費者行動論	田中 洋 ［著］	（A5判272頁）
物流論（第2版）	齊藤 実／矢野裕児／林 克彦 ［著］	（A5判260頁）
会計学入門・財務会計 など		
法学入門・会社法 など		
民法総則	尾島茂樹 ［著］	（A5判268頁）
金融商品取引法	梅本剛正 ［著］	近刊

（株）中央経済社

〒101-0051　東京都千代田区神田神保町1-35
Tel: 03(3293)3381　Fax: 03(3291)4437
E-mail: info@chuokeizai.co.jp

3つ目は，**行動プログラム**です。たとえば，昼休憩のチャイムが鳴ると同時に，「今日はどこでランチを食べようか」と考えることなく，食堂に行き，日替わり定食を食べることが習慣になっているとしましょう。この場合，昼休憩の合図に対して，「食堂で日替わり定食を食べる」という定型的な反応が作り上げられているといえます。もう少し抽象的に言うと，意思決定の契機となる刺激があったときに，満足化原理のように代替案を探索して評価し選択するという過程を経ることなく，選択が行われているということになります。

　特に，ある**刺激**が頻繁に繰り返して経験されるようなものであれば（毎日昼になればお腹は空くし，昼休憩のチャイムは毎日鳴る），その刺激に対して定型的な反応を用意しておくことで（日替わり定食を食べる），意思決定がかなり単純化されることになるのです（どこで何を食べるかを悩まずお腹を満たせる）。サイモンとマーチはこのような反応の集合を「**プログラム**」と呼んでいます。ちなみに，プログラミングを少し勉強したことがあればわかるかと思いますが，コンピューターのプログラムは基本的に「Aという条件ではBをせよ」という形式で書かれます。まさしく，意思決定の契機となるAという刺激があると，代替案の探索や評価というプロセスを経ずに，ただちにBという代替案を選択・実行するというわけです。

　実際には満足化原理と行動プログラムは対立するものではありません。たとえば，意思決定の契機となる刺激があり，それに基づいてあるプログラムが選択されたとしましょう。それが十分満足のいく結果をもたらせば良いのですが，満足のいく結果をもたらさない場合には，新たな代替案を探索し，満足基準を満たすものを見つけ，それを選択しようとすることでしょう。このように新たに選択された代替案は記憶されて，次に似たような状況に直面したら，今度はそれが呼び起こされてすぐに実行されることでしょう。このようにして膨大な量のプログラムの**レパートリー**が蓄積されていくと，現行のプログラムで満足できなければ，まずは蓄積されているレパートリーから探索し，満足のいくものへと切り替えて対応することになります（それでもだめであれば，全く新規の代替案が探索されることになります）。このよう

に考えると，人間の意思決定はある種の刺激に対する反応という部分がかなり大きいことに気づかされます。

　このように，認知能力に限りがあるとは言え，その限られた範囲でなんとか意思決定をしようとするのが人間ということになります。ただ，ここで注意が必要なのが，それがどこまで合理的なものかはここでは問われていないということです。合理的ではないかもしれないけれど，兎にも角にも意思決定ができている，現実の意思決定はそのようなものであるということです。

2.2　意思決定の連鎖

　さて，限定された合理性しか持たない人間の現実の意思決定をみてきましたが，真に合理的な意思決定とは少なからぬギャップがあるのも確かです。このギャップを埋める１つの方法が**意思決定の連鎖**という観点です。これまでは，１つひとつの意思決定について考えていましたが，複数の意思決定をつなげて考えてみましょう。

　先ほどの「どこに飲みに行くか」という例で**図表６－１**をもとに考えてみましょう。X（たとえば「飲みに行く」という目的）が①に入力され，そこで場所（たとえば新宿）が決められ，②に送られます。次に，新宿という範囲内で種類（たとえば和食）が決められ，④に送られます。そして，新宿・和食という範囲内で，予算をもとにいくつかの案をピックアップすることになります。これをもとに，⑤でさらに絞られ，⑥で最終的な決定Yが下されることになります（たとえば新宿の高級な和食居酒屋A店）。このように，意思決定の問題を絞り込むことで，限られた能力のある人間でも合理的な判断ができるようになるわけです。

　このような意思決定プロセスも，すべての代替案を俯瞰して最適なものを選択する場合に比べると，かなり労力の節約になっていることがわかります。意思決定を連鎖させながら，認知能力に限界のある人間の能力に見合った大きさにまで問題を分解していけば，少しは合理的な意思決定に近づけるようになると考えられるわけです。

図表 6 − 1 ▶ ▶ ▶ 意思決定の連鎖と組織

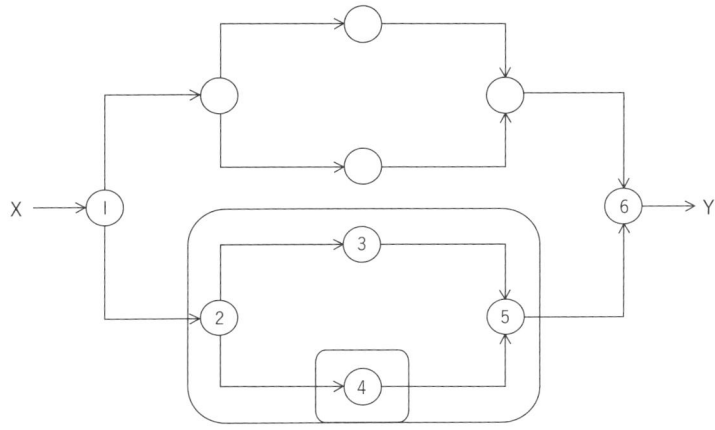

注：各丸は意思決定，矢印は意思決定された結果の受け渡しを意味しています。
出所：高橋［1993］をもとに筆者作成。

このように考えると，最後の意思決定の瞬間ではなく，その意思決定に至るまでのプロセスが重要になります。「絞り込まれた問題についてどのような意思決定をしたのか」よりも，「どのようにして問題が絞り込まれていったのか」のほうが重要となってくるというわけです。先ほどの飲みに行く例でいえば，「最終候補の 2 〜 3 店舗のうちどれを選んだか」よりも，「膨大なお店の中から，どのようにして 2 〜 3 店舗に絞られたのか」のほうが，実際に行った飲み屋が本当に理に適ったものだったのかを考えるうえで重要になるのです。

3 / 限定された合理性を克服するための組織づくり

3.1 タスクの割り当て

確かに，問題を解ける範囲のものに分解して細かな意思決定を連鎖させていけばかなりの労力の節約になります。とはいえ，これら複数の意思決定を

1人の人が続けて行うことは依然として負荷が高いとも言えるでしょう。そこで，意思決定プロセスの一部を他の人に委譲して労力を節約するという発想が出てきます。「どこに飲みに行くか」という例では，「新宿で和食」という所までは自分で決めておいて，予算をもとにお店をピックアップするのは他の人にお願いするという感じです。そして，自分はピックアップされた数店舗から良いものを選択すればいいというわけです。

　もちろん，これはかなり単純な話ですが，人間がなぜ組織を必要とするのかという根源的な問いに関わってくる話です。実際に，組織の中で働く場面を思い起こせば，会社全体⇒事業部⇒営業部⇒課というように，**タスクの割り当て**を通じて，各人の職務はかなり絞り込まれています。そして，課での案が報告され，それをもとに営業部，事業部，会社全体で意思決定が行われるというように，意思決定の連鎖があると考えられるでしょう。

　このように，人間は組織の中に身を置くことで，他の組織メンバーなどによって濾過されてきた，絞り込まれた問題を扱えるようになるわけです。これは，組織内のプロセスを通じて，各メンバーに先述の状況定義が与えられていくと見ることもできるでしょう。そして，絞り込まれた問題であれば，ある程度合理的な意思決定を行えるようになるのです。これは他のメンバーにとっても同じです。1人ひとりの人間は合理性が限定されているかもしれませんが，組織を作ることで，全体としてある程度は合理的な意思決定を行えるようになる，もしくは少なくとも近づけるようになると考えられるのです。

　このように，1人の人間の現実に即したうえでの合理的な意思決定を突き詰めて考えていくなかで，サイモンは組織そのものの必要性を明らかにしているわけです。そして，この意思決定の連鎖をいかに組み立てるのかとほぼリンクする形で，組織づくりのあるべき姿が検討されることになるのです。

3.2　組織ルーティン

　さて，絞り込まれたタスクが割り当てられたとして，各タスクを担当する

メンバーがその都度代替案を探索・評価・決定をしていては大変です。繰り返し行われるタスクであれば、どのように意思決定すべきかをあらかじめ決めておくことは有用でしょう。抽象的に言えば、与えられた刺激に対して、各メンバーが組織の目的に適切に反応できるような「決まった手順（ルーティン）」を用意するということです。

ルーティンは実際にはどのような形で組織内に蓄積されているのでしょうか。1つは、組織メンバーの頭の中です。つまり、組織メンバーの習慣となっているものです。もちろん、組織は、メンバーに適切な習慣を身につけさせるためにさまざまな施策を打っています。新人を採用する際には、組織外部の教育・訓練機関（大学など）で、その組織にとって望ましい習慣を身につけてきた人を採用するようにしています。そのうえで、選抜されて入ってきた新人に対して、教育や訓練を実施したり、経験を積ませたりするのです。

組織メンバーの習慣だけでなく、標準的な処理手続、わかりやすく言えば、マニュアルや標準作業書などとしても蓄積されています。たとえば、自動車などの生産工場に行くと、工程ごとに非常に詳細な標準作業書が策定されていることに気づきます。こうした文書化されたルーティンは、新しいメンバーが入ってきたときに仕事を教え込むためにも使用されます。また、習慣化しにくいような作業であっても、メンバーにどのような行動をすべきかを想起させるためのものとしても使われます。さらに、習慣的に行われている作業を検討し、改善していくための議論の題材として使われたりもします。

また、組織構造もある意味ではルーティンの蓄積と言えるかもしれません。組織構造は頻繁に変わるものではないですし、「○○という職位では××という仕事をする」というように、大まかではありますが組織メンバーが何をするのかを定めたものとなっている側面もあるからです。

このようにみてくると、組織はルーティンの塊のようなものだといえるでしょう。サイモンも「人類は幾世紀もの間、比較的反復的でよく構造化された環境から提起される問題に対し、組織内に予測可能なプログラム化された反応を開発・保守するような技術を驚くほど蓄積してきた」（Simon [1977]）

と述べているほどです。

　以上，タスクの割り当てと，それに対してどのように決定すべきかを決めたルーティンの確立が重要であると述べてきました。ただ，タスクおよびルーティンを組織メンバーに受け入れてもらえなければ，組織としては合理的な意思決定を確保することはできません。それを可能にするものとして，サイモンは，権威（他人の意思決定をどの程度受容するかに関する概念），組織への一体化（組織の目的と照らし合わせて意思決定をするかどうかに関する概念），コミュニケーション（メンバーからメンバーへと意思決定前提（＝意思決定の結果であり次の意思決定者にとっては意思決定の材料となるもの）をいかに伝達するかに関する概念），能率の基準（一定のリソースのもとで最大限の成果を生む案を選択するかどうかに関する概念），といった概念を提示しています。ここでは，最初の2つについて簡単に取り上げてみましょう。

3.3　権　威

　「**権威**」とは，ある範囲の代替案に対して，その内容が何であるのかについて批判的な検討や考慮をすることなしに，比較的無関心に受け入れる程度のことを指します。こう書くと難しく聞こえるかもしれませんが，よく「この道の権威だから」と，その人のことを鵜呑みにして行動することがあります。ここでいう権威とかなりニュアンスが近いと言っていいでしょう。権威があることで，各メンバーは他人の行った意思決定が正しいのかどうかをいちいち検討しなくなるので，それぞれが自分の意思決定に集中して取り組めるようになるのです。

　ただし，一般的に部下は上司に権威があるので言うことを受け入れると考えがちですが，上司の側も部下の上げてくる情報を前提に何らかの意思決定をしていたりします。そう考えると，上意下達のような一方通行ではなく，上下，さらには左右に広がるものだということには注意が必要になります。

3.4 一体化

各メンバーが意思決定を行うにあたって，組織の目的・価値を共有し，その組織にとっての結果の観点からいくつかの代替案を評価することも重要になってきます。各メンバーの目的・価値観が異なっている場合，それぞれがバラバラの観点から意思決定をしてしまうと，いくら各メンバーのタスクが絞り込まれているとは言え，組織全体としての結果がちぐはぐになってしまう，つまり合理的な決定から離れてしまうからです。

要するに，各メンバーが組織に自身を**一体化**させていることが必要となるのです。たとえば会社で働いている人が「うちの会社（部）は……」という発言をすることがありますが，これはまさしくその人が会社や部署の目的・価値に照らし合わせて物事を判断していることを示していると言えるでしょう。

以上のように，個人は認知能力に限界があるために，孤独なままでは真の合理性に近づくことはできません。しかし，意思決定の連鎖とそれに基づくあるべき組織づくりをすれば，そのような人間であっても合理的な意思決定に近づくことができるようになると考えられるのです。

4 組織的決定のゴミ箱モデル

4.1 現実のあいまいな意思決定プロセス

これまで話をしてきたサイモンの組織観に立つと，どうしても組織の合理的な設計という側面が強くなってきます。けれども，現実の組織ではここまで合理的に粛々と仕事がこなされていくものでしょうか。現実の組織は，必ずしもサイモンの言うような状況にあるとは限りません。現実の組織では，問題に対して合理的な解決策を見つけることばかりでなく，偶然の出来事が問題解決や場合によってはイノベーションに結びつくことも十分に起こり得

ます。

　ここでポストイット開発のケースを取り上げてみましょう。意思決定というと，これまで見てきたとおり，目的ないし問題が最初にあり，それに対する代替案を探索・評価・選択して実行する，というように考えがちです。けれども，このケースからはそうとも言えないことが見えてきます。

　1964 年，3M 社は中央研究所に粘着性ポリマーの開発プログラムを設けました。シルバー氏はこのプログラムに参加し，ADM 社（Archer Daniel Midland Company）から多数のサンプルを取り寄せて研究を行っていました。ある日のこと，「どうなるかちょっとやってみよう」と ADM 社のモノマーを間違った配合で混合したところ，偶然にも新しいポリマー物質を発見することとなりました。この物質の特徴は，「くっついているようでもあり，くっついていないようでもある」奇妙なものだったのですが，結局のところ，「質の悪い接着剤」という烙印を押されてしまったのでした。

　この開発プログラムは 4 年間で活動を終えたのですが，シルバー氏はその後もこの物質の製品化を求めて活動を続けました。残念ながら，会社内の技術セミナーなどで折に触れてアピールして回ったものの，反応は芳しくありませんでした。「粘着性掲示板」といったものを思いつくこともありましたが，売れたのはわずかに数点という有様でした。

　1970 年代初め，シルバー氏はシステム・リサーチ・グループに転属となります。そこで，生化学者のオリベイラ氏とともに粘着性物質に関するチームを組み，研究を続けることとなりました。そして 1973 年には，コマーシャルテープ製品事業部内の新しいベンチャー・チームのリーダーに任命されていたニコルソン氏に働きかけ，新しいベンチャー・チームの編成がなされることとなりました。このことが大きな転機となるのです。

　このベンチャー・チームの中にいたのがフライ氏でした。彼は，これまでに何度か技術セミナーでシルバー氏があの粘着物質について語っているのを聞いたことがあったのですが，その時点ではそれが何に使えるのかはよくわかりませんでした。ところが，チームの一員になってからの 1974 年，彼は合唱隊で賛美歌を唱っている最中に，賛美歌集に挟んでいる栞が落ちてしま

うことに注目し，栞にその粘着物質を付けてみるというアイディアを思いつきます。このアイディアは受け入れられ，あのポストイットが誕生したのです。

　このように，現実の組織では，答えとなるべき解決策（奇妙な粘着物質）が先に生み出されており，それが何らかのタイミングで問題（落ちてしまう栞）と結びついて，その問題が解決される（ポストイットの製品化）ということが往々にして生じているものです。こうしたあいまいな意思決定状況や偶然に左右されるプロセスを捉えるモデルが，マーチとともにコーエン（Cohen, M.），オルセン（Olsen, J.）らが 1972 年に提唱した**ゴミ箱モデル**です（Cohen *et al.* [1972]）。

4.2 　ゴミ箱モデルの基本的な考え方

　コーエンたちによれば，現実の組織の意思決定状況は，問題のある選好（problematic preferences），不明確な技術（unclear technology），流動的な参加（fluid participation）という 3 つの特徴があると言います（このような意思決定状況を「**組織化された無政府状態**（organized anarchy）」と彼らは呼んでいます）。

　まず，**問題のある選好**について考えてみましょう。時間とともに人それぞれの選好や嗜好は移ろうものでしょう。また，自分の好みはわからず，何か決めた後になって「自分はこれを望んでいたのだ」と気づくことも多いと思います。さらに，組織レベルで考えてみると，全員が全員同じ選好・嗜好を持っていると仮定するほうが難しいと考えられます。たとえば，部門や部署によって考え方が異なるという場面に直面することも多いのではないでしょうか。

　次に，**不明確な技術**について考えてみましょう。「A」という決定をしたら「B」という結果になるというようにあらかじめわかっていることのほうが稀でしょう。つまり，因果関係がわからないということはよくあることです。組織は生き残ろうとあの手この手を尽くすけれども，そのプロセスが十

分に組織メンバーによって理解されているわけではないとコーエンたちも指摘しています。単純な試行錯誤の結果だったり，過去の偶然から学習した成果の残りカスだったり，必要に迫られて発明したものだったりをもとにしながら，なんとかやりくりしているのが組織の現実だというのです。

　最後に**流動的な参加**についてですが，組織の各メンバーは自分の限られた時間をさまざまなこと（会社関係，友人関係，家族など）に振り向けなくてはなりません。そのため，1つの意思決定に全員が全員，最初から最後までかかりきりになることは多くありません。たとえば，忙しいマネジャーが会議の途中にやって来て，また途中で出ていってしまう，という場面に出会うことも多いのではないでしょうか。

　このような組織化された無政府状態における組織やその意思決定はどのようなものとなるのでしょうか。まずコーエンたちは，問題を探し求める選択機会，表明されるべき決定状況を求める問題，答えとなるようなトピックを探す解，仕事を探し求める意思決定者の集合体として組織をみなしました。そして，これら4つ（選択機会，問題，解，意思決定者）の独立した流れの相互作用の結果として意思決定が行われていると考えたのでした。

　この説明だけではわかりにくいと思うので，先のポストイットの事例に置き換えて考えてみましょう。まず，選択機会は「技術セミナーやベンチャー・チームでの会合」，問題は「賛美歌を唱っている最中に落ちる栞」，解は「新しい粘着物質」，意思決定者は「シルバー氏やフライ氏など」と捉えると良いでしょう。ポストイットは「落ちる栞を解決するために，シルバー氏やフライ氏が会合で話し合い，新しい粘着物質を開発した」というように順序立てて開発されたものでしょうか。先述のとおり，答えはNOです。最初から解となる粘着物質があり，解となるべき問題を探索しているうちに，偶然にもセミナーや会合の場でシルバー氏やフライ氏が出会い，開発に至ったのです。このように，これら4つが独立して流れており，何かしらの偶然でお互いに結びつきあい，意思決定ないしは問題解決が行われていたと捉えられます。つまり，ゴミ箱モデルでは組織の意思決定を**図表6−2**のように捉えるのです。

図表 6－2 ▶▶▶▶ゴミ箱モデルと通常の考えとの比較

通常の考え

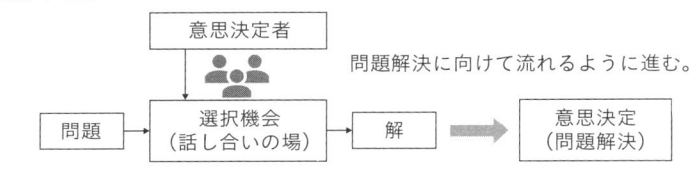

ゴミ箱モデル

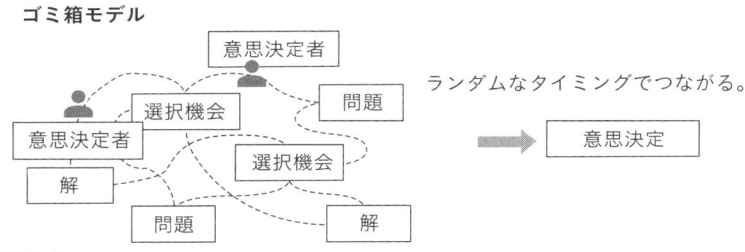

出所：筆者作成。

　さて，コーエンたちは選択機会，問題，解，意思決定者にかなり幅広いものが含まれると考えています。彼らによると，選択機会とは，組織が決定と呼べるような行動を生み出すことを期待されている機会のことであり，契約の締結や従業員の雇用・解雇・昇進といった機会とされています。

　問題とは組織内外の人々の懸案事項であり，ライフスタイルや家族，仕事上の不満，キャリア，組織内の集団関係，地位や仕事・お金の分配，イデオロギー，マスメディアや隣人がいうような人類の危機から生じるかもしれないものと説明されます。つまり，彼らの考える問題とは，非常に幅広いものを包含すると同時に，個々人にとって注意を引くような事柄のことなのです。

　一方，解とは問題とは関係なく誰かが生み出したものだとされています。コーエンたちはコンピューターを例に挙げています。コンピューターが給与計算の問題を解くために開発された解ではないと言うように，解を知ってから解くべき問題が明らかになることは多いと述べています。

　意思決定者は，選択機会を出入りする存在とされています。どのように出入りするかは，その選択機会がどのようなものかにも依存するとともに，そ

図表6-3 ▶▶▶ゴミ箱モデルのイメージ

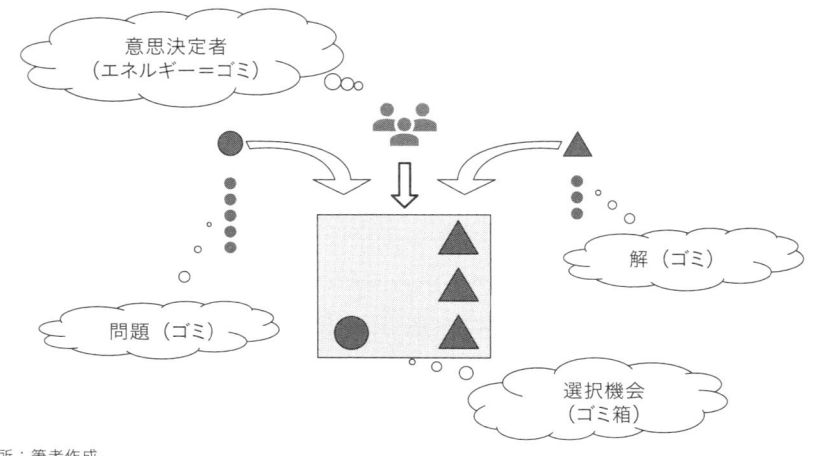

意思決定者
（エネルギー＝ゴミ）

解（ゴミ）

問題（ゴミ）

選択機会
（ゴミ箱）

出所：筆者作成。

の他の選択機会などの，意思決定者が時間を他に割かなければいけないこと
にも依存するとコーエンたちは述べています。

　ゴミ箱モデルが想定するこのような意思決定状況では，どのような結果に
なるのか容易には想像できません。ただ，どのような結果になるのかわから
ないと言うだけでは思考停止になってしまいます。興味深いのは，コーエン
たちがコンピューター・シミュレーションを使って，このような意思決定状
況では何が起こるのかについて何らかの取っ掛かりを得ようとしていた点で
す。シミュレーション・モデルの詳細をここでは述べませんが，コーエンた
ちは次のような比喩を使ってモデルを紹介しています。「選択機会はあたか
もゴミ箱のようなもので，そのゴミ箱に，問題や解，意思決定者の決定に向
けたエネルギーがあたかもゴミであるかのように投げ入れられている。そし
て，ゴミ箱が一杯になってしまうタイミングで，ゴミ箱が片付けられるよう
に，決定が行われることになる」。これについては，**図表6-3**のようなイ
メージを持ってもらえればいいでしょう。

4.3 ゴミ箱モデルで考えられている意思決定

　シミュレーション結果をもとに，コーエンたちは，ゴミ箱モデルの想定する意思決定状況では，問題を必ずしも解決しない意思決定が大半を占めるということを指摘しています。通常は，意思決定＝問題解決だと考えがちですので，少し解説をしましょう。

　コーエンたちは，問題解決とは異なる意思決定として「**見過ごし**」と「**やり過ごし**」をあげています。「見過ごし」とは，問題が明らかになる前に意思決定をしてしまうというものです。たとえば，製品開発を終えて出荷した後に不具合（＝問題）が発見されるというケースがあります。これは，問題を解決しないまま（要するに見過ごしたまま），製品開発を進めてしまうという意思決定をしてしまったと考えることができます。一方の「やり過ごし」とは，問題が山積していても，問題がどこかへといなくならないかと待ち続け，いなくなったタイミングを見計らって意思決定をしてしまうというものです。たとえば，上司から出された思いつきのような指示をのらりくらりとやり過ごしているうちに，上司が忘れてしまったのかその指示が立ち消えになり，従来通りの仕事に戻ることができた，といった経験があるかもしれません。

　ゴミ箱モデルによれば，タイミングによって問題が解決されることもあれば，問題を見過ごしたりやり過ごしたりすることが起きるというわけです。ただし，このことは決して悲観するようなことではありません。先述のように，ゴミ箱モデルの想定する意思決定状況とは，問題のある選好，不明確な技術，流動的な参加の3つによって特徴づけられる状況です。こうした状況では，合理的な意思決定はもちろんのこと，意思決定すらもできないと考えられがちです。このような考えに対し，コーエンたちは次のように述べています。「ゴミ箱的プロセスが問題をあまり解けないことは明らかである。しかし，組織は，目標があいまいだったり，コンフリクトがあったり，システムを出入りする得体の知れない問題があったり，環境が変化したり，他のことで気をとられている意思決定者がいたりしても，なんとか選択を行い，問

題を解決するのである」。このようなあいまいな状況下でも意思決定をし，いくらかの問題解決をする，できるのが現実の組織の姿というわけです。

　本章では，組織の意思決定に関する古典的かつ代表的な2つのモデルを取り上げました。ゴミ箱モデルの想定する状況や結果は極端かもしれません。しかし，現在の経営学では，サイモンのような合理的な意思決定モデルとゴミ箱モデルを両方の極としたスペクトラム上に，現実の意思決定が位置づけられると考えられています。

Discussion　　　　　　　　　　　　　　　　　　議 論 し て み よ う

1.　身近な企業の成功事例（新聞・雑誌にある経営トップ・インタビューの記事など）を1つ取り上げ，その意思決定プロセスを分析してみましょう。冒頭のエピソードのように，合理的な判断がされている部分と偶然に左右されている部分とに分けてみましょう。
2.　実際に見過ごしややり過ごしがなされたケースを探してみましょう。さらに，そのようなことが生じた原因が何だったのか議論してみましょう。

▶▶▶さらに学びたい人のために ────────────────

● 高橋伸夫［1997］『日本企業の意思決定原理』東京大学出版会。

　ゴミ箱モデルを用いて日本企業の意思決定を分析した章が所収されています。日本企業における「やり過ごし」とその意味が考察されており，興味深い内容になっています。

● 稲水伸行［2014］『流動化する組織の意思決定─エージェント・ベース・アプローチ』東京大学出版会。

　ゴミ箱モデルのコンピュータ・シミュレーションを使い，職場でのコミュニケーション・ネットワークが問題解決ややり過ごしとどう関係するのかを考察しています。ゴミ箱モデルについてさらに知りたい人にお勧めです。

参考文献

- ●稲水伸行［2014］『流動化する組織の意思決定―エージェント・ベース・アプローチ』東京大学出版会。
- ●高橋伸夫［1993］『組織の中の決定理論』朝倉書店。
- ●高橋伸夫［1997］『日本企業の意思決定原理』東京大学出版会。
- ●Cohen, M. D., March, J. G., & Olsen, J. P.［1972］"A garbage can model of organizational choice," *Administrative Science Quarterly*, 17(1), 1-25.
- ●March, J. G., & Simon, H. A.［1958］*Organizations.* Wiley.（高橋伸夫訳『オーガニゼーションズ―現代組織論の原典（第2版）』ダイヤモンド社，2014年）
- ●Simon, H. A.［1997］*Administrative Behavior: a Study of Decision-making Processes in Administrative Organization.* 4th edition. Free Press.（二村敏子・桑田耕太郎・高尾義明・西脇暢子・高柳美香訳『新版　経営行動―経営組織における意思決定過程の研究』ダイヤモンド社，2009年）
- ●Simon, H. A.［1977］*The New Science of Management Decision*（revised edition）. Englewood Cliffs, N.J.: Prentice-Hall.（稲葉元吉・倉井武夫訳『意思決定の科学』産業能率大学出版部，1979年）

第7章 組織と環境

Learning Points

▶組織の見方には従来，第2章でも触れたように，合理的モデル（クローズド・システム）と自然システム・モデル（オープン・システム）の2つがありましたが，これら2つを統合した「オープン・システムだが合理性も求める存在」として組織を分析する必要があります。

▶計画や目標に沿って合理的・効率的に活動が行われる部分（テクニカル・コア）を保護するように環境からの影響を取り除く必要があります。具体的には，緩衝化，平滑化，予測，割り当てといった方法があります。

▶また，環境との相互依存関係をマネジメントすることも必要になります。そのための競争戦略・共同戦略を模索することが求められます。

Key Words

合理的モデル（クローズド・システム）
自然システム・モデル（オープン・システム）　技術（テクノロジー）
テクニカル・コア　ドメイン　タスク環境　パワー

Episode 7

　我が社は日本でも有数の小売企業だ。私は，そこで旗艦となるような店舗を任されている。昨今，景気は良くなっていると聞くが，なかなかお客さんの財布の紐は固く，売上は伸び悩んでいる。そこで，これまでにないような大々的なセールをすることになった。どれか目玉商品を決めて特売にすればお客さんもお店に足を運んでくれるに違いない。目玉商品だけだと赤字になってしまうが，来店のついでに他の商品も購入してくれるはずだから，黒字になるはずである。

　そこで，早速，セールの準備に取り掛かった。まずは目玉商品を作っている企業との交渉である。セールをするにしても，その商品をいつもより大量に確実に，しかもできることなら安く供給してくれないと困るからだ。合わせて，店舗の改装や目玉商品を置く陳列棚の設置，さらにはセールを知らせる広告やチラシの作成，配布もしないといけない。いざやるとなるとなかなか大変なものである。

さて，セール当日。お客さんが一気に押し寄せる。レジには長蛇の列ができ，それを店員総出でなんとか対処する。そうこうしていると，予定していた目玉商品が一部到着していないようだ。どうやら供給企業のほうでトラブルがあったらしい。なんとか他から供給してもらえないかあちらこちらに連絡を取ってみる。そんなバタバタをしているうちにセール期間は終了した。なんとかこれまでにない売上目標を達成できたようだ。

　ところがセール期間が終わると，またパタリと客足が止まってしまった。売上を伸ばすにはまたセールを仕掛けるしかないのか。ただ，セールをするにしても，当初の計画通りに進むことはなく，いろいろなトラブルが発生する。これに対処するのも大変だ。どうすればいいのだろうか。

1 / 環境の変動に対処することを示す事例

　冒頭のエピソードに関連して，考えさせられる事例を取り上げることにしましょう。この事例は，1950 年代に設立された老舗の小売企業 X 社（総合スーパー）のものです。総合スーパー全般に言えるのですが，X 社の売上と利益は 1990 年代半ばから減少し続けていました。そこで 2000 年代後半に本格的なビジネスモデルの変革に乗り出し，なんとか成功を収めます。どのようにしてそれが成し遂げられたのか，以下で見ていくことにしましょう。

　まず，総合スーパーの価格戦略には大きく 2 つの方法があるとされます。1 つは「High & Low 戦略」と呼ばれ，特売品や特売日を設けて顧客に店舗に来てもらうように仕向けるというものです。おそらく多くのスーパーではこちらの戦略が一般的でしょう。もう 1 つは，「Every Day Low Price（EDLP）戦略」と呼ばれる，その名のとおり，毎日低価格で商品を顧客に提供するものです。米国のウォルマートストアーズがとる戦略としても有名です。

　X 社の事例は，High & Low 戦略から EDLP 戦略に変革することで成功したものなのですが，High & Low 戦略から EDLP 戦略への変革は実は極めて困難だと言われています。まず，EDLP 戦略を実施するには，毎日すべての

商品を低価格にするわけですから，その分徹底した低コストを実現する必要があります。この点，米国のウォルマートストアーズは巨大企業ですから，その規模を生かして商品の仕入れを低い価格で行うことや，低い賃金で働いてくれる人を雇用したりすることで低コストの実現が可能でしょう。ところが，X社はそのような巨大企業ではないので，ウォルマートストアーズと同じようなやり方ではEDLP戦略の実施はかなり難しいと考えられました。

　しかし，X社の経営陣は，これまでのやり方（High & Low戦略）では"じり貧"と考え，それを打破するためにも不退転の決意でEDLP戦略に舵を切ることを決めます。そのためにウォルマートストアーズとは異なる方法でコスト削減に乗り出しました。まずは次の3つのコスト削減策を実施しました。1つ目は多能工化です。これは，工場などでよく使われる言葉ですが，1人の人が複数の持ち場を担えるようにすることで，状況に応じて柔軟にシフトを組めるようにしたり，生産性を上げていくことで必要人員を減らせるようにしたりする方法です。これまでの店舗では，肉や魚，野菜など売り場ごとに分かれて仕事をしており，たとえば肉の売り場で作業が終わっており，他の売り場での作業が終わっていなかった場合でも，特に手伝ったりはしていませんでした。そこで，多能工化を進めることで品出しや陳列を全員でやれるようにし，トータルでかかる作業時間の短縮につなげていきました。

　2つ目は改善活動です。ほぼ毎日全従業員でのミーティングを行い，現場である店舗から意見を吸い上げて，無駄な仕事を整理していきました。たとえば，これまでは陳列の際に，いちいち箱から取り出して棚に並べ直していたのをやめ，箱のまま陳列するなどして，作業を大幅に効率化しました。

　3つ目は，標準化です。こうした改善活動などから生まれた良いやり方をマニュアル化し，互いにしっかりと共有できるようにしていきました。これは，店舗を超えて共有されることもありました。

　X社は，このような生産性向上とそれに伴うコスト削減によって浮いた資金をもとに，少しずつEDLP戦略を実施していきました。すると，経営陣は，思わぬ効果に気づくことになります。店舗オペレーションがどんどん効率的

になり，さらなるコスト削減が進んでいったのです。

　これはどういうことでしょうか。実は，EDLP 戦略のポイントは，Low Price（低価格）よりも Every Day（毎日）のところにあったのです。毎日同じ価格にすることがもたらす効果には，まず作業の**簡素化・平準化**があります。High & Low 戦略のように特売日を設けるとなると，わざわざそのためのチラシを作成し，お客さんに事前に配布するといった作業が必要になります。また，特売品を設ければ，そのために値札を作り変えて貼っていく作業や，場合によっては目につきやすい所に陳列し直す必要も出てきます。来店客数も日によって大きく変動するため，それに合わせて仕入れの量を変える必要も出てくるかもしれません。

　EDLP 戦略をとると，このような作業をしなくて済むようになるというわけです。上記のような追加の作業がなければ，仕事の標準化（マニュアル化）もしやすいですし，そうなると仕事への習熟も早くなり，多能工化もますます進みます。その結果，ますます生産性高く店舗運営をできるようになり，EDLP 戦略をさらに推し進められるようになります。最終的に，Low Price を達成できるようになるのです。

　こうした変革の結果，X 社はわずか 3 年で，生産性を 4 割近く改善させ，ビジネスモデルの転換に成功することになりました。価格戦略を変えることで，仕事の進め方を計画立てて効率よく回せるようにし，結果的に企業再建を果たしたわけです。これは，あくまで 1 つの成功事例ですが，冒頭のエピソードについて改めて考えさせられるものでしょう。

2 合理的モデルと自然システム・モデル

　本章の冒頭のエピソードと X 社の事例は，環境の不確実性と組織の関係の問題を扱っていると言えます。組織をなるべく効率的に運営したいけれど，顧客やサプライヤーとの関係もあって，なかなか自社の都合だけで運営するわけにもいきません。こうした問題をどのように考えるといいでしょうか。

ここでは，経営組織論の古典の1つであるトンプソン（Thompson, J. D.）の『行為する組織（*Organizations in action*）』［1967］をもとに考えてみましょう。

　トンプソンによれば，組織に対する見方には大きく分けて2つのものがあります。1つは**合理的モデル**，もしくは**クローズド・システム**と呼ばれるものです。合理的に物事を決めるためには，第6章の合理的な意思決定の項でも説明したように，ごく限られた変数とその関係がわかっていること，さらには変数の値をある程度コントロールできることが必要になります。

　もう少しわかりやすく，数学の方程式のアナロジーで考えてみましょう。変数（X，Y，Z）と関係式（X + Y = Z）があったとします。たとえば，このうち X と Y の値があらかじめわかっていたり，自分で値を決めてよかったりすると，Z の値は簡単に求められます。ところが，変数や式がもっと多かった場合はどうでしょうか。いわゆる連立方程式を解くということになるのですが，解くのが途端に大変になってしまいます。また，X や Y，Z の値をそれぞれ別の人が勝手に指定してくる場合（自分で決められない場合）はどうでしょうか。うまく等式が合えばいいですが，そうならない場合も起こるかも知れません。そうなると完全にお手上げです。

　このように，自分のわかる範囲・コントロールできる範囲に囲まれているところ（要するにクローズ）でなくては合理的に物事を進めることは難しいものです。こうした閉じられたシステムとして組織をみて，その範囲内で組織が最大の効率を達成できるようにするにはどうすればいいのかを考えるのが，このモデルということになります。

　もう1つは，**自然システム・モデル**，もしくは**オープン・システム**と呼ばれるものです。先ほどとは逆に，不確実性，すなわち把握不可能なほどのたくさんの変数と関係式，さらにはそれらを自分でコントロールできないような状況に組織は直面していると考えます。このような状況で組織はどのように対応すると考えられるのでしょうか。ここは生物の進化のアナロジーで考えてみましょう。私たち自身の体の内部もそうですし，私たちをとりまく環境も未知で不確実なものにあふれています。

しかし，環境の変化とともに，生物は自らが生きていくうえで必要な部分を残し，そうでない部分は調整したり，取り除いたりしながら，次世代に引き継いでいきます。そうでなければ，その生物は環境に適応できずに死滅してしまいます。こうした過程は，その生物が環境の変化を予測し，計画を立てて合理的に判断し，うまくいったかを確認するといったものではないことにも気づくことでしょう。このモデルでは，環境の不確実性に対して開かれた（要するにオープンな）存在として組織を捉えて考えるわけです。

この2つのモデルは必ずしも対立するものではなく，むしろ統合することで組織をよりよく分析・理解できるようになると考えたのがトンプソンでした。先ほどのX社の事例でみたように，店舗運営をする際に，しっかりと計画を立てて，コントロールを効かせながらそれを効率よく達成していくことは大事なことです。この点は，合理的モデルでは焦点が当てられますが，自然システム・モデルでは無視されがちです。一方，供給業者と交渉したり，顧客ニーズに合うように商品を置いたりと，自分たちがコントロールできないような要因から影響を受けることもまた確かなことです。この点は，自然システム・モデルでは焦点が当てられますが，合理的モデルでは無視されがちです。トンプソンは，組織は，オープン・システムではあるが，同時に合理性も求める存在であると考えたわけです。

3 / 技術と環境からの影響の遮断

3.1 / 技術（テクノロジー）とテクニカル・コア

一口に，合理的モデルと自然システム・モデルを統合すればいいといっても，それはどのようにすればできるのでしょうか。トンプソンが着目したのが，組織を観察すると，合理的モデル（計画に沿って進められる部分）と自然システム・モデル（不確実性が高い部分）とで，それぞれが色濃く出る箇所に違いがあるということでした。

　このことを説明するために，彼は，組織のマネジメントをみる際には，**技術的レベル**，**管理的レベル**，**制度的レベル**の３つのレベルがあることをまず指摘しています。１つ目の技術的レベルは，たとえば製造現場における原材料の加工やそうした業務の監督が該当するとされています。総合スーパーで言えば，品出し，陳列，レジ打ちといった業務といったところでしょうか。このレベルでは，最も合理的モデルが色濃く出やすいといえるでしょう。２つ目の管理的レベルは，技術的レベルのことを行う下位組織にサービスを提供するものになります。たとえば，製造業務に必要な原材料等の調達や人材の採用を行ったり，商品を顧客に届けたりすることがこれに当たります。３つ目の制度的レベルでは，組織はより広い社会の一部であるという認識を持って，いわゆるステイクホルダーからの支援を確実にするような行動が含まれることになります。行政や規制への対応などもこのレベルにあたります。このレベルでは，最も自然システム・モデルが色濃く出やすいといえるでしょう。

　さて，ここで「技術（テクノロジー）」という言葉が出てきましたが，それはどのようなものでしょうか。トンプソンのいう「技術」は，私たちが一般的に使っている技術とはやや異なるので注意が必要です。ただ，残念ながら，トンプソンは「技術」について必ずしも明確な定義をしているわけではありません。その代わり，**図表７−１**にあるように**長連結型テクノロジー**，**媒介型テクノロジー**，**集中型テクノロジー**という３つの類型を示しています。

　１つ目の長連結型テクノロジーは，工場の生産ラインをイメージするとわかりやすいでしょう。ある工程での作業が終わったら，次の工程での作業をし，それが終わったらさらに次の工程へ，というようなものです。２つ目の媒介型テクノロジーは，銀行や保険，情報通信事業をイメージするとわかりやすいでしょう。たとえば，お金の預け手も借り手もそれぞれ異なる多様なニーズを持っていますが，銀行はなるべく標準的な条件・基準に基づいて取引を行うことで，預け手と借り手を結びつけていると言えます。３つ目の集中型テクノロジーは，総合病院や建設業をイメージするとわかりやすいでしょう。総合病院の場合，患者が来院すると，各分野の医師，薬剤師，作業

図表7−1 ▶▶▶技術（テクノロジー）の３類型のイメージ

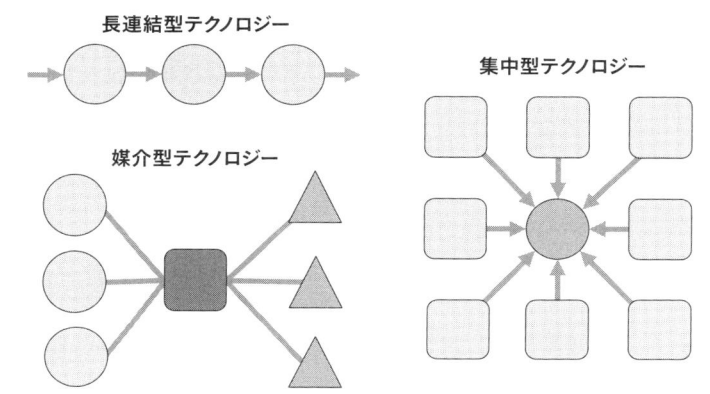

出所：筆者作成。

療法士，X線技師といった専門家がチームを組んで治療にあたっていきます。

　これら３つの類型は，必ずしも互いに排他的な関係にあるわけではなく，どのような業務にも多かれ少なかれ含まれるものと言っていいでしょう。たとえば，店舗にお客さんが来た瞬間にいきなりレジを通すことはなく，買いたい物を順番にピックアップしてからレジを通ります（長連結型）。店舗に来たお客さんには雑多な人がいますが，１人ひとりにカスタマイズして商品を提供するわけではなく，既製品を標準的なやり方で提供します（媒介型）。そして，ある程度売り場ごとに専門となる人がいて，商品を提供します（集中型）。こう考えると，トンプソンが思い描いていた技術（テクノロジー）とは，専門化され標準化された業務が複数連結されているもの，と考えてよいでしょう。

　こうした技術（テクノロジー）は，先述の合理的モデル（クローズド・システム）のような状況であれば，掲げられた計画目標を達成することもできるでしょうし，おそらくは最高の効率で実施できるようにもなることでしょう。確かに，技術レベルだけで考えればそれで良いのですが，より大きな組織という観点からみると（管理的レベルや制度的レベルも考慮すると），環境の不確実性に直面したオープン・システムでもあるわけですから，そう簡単にはうまく目標達成や最高の効率の達成はできないでしょう。

ただ，逆に言えば，環境からの影響をうまく遮断できてさえいれば，技術（テクノロジー）はうまく機能するとも言えます。そこから，事業を遂行する上で欠かせない核となる技術（＝**テクニカル・コア**）については，特に組織は環境からの影響を遮断しようと考えることになります。これは具体的にどのようなことでしょうか。次にみていくことにしましょう。

3.2　環境からの影響の遮断

　トンプソンは，環境の不確実性と対峙するインプット活動とアウトプット活動とが，技術（テクノロジー）とうまくかみ合うことで，初めて組織はうまく機能すると考えました。たとえば，「材料供給→加工作業→最終商品出荷」という生産ラインをイメージすると，テクニカル・コア（＝加工作業）が，**図表７−２**で表すように，インプット活動（＝材料供給）とアウトプット活動（＝最終商品出荷）でサンドイッチされていることがわかります。

　このことを念頭に置きながら，環境からの影響を遮断する４つの方法についてみていくことにしましょう。１つ目は**緩衝化**です。これは，インプットとアウトプットの部分を積み増して緩衝材の役割を果たしてもらうことで，環境からの影響を受けずに技術（テクノロジー）をうまく機能するようにするものです。たとえば，材料在庫を積んでおくとどうなるでしょうか。供給業者からの供給が遅れることがあっても，在庫分を使いながら加工作業を進めることができます。同様に，製品在庫を積んでおくとどうなるでしょうか。多少，顧客からの注文が増えたとしても，在庫分を吐き出すことで対応できれば，ペースを変えることなく加工作業を進めることができます。

　しかし，在庫を積むことはコストにもなりますし，ありとあらゆる変動に対処するにはそれだけでは難しいものです。そこで次に出てくるのが**平滑化**です。これは環境の変動に対処するというよりも，環境の変動そのものを減らすような方法です。たとえば，需要のピーク時に割増料金にすることで需要の山を低くしたり，需要の底の時には割安セールを仕掛けることで底を浅くしたりする方法がこれにあたります。

図表 7 − 2 ▶ ▶ ▶ 環境の不確実性とテクニカル・コア

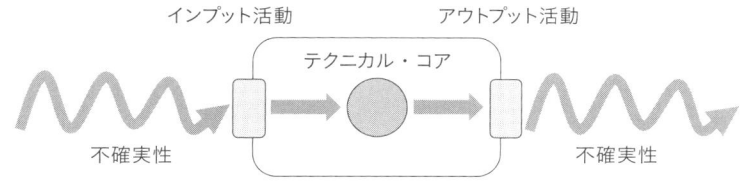

出所：筆者作成。

　それでも対応が難しければ，3つ目の方法として**予測**があります。たとえば，需要の変化にはある種の周期性があるものです（夏になったらこのぐらい売れる，冬になったらこれぐらい売れるなど）。それを見越してあらかじめ仕入れを増減させておいたり，業務のシフトを組んでおいたりすることで，需要の変化があっても技術（テクノロジー）がうまく機能するようにしておくのです。

　ここまで対応してダメだった場合に備えて，4つ目の方法として**割り当て**があります。これは，技術（テクノロジー）が破綻しないように，最低限やるべきこととその優先順位を決めておくというものです。わかりやすい例がトリアージです。これは，大災害が発生して一度に多くの負傷者が出た場合に，その負傷の度合いに応じて治療の順番を決めるというものです。負傷者を順番に治療できればいいのですが，このような緊急事態では医療機関もパンクしてしまいますので，優先順位をつけて医療に使えるリソースを最大限活用し，なるべく多くの人命を助けることにするのです。

4 タスク環境と依存関係のマネジメント

4.1 ドメインとタスク環境

　ここまでの話は環境からの影響を遮断することでテクニカル・コアを維持するというものでした。一方で，環境に働きかけるという発想もあり得ます。

このことについてみていくことにしましょう。

さて，一口に環境と言っても，組織の理解が及ばない部分，コントロールできない部分のことをひとまとめにしているので，非常に多くの要素が含まれることになります。そこで，もう少し焦点を絞ることにしましょう。

まず，組織は，①製品のカバーする範囲（何を），②サービスを受ける集団（誰に），③提供されるサービス（どのように）に関して，明確に自分自身のものであると主張する縄張りのようなものを持っています。これをトンプソンは**ドメイン**（領域）と呼んでいます。たとえば，小売業についてみると，百貨店のように高級専門店を多く集めて，富裕層を主な対象として丁寧な接客をしながら商品を提供するものもあれば，スーパーマーケットのように，日用品を中心にその地域に住む人を主な対象として，セルフサービスで商品を提供するというものもあります。このように，各組織がどのようなドメインを持っているのかをみることは，組織を分析するうえで有用なのです。

このドメインによって，その組織に影響をもたらす環境の要素もある程度特定できるようになります。つまり，ドメインが明確になれば，①顧客，②原材料・部品，労働力，資本，設備，作業場などの供給者，③市場および資源をめぐる競争相手，④政府機関，組合，業界協会を含む団体など，が何かが決まってきます。当然，ドメインが異なればこれらも異なってきます。**図表７－３**のようなこうした環境要素のことを，トンプソンは特に**タスク環境**と呼んでいます。

ただし，注意が必要なのは，組織の側が一方的にドメインを決めることは

図表７－３ ▶ ▶ ▶ タスク環境と組織のドメイン

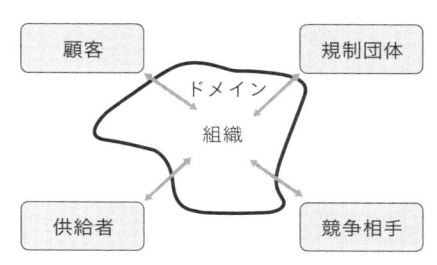

出所：筆者作成。

できない点です。組織およびそれと相互作用するタスク環境要素とが互いに相手に対してどのような期待を持つのか，期待に齟齬があった場合にはすり合わせをしてどのように合意をするのかによって決められるものです。仮に組織の側が一方的にドメインを決めてしまっても，供給業者が納得していなければ必要な原材料を得ることはできなくなりますし，顧客が納得していなければそもそも製品・サービスを購入してくれません。つまり，タスク環境要素と交渉することがポイントとなってくるのです。

4.2 パワーと依存関係

先述のとおり，組織はタスク環境要素に依存しており，その依存関係をうまくマネジメントする必要があります。こうした依存関係をマネジメントするための鍵を握っているのが**パワー**の概念です。

まず，依存関係にある（相手に強く依存している）とはどのようなケースでしょうか。一般的に，その組織が欲しいと思っているものをタスク環境要素がどのくらい提供できるか，同じ資源や仕事を提供するタスク環境要素が他にどのくらいいるのか，の2点によって依存の度合いが決まります。その組織（たとえば X）が欲しいと思っているものを十分に提供するタスク環境要素が1つ（たとえば Y）しかない場合，X は Y に強く依存することになります。

そして，パワーとは依存関係と表裏一体となる概念です。つまり，相手に依存しているほど相手からパワーを行使されやすくなります（その逆も然りです）。具体的な例で考えてみます。小売企業 X 社があなたの立場だとします。ここに爆発的な人気を誇る商品があり，それを作っているのは A 社のみだったとしましょう。ライバル企業との競争に勝ち抜くために，A 社のいうことは何でも聞いてでもその商品を自社の店舗で取り扱いたいと考え，実際にそれが実現したとします。この場合，あなたの X 社は A 社に強く依存することになります。その結果，A 社はあなたの X 社に対して無理難題を迫るだけの影響力，すなわちパワーを持つ・行使することができる立場に

なります。

　ここで，別のB社が同じような商品を作って供給できるようになったとします。こうなると，A社だけから仕入れなくても済むようになります。仮にA社から供給を止めるぞと脅されても，その分B社からの仕入れを増やせばいいので，A社の脅しに屈する必要はありません。つまり，A社への依存度が下がることで，A社はパワーを持てなくなる（行使しにくくなる）のです。

4.3 パワーと競争戦略

　このようなパワーの概念を念頭に，タスク環境をマネジメントする方法を考えていきましょう。1つ目の方法として，代替的な方法を維持することで，タスク環境要素が組織に対して持つパワーを最小化する，ということが考えられます。先ほどの例に出てきたように，複数の供給業者に競争させることで，特定の供給業者からのパワーを減じるというものです。独占や寡占の進んだ市場ではなく，完全市場から資源を調達できる場合，組織に対して行使されるパワーは最も小さくなることでしょう。

　2つ目の方法は，タスク環境要素に対して組織の好ましいイメージを創造し維持するというものです。自分の組織と取引することが一種のステータスとなるような状況では，その組織はタスク環境要素に対してパワーを持てるようになります。就職したい企業ランキングが公表されることがありますが，こうした企業は事業の実績もさることながら，就職活動中の学生に対して好ましいイメージを作り出しているともいえます。そのような状況では，就活学生は何としてでもその企業に入りたいと思っているので，企業の側はそうした学生に対してパワーを行使できる立場にあるわけです。同じように，名声のある企業（たとえばその地域の一番店）と取引できれば，信用を得ることができ，自分の事業をさらに広げられると考える中小企業は，その名声のある企業からパワーを行使されやすい立場にあるといえます。

4.4 パワーと共同戦略

　ここまでパワーと依存関係の観点からタスク環境のマネジメントの方法についていくつかみてきました。ところが，こうした方法が通用しない場合，つまりどうしても１つもしくは少数のタスク環境要素に依存している場合，どうすればいいでしょうか。その場合，なんとかパワーを獲得する方法を考えるしかありません。具体的には**共同戦略**をとることが効果的だとされます。自分の組織が不確実性（タスク環境要素に依存してパワーを行使される状況）に直面しているのであれば，相手のタスク環境要素も少なからず不確実性に直面しているものです。そこで，「あなたと私が組めば，お互いに不確実性を減らせますよ。だったら共同しませんか」と取引を持ちかけるわけです。

　こうした共同戦略の１つに**契約締結**があります。契約を結ぶことで，将来の取引内容を縛るわけです。信頼関係に基づく部分はありますが，名声や評判を維持するために，相手も普通は契約を履行するものです。

　２つ目の方法として**取り込み**（co-opt）があります。これは，組織の意思決定機構の中にタスク環境要素を取り入れるというものです。具体的な例としては他企業（たとえば銀行など）からの役員招聘があげられます。招聘された役員は，自分たちの組織を発展させるという期待に従って，それに必要な資源を派遣元の企業から引き出したり，派遣元企業も役員を送り出したことにより一定の責任を引き受けたりすることになります。これによりタスク環境要素からの支援はある程度将来にわたって続くだろうという確実性が得られます。ただ，タスク環境要素に意思決定の一端を担ってもらうことは，その組織にとって制約を課すことにもなる点は注意が必要です。

　３つ目は**連合形成**（coalescing）と呼ばれるものです。これは，自分と相手（タスク環境要素）の会社とで互いに出資しあって新たな会社を設立するようなジョイント・ベンチャーが良い例でしょう。この場合，お互いに，ある特定の目標について行動を共にすることになります。共同的意思決定に対するコミットメントが要求されるため，制約も多い（自分の思い通りになら

ない部分が増える）ですが，契約だけでは不十分なときには有効な手段となりえます。

これらの依存関係のマネジメント方法に加えて，環境の変化に合わせてタスク環境からある要素主体を追い出したり，逆に新たな要素主体を取り込んだりすることも求められてきます。こう考えると，政党や超大国が行っている「政治」と同じようなことが組織にも求められるということになります。タスク環境との相互依存関係という現実を見据えつつ，合理的に技術（テクノロジー，テクニカル・コア）を機能させられるように，ちょうど最適なポイントを見つけ出していくことが求められるわけです。

ここで，最後に本章の最初に取り上げた事例に戻ってみましょう。EDLP戦略を実施する米国のウォルマートストアーズはグローバルな巨大企業です。一括仕入れをすることで，供給業者に対して強いパワーを行使できる立場にあります。おそらくですが，パワーを背景に調達コストを下げることも可能でしょうし，その結果として，EDLP戦略を実施するための原資を手に入れていると解釈できるでしょう。

一方で，X社にはそのようなパワーはおそらくなかったと考えられます。むしろ，EDLP戦略を環境からの影響を遮断する方法として利用したと解釈できるのではないでしょうか。毎日同じ価格にすることで来店顧客数の変動をならし，それに伴って店舗業務での各人の役割分担を明確にし，標準化・マニュアル化を進め，業務の流れがスムーズになるよう改善活動等で無駄を省いていったわけですが，これはテクニカル・コアを維持・機能させるように環境からの影響を遮断したとみることもできます。つまり，冒頭の事例は，どの部分でどのように環境の不確実性に対処するのかを考えさせてくれる好例だと言えそうです。

1. 環境からの影響を遮断する方法として，緩衝化，平滑化，予測，割り当てがありますが，本章であげたものとは異なる事例・題材を持ち寄って議論してみましょう。

2. タスク環境要素との依存関係をマネジメントする競争戦略と共同戦略を紹介しましたが，それに該当する具体的な事例・題材をみんなで持ち寄って検討してみましょう。

▶ ▶ ▶さらに学びたい人のために ─────────

● Thompson, J. D. [1967] *Organizations in Action: Social Science Bases of Administrative Theory*. New York: McGraw-Hill.（大月博司・廣田俊郎訳『行為する組織─組織と管理の理論についての社会科学的基盤』同文舘出版，2012 年）

　組織論に関する古典的名著。本章で紹介したのは基本的な考え方の部分のみで，実は，技術（テクノロジー）の類型によって組織デザインや組織の成長軌道も変わってくることを議論しています。第 3 章の参考文献で挙げた邦訳は 1985 年版ですが，これは 2012 年に出版された新訳です。

参 考 文 献

● 清水剛 [2010]「組織は環境変動にいかに対応するのか？：経営学輪講 Thompson (1967)」『赤門マネジメント・レビュー』9 (9)，663-678.

● 高橋伸夫 [2013]「ランダムではない行為の中に組織を見出す：経営学輪講 Thompson (1967)」『赤門マネジメント・レビュー』12 (4)，327-348.

● Noda, T. [2015] "Integration of lean operation and pricing strategy in retail," *Journal of Marketing Development and Competitiveness*, 9 (1), 50-60.

● Thompson, J. D. [1967] *Organizations in Action: Social Science Bases of Administrative Theory*. New York: McGraw-Hill.（大月博司・廣田俊郎訳『行為する組織─組織と管理の理論についての社会科学的基盤』同文舘出版，2012 年）

第 **III** 部

組織内外のダイナミクス
（うごめいている組織）

第8章

組織構造のダイナミクス

第9章

組織間関係

第10章

組織変革の捉え方

第11章

組織変革の進め方

第12章

組織のパラドックス

第13章

流されず，しなやかに

第 **8** 章 | # 組織構造の
ダイナミクス

Learning Points

▶ この章では，第3章で学んだ組織の基本構造をベースとしながら，そのダイナミクスについて学んでいきます。

▶ 組織が直面する不確実性に応じて，適切な組織構造および組織づくりの方法を選択することが必要になります。

▶ 特に，まずは組織デザインの基本モデルをしっかりと作り込んだうえで，必要に応じて部門横断的な関係を付け加えていくということを意識することが重要になってきます。

Key Words

コンティンジェンシー理論　不確実性　規則と手順　上申　スラック資源
自己完結的職務　横断的関係

Episode 8

　私はMBAを取得したばかりの経営コンサルタントだ。つい最近，ある化学メーカーから仕事の依頼があった。この会社には，売上のほとんどを占めるといってもいい主力商品がある。だが，数年前の特需でそれが大当たりし，ここぞとばかりに生産設備を増強した矢先，需要が急速にしぼんでしまった。そのため，生産設備の過剰が大きな問題となり，余剰設備を利用できるような新たな製品分野への進出を試みたのだが，競合他社が利益を上げるなか，この会社は大赤字を計上する羽目になってしまった。そこで，私に，何が問題なのかを調査してほしいとの依頼があったわけである。

　早速，開発や生産を担当する部門にヒアリングに行くと，新製品には自信があるのだという。ところが，販売を担当する部門にヒアリングに行くと，「全く売れそうにもないものを作りやがって」という声が大半だ。どうやらこれまでの主力製品はB2Bの製品だが，新製品はB2C向けの製品で，販売方法が全く異なることが原因らしい。また，新製品には開発から生産，販売まで全活動を統括している責任者もいないようだ。要するに，部門間の壁ができてしまっており，連

携がとれていないのが根本的な問題のようだ。

　こうした問題の１つの解決策は，MBA で習った事業部制組織かもしれない。そこで，組織改革の参考にするため，事業部制組織をとっている電機メーカーに調査に赴くこととした。すると，この会社はこの会社で事業部制組織に大きな問題を抱えており，辞めようと考えているのだという。この会社では，新製品が一定程度の売上規模になると，半ば独立させるような形で新規の事業部にしてきた。ところが，事業部の数が多くなり，さらに各事業部が自主責任の名のもとに製品開発を行うようになると，同一製品分野に互いに進出し，身内で争うようなことが起こっているのだという。結果，重複投資のような形になり，ライバルに先を越されるケースも出てきているそうだ。事業部制だからと言っても，組織の壁の問題は起こるようだ。

　どうやら，状況に応じて組織デザインを変える必要がありそうだし，いずれにしても部門間ないしは事業部間の壁に横串を通すうまいやり方も考える必要がありそうだ。果たして，どのような方法が考えられるのだろうか。

1 コンティンジェンシー理論と不確実性

1.1 コンティンジェンシー理論

　皆さんはあるべき組織デザインとはどのようなものだと考えるでしょうか。１つの理想型として語られることが多いのは第２章でも紹介した官僚制組織です。ウェーバーは官僚制組織を，「完全な発達を遂げた官僚制機構の他の組織に対する優位性は，ちょうど機械が非機械的な生産方法よりも優れているのと同じである。正確さ，スピード，明確さ，書類についての知識，一貫性，統一性，厳格な従属，摩擦の排除，物的・人的費用の節減，これらは官僚制的管理において最高度に達する」と評価しました。

　とはいえ，これだけ組織を取り巻く環境が大きく変わるなか，「官僚制組織が本当に唯一最善の組織なのか」と疑問に思う人も多いかもしれません。「規則やルール通りに仕事を進められることは少ないのだから，規則やルー

ルで縛るのはいかがなものか」「専門化・分業化するのも重要だが，部署や部門を超えた連携のほうも重要なのではないか」といった疑問が出ることは自然なことだと思います。このような疑問に1つの手がかりを与えるのがこの章です。

経営学では組織の**コンティンジェンシー理論**という考え方があります。コンティンジェンシー（contingency）とは耳慣れないかもしれませんが，「（事件などの）発生の不確定性，状況依存性」といった意味があります。この理論では，唯一最善の組織はなく，自らの置かれた不確実性に依存して有効な組織形態は異なると考えます。この理論には多くの実証的研究があるのですが，やや古典的ながらも比較的よくまとまっているガルブレイス（Galbraith, J. R.）の研究に基づいて，状況に応じた組織のダイナミクスについてみていくことにしましょう。

1.2 　不確実性

先述のとおり，組織デザインを考えるうえで大切な概念が**不確実性**になります。前章でも不確実性という用語が出てきましたが，そこでは自分の組織の理解やコントロールの及ばないこと，ないしはその範囲と解説しました。ここではそれをさらに進めて，次のように定義します。

「不確実性」＝「職務遂行に必要な情報量」－「組織がすでに持つ情報量」

つまり，「職務遂行の過程で付加的に獲得していくべき情報量」ということになります。事前にはわからないこと，コントロールできないことが，職務を進めていくうえでだんだんとわかってきたり，相手からの要求が来たりして，対応せざるを得なくなる状況，と言えばよいでしょうか。

わかりやすく，天気とピクニックを例に考えてみましょう。前日の天気予報が降水確率0％だったので，明日は友だちとピクニックに出かけることにしました。このまま何もなければ事前の計画通りにピクニックを楽しめます

が，突然ゲリラ豪雨が発生したとします。これは事前に予想不可能な事態なので，急遽予定変更をする必要が出てきます。この予定変更を友だちに連絡したり，交通機関を調べたりする必要があります。このように，事前に持っている情報通りに物事を進められることは意外と少なく，物事を進めている過程で情報収集をしながら遂行する必要が出てくるのが普通です。この程度が大きいことを不確実性と呼ぶわけです。

　実際のビジネスの現場でもこのようなことは多く起こります。何か仕事をする際に，事前に明確な情報があれば，事前計画を立てることができます。しかし，必要な情報が不足していれば，遂行段階で新しい情報を収集し，経営資源の配分，スケジュール，職務間の優先順位等を随時変更しなければなりません。その結果，職務遂行段階で多くの情報処理が必要になります。実は，この不確実性と情報処理が適切な組織デザインを考えるうえでの重要な鍵を握っているのです。

　先の式をみると，不確実性を決める1つの要因は，すでにどのくらいの情報量を持っているかですが，もう1つの重要な要因はそもそもその職務を遂行するうえで必要な情報量はどのくらいかであることがわかります。この職務遂行に必要な情報量は次の3つの要因によって決まってくると考えられます。

　1つ目は，アウトプットの多様性です。製品・サービスや顧客の種類が多いと，たとえば何を先に作って，何を後にするのかといったことを，情報を集めながら調整して進める必要が出てきます。

　2つ目は，インプットの多様性です。たとえば，製造に使われる機械の数や種類が多いと，1つの製品・サービスを提供していたとしても，それぞれの機械をやりくりしながらうまく仕事を進める必要が出てきます。

　3つ目は，達成目標の高さです。非常に高い目標を掲げ，周到にやり遂げる必要がある場合，たとえばしっかりと時間管理する必要があるでしょうし，何かトラブルが発生したらすぐに情報を集めて解決に当たらなければ目標を達成できないかもしれません。

　このように，不確実性を決める要因は整理されるわけですが，このことを手掛かりに組織デザインについてみていくことにしましょう。

2 / 組織デザインの基本モデル

組織デザインを考える際のモデルが**図表8－1**です。その中でもまずは，基本モデルの部分から順番に実施していくことになります。

2.1 規則と手順

最初のステップは，**規則と手順**をしっかりと整備することです。これは，事前に持っている情報をもとにどのような行動をすべきかを明確にし，設定しておくことを意味します。特に，繰り返し生じる状況に効果を発揮します。

たとえば，自動車工場などに行くと必ず標準作業票が整備されています。そこでは，「○○工程」では「××作業」をする，ということが秒単位で細かく規定されています。そうすることで，各工程間の担当者同士で毎回すり合わせをしなくてもよくなります。また，こうした規則や手順が整備されていると，人の入れ替わりにも対処しやすくなります。規則や手順をもとに新人を教育しやすくなりますし，従業員の異動があっても，適切な方法を伝承

図表8－1 ▶▶▶不確実性に対処する組織デザインの考え方

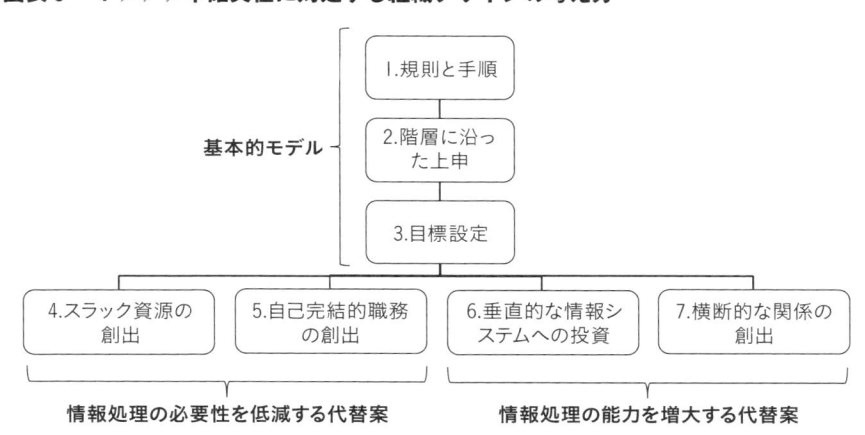

出所：Galbraith［1973］をもとに筆者作成。

できるようになるのです。規則や手順を整備することは当たり前のことのようですが，実はここを手を抜かずにやり切れるかどうかが企業の競争優位性と大きく関わってくることがわかっています（藤本［1997］，松井［2013］）。初歩的な部分ですが，組織デザインをするうえで規則と手順をしっかりと整備することは極めて重要であるということを肝に命じておきましょう。

さて，事前の情報だけで完全に職務を遂行できれば問題ないのですが，不確実性があるのが世の常です。仕事をしているなかで事前に決めておいた規則や手順ではうまく対処できないような事態が生じた場合，どのようにすればいいのでしょうか。

2.2 階層に沿った上申

このような事態に対処するための1つの方法が，第2ステップである階層に沿った**上申**です。上下の階層からなる組織構造を作り，通常の業務は現場担当者が進めますが，何か規則や手順に沿わない例外的なことが発生したら上層部に報告をし，上層部はその報告を受けて対処する，というものです。

たとえば，自動車工場などに行くと，各工程の標準作業票とは別に，現場のマネジャーは問題発生時のマニュアルを持っていたりします。そこでは，「ある工程で問題（規則や手順に沿わない事象）が発生したら，その工程の担当者は生産ラインを止めてマネジャーを呼ぶ。現場マネジャーはその場に急行し，問題の発生原因を特定し，その場で解決できれば解決する。その他の技術スタッフやさらに上の上層部に報告し協力を要請する必要があればそのような行動をとる……」と言ったことが規定されています。なるべく，各工程担当者にはルーティン的な業務に従事してもらい，例外事項はマネジャーが取り扱う，といった分担をしているわけです。

さて，ここでさらに不確実性が上昇したとしましょう。つまり，大量の例外事項が発生するようになったと考えるわけです。この場合，大量の報告やヘルプが上層部宛に上申されてきます。そうなると上層部が**オーバーロード状況**（過度に負荷がかかった状況）に陥ってしまい，例外事象への対応策が

作られて実行されるまでにかなりの時間がかかってしまいます。スピードが命とされる現代の経営においてこれは致命的です。どうすればいいでしょうか。

2.3　目標設定

　上層部がオーバーロードした場合の1つの対処法として，現場にある範囲内で自由裁量を与えることが考えられます。ただ，現場が好き勝手に仕事を進めてもらっても困ります。そこで目標設定という考え方が出てきます。つまり，目標を達成するという範囲内で自由裁量を与えるというわけです。

　規則や手順はどのように目標を達成するのか，つまりプロセスを規定するものでしたが，目標設定はどのようなアウトプットを達成するのかを規定するものです。目標を達成しさえすれば，それに至るプロセスはある程度自由にさせることになります。規則や手順に沿わないことが発生しても，目標を達成できるのであれば，規則や手順にないやり方で仕事を進めることが許されるわけです。こうなると，上層部にわざわざ上申する必要がなくなるので，上層部のオーバーロード状況の改善が見込めますし，現場としても例外的な事象への対応に時間がかかるという問題も回避できるようになるのです。

　ところが，1つ問題が出てきます。適切な目標はどのようにして設定できるのかという問題です。仮に，その仕事と似たような仕事を過去にもやったことがあれば，所要時間や満たすべき品質などある程度予測できます。けれども，これまでに経験のないような新しい仕事に取り組むという状況では，過去の経験がないので，設定すべき目標の予測が外れる可能性が高まります。こうなると，先ほどのように階層に沿った上申をして判断を仰ぐことになります。その結果，上層部は再びオーバーロード状況に陥ってしまいます。

　少し古い事例ですが，ガルブレイスはボーイング747の開発事例を取り上げながら，全く新規のジェット機を開発する際，各パーツを設計する部門に所要時間や重量，完成期日等をどのくらいに設定すればいいのか事前に知識がほとんどなかったことを描いています。結局，こうした情報は実際に各部

門が設計をする段になってからでなければ明確化できないものでした。そして，新たな情報が入ってくるたびにこれまで決めていたことを更新していくことになったのでした。

このような状況では，大きく分けて2つの方法が考えられます。事後的な調整のために必要な情報量を減らす，多くの情報を処理する能力を身につける，の2つです。以下では，これらについて順にみていくことにしましょう。

3 情報処理の必要性を低減させる方法と能力を増大させる方法

3.1 スラック資源の創出

まずは情報処理の必要性を低減する方法についてです。この方法には，**スラック資源**の創出と**自己完結的職務**の創出の2つが考えられます。

スラックという用語はあまり聞きなれないかもしれません。辞書を調べると「緩み，たるみ」といった意味が出てきます。この意味が示すように，目標（＝業績達成期待水準）を引き下げることで，ある程度の余裕を持たせることをスラック資源の創出と言います。

自動車の生産工場を例にとってみましょう。生産ラインのスピードが早かったのを遅くすることで，各工程の担当者は時間内に仕事を終えなくてはならないというプレッシャーからある程度解放されます。そのため，多少のミスをしたとしても十分に時間内に所定の作業を終えられるようになります。

また，工程間に仕掛り在庫を積むことで，仮にミスをして自分の工程に作業遅れが発生したとしても，隣の工程は仕掛り在庫の分に取り掛かればいいのでさほど影響を受けません。その間に自分は作業遅れを取り戻すことができるのです。隣の工程に影響を与えるような作業遅れが発生したら，生産ラインを止めて現場マネジャーに報告して，解決してもらう必要があるわけですから，上記のようなスラック資源を設けることは，例外事象の発生と上層部への上申を減らすことになるわけです。

ただ，スラック資源の創出は必要悪であることも認識しておく必要があります。先ほどの例にあるように，生産ラインのスピードを落とすことは生産量を落とすことになりますし，在庫を積むのはその分コストがかかります。また，問題の真因が解決されないままそれを覆い隠してしまう（たとえば，本当は規則や手順に書かれているやり方に問題があって目標時間内に終えられないのに，目標時間を延長してしまうと，一見問題の発生が抑えられたように見えるが，根本的な原因が解決されないまま残ることになる）おそれもあります。トヨタでは「何の問題のない生産ラインは良いラインとは言えない」と言われるぐらいです。また，生じる問題を日々解いていないと，いざというときの問題解決能力が下がってしまうといった指摘もあります。いずれにせよ，広い意味での余分なコストがかかっているわけです。スラック資源の創出は，他の方法とのコスト比較をしたうえで慎重に導入すべきなのです。

3.2　自己完結的職務の創出

2つ目の自己完結的職務の創出の説明に移りましょう。これは，なるべく他の人との調整をしなくて済むような職務のまとまりを作り，それを各人に割り当てていくという方法です。まず図表8－2を見てください。これは，AさんとBさんの2人が，原材料xを加工して製品Xを，原材料yを加工して製品Yを生産していることを模式図化したものです。図表8－2の上の図では，Aさんが前工程をBさんが後工程を担当しています。この場合，1つの生産ラインで2つの製品を作っています。仮にAさんが原材料xを使って加工をしている（製品Xを作る作業をしている）のに，Bさんが製品Yを作る準備をしていたらどうなるでしょうか。おそらく，生産ラインが止まってしまうことでしょう。AさんとBさんの間で，XとYをどの順番で作るのかその都度調整しておかなくてはならないのです。

一方，図表8－2の下の図では，Aさんは原材料xを用いて製品Xを作ることに専念し，Bさんは原材料yを用いて製品Yを作ることに専念して

図表 8 - 2 ▶ ▶ ▶ 自己完結的職務の創出

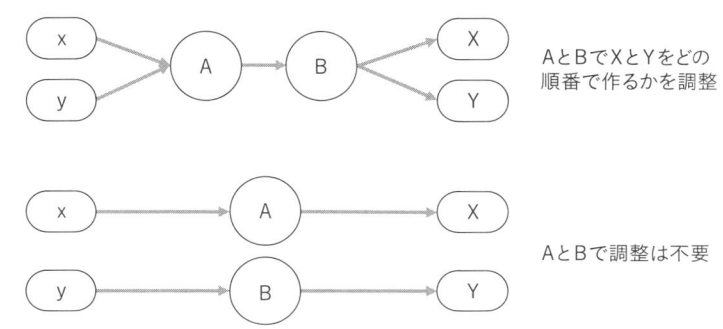

出所：筆者作成。

います。この場合，A さんと B さんの間で先ほどのような調整作業は必要ありません。A さんに何かトラブルが発生しても，B さんが影響を受けることはありませんし，A さんと B さんの間を調整するために，上司が出てくる必要もありません。このように仕事が自己完結するような組み方をすることで，互いの調整の必要を減らす，つまり事後的な情報処理の必要性を減らすことができるわけです。

ところが，余分なコストがかかっていることも認識しておく必要があります。製品 X の売れ行きが順調な一方，製品 Y の売れ行きがさっぱりという状況が起こるとどうなるでしょうか。A さんはたいへん忙しくなるのですが，B さんは暇を持て余すことになります。B さんの能力を活かしきれないという意味でのコスト（B さんにも給料を払っているのに，仕事がないと考えてもいいかもしれません）が発生しているわけです。先ほどと同様，他の方法とのコスト比較をしたうえで，導入すべきかどうかを決めるべきなのです。

3.3　垂直的な情報処理システムへの投資

これまで情報処理の必要性を低減する 2 つの方法についてみてきました。一方で，情報処理の能力を増大させる方法も考えられます。そのうちの 1 つが，垂直的な情報処理システムへの投資となります。少し古い事例ですが，

トヨタの初代プリウスの開発にはメーリングリストの活用が大きな効果を持ったと言われています（碇［2009］）。初代プリウスの開発期間は，1995年2月から97年12月のおよそ3年でした。これは新車開発の期間としては短く，しかもハイブリッド車ということで新要素技術の開発と新技術と既存技術のすり合わせの必要もありました。

このようななか，当時ようやく使われ始めていた電子メールとメーリングリストが効果を発揮したとされます。問題が起きたとき，既存技術であれば誰に聞けばいいかわかりますが，新技術となると過去の知見もなく，誰に聞けばいいのか見当もつきません。そうしたときに，開発メンバー全員が入ったメーリングリストに問題を流したところ，解決策を思ってもみなかった人が持っていて，その人からのレスポンスが解決につながった，ということがあったのです。情報技術の進んだ現在からすればあまり新しさのない話かもしれませんが，情報技術をうまく取り入れることで問題解決を促進させ，全く新しいタイプの自動車を短期で開発したという事実は記憶すべきことでしょう。

4 横断的関係の構築

さて，最後に紹介する方法（情報処理の能力を増大させる方法の1つ）は**横断的関係**の創出です。これまでは，何か現場で問題（規則や手順に沿わない事象や，互いの調整が必要な事象）が発生すると，上層部に上申することで解決を図ってきました。横断的関係の創出とは，こうした問題が発生したときに，上層部に上申する代わりに，同階層の人同士で連絡・協力しながら問題解決を図るというものです。定量的な情報ならば情報システムを使ってやりとりできるかもしれませんが，そうでない情報はやはり現場の判断が重要になってきます。また，先に説明した自己完結的職務では現場に自由裁量を与えます（AさんとBさんを調整するための上司は出てこない）が，資源は共有せずに仕事を進めることになっていました（Aさんは忙しいがB

さんは暇ということがある）。うまく資源を共有しながら，現場がある程度の自由裁量を持って仕事を進めるには，横断的関係を構築する必要があるのです。

横断的関係には，その必要性に応じて，以下の7つのタイプがあります。①直接接触，②連絡調整役（リエゾン），③タスクフォース，④チーム，⑤統合的役割，⑥統合的管理者，⑦マトリックス組織，です。これら7つのタイプは，①から順に，コストがかからないものからコストがかかるものへと並んでいます。自らの直面する不確実性の度合いに応じて，適した横断的関係を構築する必要があるのです。以下，順にみていくことにしましょう。

4.1 直接接触

図表8−3は簡単な組織図を表しています。Aさんのところで仕事遂行中に問題が発生し，Dさんと調整が必要になったとしましょう。この場合，AさんはEさんに，EさんはGさんに，GさんはFさんに，そしてFさんはDさんに連絡を取るということになります（今度は，D，F，G，E，Aの順で返答することになります）。ごく稀にしかAさんとDさんの間で調整が必要な問題が発生しないのであれば，これでも良いのかもしれませんが，こうした問題の発生が増えてくると，先ほど説明した上層部のオーバーロード状況に陥ってしまいます。そこで，1つの解決策として，AさんとDさ

図表 8 − 3 ▶ ▶ ▶直接接触・連絡調整役・タスクフォース

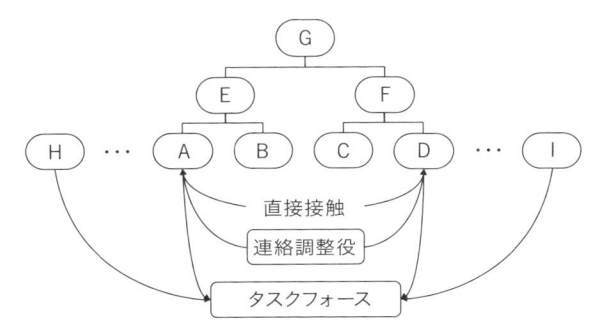

出所：筆者作成。

んが直接接触して一緒に解決を図ることが考えられます。これが**直接接触**です。

　直接接触による問題解決が功を奏するには，単にAさんとDさんに直接接触して問題解決せよと言うだけでは不十分です。AさんとDさんが互いに協調して問題解決に当たれるような報償システムが必要ですし，日頃から横断的な人間関係を築かせておく必要があります。この点は，ジョブ・ローテーションやキャリア設計とも関係する話です。複数の部署を経験することは，部署をまたいだ人間関係を構築することにもつながり，いざというときの共同による問題解決に役に立つのです。

4.2　連絡調整役（リエゾン）

　さて，Aさんの部署とDさんの部署の間で調整をしなくてはならない問題がさらに増えてきたと考えてみましょう。こうなると，その都度Aさんの部署の人とDさんの部署の人が直接連絡を取り合うことは煩雑になってきます。そこで，この2つの部署間のコミュニケーションを担当する人を決めて配置することが効果的になります。**図表8－3**にあるように，連絡の窓口となるような人を置くわけです。それを**連絡調整役（リエゾン）**と呼びます。

　たとえば，自動車工場などに行くと，こうした連絡調整役となるエンジニアの人がいたりします。その人たちは技術部門の一員なのですが，実際には工場に常駐して生産部門のために働いています。つまり，技術部門と生産部門の調整役としての機能を果たしているのです。

4.3　タスクフォース

　さて，A部門とD部門の2部門間で調整が必要な問題ばかりであればこれでいいのですが，より複雑な問題になるとさらに多くの部門が関わる必要が出てくるかもしれません。ところが，直接接触や連絡調整役は2部門間で

の調整を念頭に置いているため，こうした事態にうまく対処ができません。そこで結成されるのが，やはり**図表8－3**で描いた**タスクフォース**です。

　タスクフォースは，多部門間で調整が必要な問題を解決するために，各関連部門から代表者を選抜して結成されます。一般的に，コアとなる数名がフルタイムでタスクフォースでの仕事に従事し，状況に応じてパートタイムで他の人が参加をする，という形態がよいとされています。また，タスクフォースは臨時に結成されるもので，問題が無事に解決されたなら，メンバーは元の所属部門に戻ることになります。

　たとえば，ものづくりの職場などをみると，何か工程で問題が発生すると，現場リーダーに加えて，工程エンジニア，品質管理のメンバー，購買のメンバーなどがグループとなって解決に当たる姿をみかけます。そして，うまく問題解決が図られると，各人は自分の職場に戻っていきます。

4.4　チーム

　さらに不確実性が増加した場合を考えてみましょう。多部門間で調整が必要な問題がかなりの頻度で発生するようになるとどうなるでしょうか。その都度，タスクフォースを結成して解散してを繰り返すのは煩雑になってきます。そこで，半ば恒久的な形で関連メンバーが共同で問題解決を図る形態をつくるという発想が出てきます。それがチームと呼ばれるものです。

　図表8－4のように，開発部門，生産部門，販売部門からなる組織を考えてみましょう。この組織はAとBという2つの製品を扱っているとします。ある製品に何か問題があると，1つの部門にとどまることなく，関連する部門すべてに関わることが多くなります。こうした問題が頻繁に発生する場合，その都度，各部門から担当者を決めてタスクフォースに送り出すというのはいかにも煩雑です。そこで，各部門で，製品Aを担当するのは誰，Bを担当するのは誰と決めておき，製品A担当チーム，B担当チームをあらかじめ作っておくのです。なお，チームは必ずしも製品別でなくてはならないわけではなく，たとえば顧客別，地域別に組織することも十分に考えられ

図表 8 － 4 ▶ ▶ ▶ チーム・統合的役割

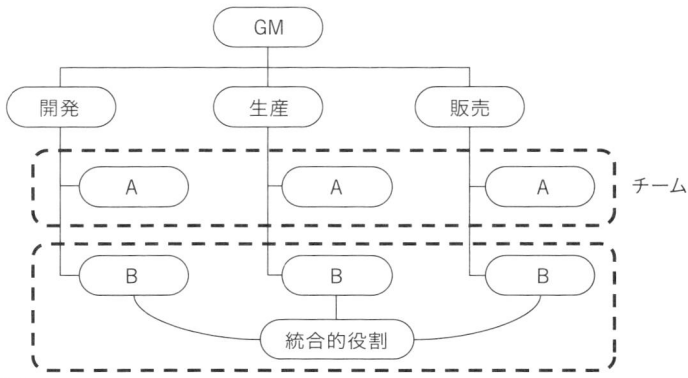

出所：筆者作成。

ます。

　設置されたチームが有効に働くかは，第5章でも説明したように，メンバー構成や職場風土によるところも大きいとされています。まず，メンバーがそのチームに参加することの正当性がしっかりと認識されていなくてはなりません。また，メンバーがチームで決めたことを各所属部門で実践するだけの権限がなくてはなりません。その意味では，各部門のマネジャーや管理職がチームに参加するもしくはサポートすることが必要になってきます。さらに，メンバーは各部門の各専門分野において，問題解決に必要な情報を保持し，常にアップデートしておく必要があります。その他，性格の異なる部門から来るメンバー同士で問題解決に向けて議論するわけですから，コンフリクトが発生しやすい状況になります。ですので，メンバーは高い対人関係処理能力も身につけておく必要があるのです。

4.5 　統合的役割

　さて，さらに不確実性が増加したとしましょう。多部門にまたがる問題がさらに頻繁に生じるようになると，すばやく調整をして問題解決を図る必要が出てきます。そこで置かれるのが，統合的役割を担う**プロダクト・マネ**

ジャーないしは**プロジェクト・マネジャー**と呼ばれる人たちになります。

こうした役割につくのは，たとえば製品Bのチームであれば，Bに関連する高度な専門知識を持つと同時に，高い判断力と部門間調整ができる高いコミュニケーション能力があるとみなされる人になります。高い専門知識があれば「あの人が言うのだから間違いないだろう」と，高い判断力とコミュニケーション能力があれば「あの人に任せておけば大丈夫だろう」と，他のメンバーもその人に従う気になるものです。こうした人物が，いわゆる専門家としてのパワーを行使して調整に動くことで，多部門にまたがる問題も迅速に解決されるようになっていきます。

4.6 統合的管理職位

さらに不確実性が増すとどうなるでしょうか。多部門間での調整がさらに困難を極める事態が発生することになるのですが，こうなると統合的役割を果たす人がいかに専門家としてのパワーを行使しようとしても，十分ではないことがたびたび起こってしまいます。そこで，この統合的役割を果たす人に対して，組織としての公式な権限を与える，つまり地位によるパワーの行使もできるようにするという発想が出てきます。

たとえば，統合的管理職位につく人に予算管理の権限を与えるということが考えられます。担当のプロジェクトに対して必要な予算を与えられ，プロジェクト達成のために，その予算を使って，内外から必要な人材等の資源を確保するといったことが行えるようになります。専門家としてのパワーに頼っていたときと比べて，予算を持つというような公式の地位によるパワーがあるだけでも，多部門にまたがる問題の調整がしやすくなるのです。

4.7 マトリックス組織

統合的管理者の権限をさらに強化し，各機能部門長と同レベルの権限を持つようになると，第3章で紹介したマトリックス組織と呼ばれる組織形態に

なります。各統合的管理者（プロジェクト・マネジャー）は，自らの担当するプロジェクトについて，予算・スケジュール・品質基準といった目標を達成するように試みることになります。一方，各機能部門の管理者（開発部門や生産部門，販売部門の長）は，自らの機能部門の資源が最大限活用できるように考慮するほか，長期の人材育成や各機能部門で必要とされる技術的水準の高度化・保持を試みることになります。

　マトリックス組織は，二元の命令系統があるので混乱しやすく，問題も多いことが指摘されています。特に，統合的管理者と機能部門の管理者のパワーバランスをどうとるのかは大きな課題です。それでも不確実性が最大限に高く，多部門にまたがる問題を素早く調整しながら解決することが求められるなか，他の組織形態や方法と比べて優位性があると考えられます。

　ここまで，横断的関係の7つのタイプについて順にみてきました。ここで，外部環境が変化して，よりプロジェクト単位や製品単位でさらに強力な統合が必要となった場合はどうすればいいのでしょうか。その場合，プロジェクト・マネジャーにより高い地位を与えていくことが考えられます。二元的な命令系統はむしろ不要となり，プロジェクト・マネジャーのもとに関連する情報が集まるように組織を設計し直していくのです。これがさらに進むと，プロジェクト・製品を軸とした，いわゆる事業部制組織が形成されるのです。

　このようにみると，横断的関係のタイプは**図表8－5**のように，機能部門のマネジャーのパワーが強い機能別組織と製品ないしはプロジェクトのマネジャーのパワーが強い事業部制組織を両極とするスペクトラム上に位置づ

図表8－5 ▶▶▶組織デザインのスペクトラム

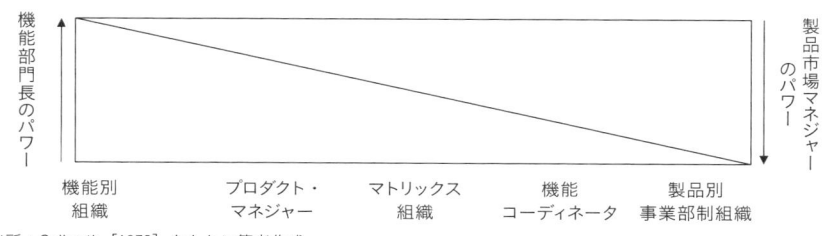

出所：Galbrath［1973］をもとに筆者作成。

けられると考えられます。そして，組織が直面している不確実性の程度に応じて，適切な組織形態（横断的関係）を構築することがポイントとなるのです。もちろん，本章の前半で述べた組織デザインの基本的な方法がしっかりとできたうえでの横断的関係の構築であることは，忘れないようにしましょう。

Working
調 べ て み よ う

1.　ある1つの企業を取り上げて，その企業の組織図を確認してみましょう。またその組織図をみて，この章で取り上げた組織形態のどれに該当するか議論してみましょう。
2.　本章のエピソードのように，組織デザインは環境に適応することが必要です。1．で確認した企業の組織形態は合っているか，その企業が直面している環境の不確実性の観点から評価してみましょう。

▶▶▶さらに学びたい人のために

● Galbraith, J. R. [1973] *Designing Complex Organizations*. Reading, Mass.: Addison-Wesley Pub. Co.（梅津祐良訳『横断組織の設計―マトリックス組織の調整機能と効果的運用』ダイヤモンド社，1980年）
本章の内容は，基本的にこの本に依拠しています。組織のコンティンジェンシー理論およびマトリックス組織に関する古典的文献ですが，実例を交えながらわかりやすく組織デザインとそのダイナミクスについて説明しています。

参 考 文 献
● 沼上幹 [2004]『組織デザイン』日本経済新聞社。
● Galbraith, J. R. [1973] *Designing Complex Organizations*. Reading, Mass.: Addison-Wesley Pub. Co.（梅津祐良訳『横断組織の設計―マトリックス組織の調整機能と効果的運用』ダイヤモンド社，1980年）

Learning Points

▶組織が持つ限界と制約を克服するために，組織は単独で努力を行うだけでなく，組織間関係を結ぶことがよくあります。組織は，環境や他の組織との相互作用なくして存続できない存在でもあるのです。

▶適切な組織間関係から享受できるメリットを学びます。また，そうしたメリットを得るために必要と考えられる条件についても理解します。

▶一方で，組織間関係からはデメリットを被ることもあります。どのような場合にそうしたデメリットが生じるのか，それを回避・防止するために，どのような対策を講じることが必要と考えられるのかについても学びます。

Key Words

組織間関係　資源獲得・交換　効率性　取引コスト理論　資源依存理論
組織間ネットワーク　緩い紐帯

Episode 9

　今日は大ニュースが発表された。前々から水面下で進んでいた話だそうだが，うちの会社が競合他社であるS社と正式に業務提携をすることになったのだ。これから商品の共同開発をしたり，互いの得意とする分野で協力し合ったりするらしい。大手スーパー業界第5位のわが社と第4位のS社が手を組むことで，販売網が強化されるうえ，メーカーへの発言力も増すことで，消費者に求める商品をよりきめ細やかに，かつ低価格で届けられるようになるだろうと，マスコミの取材に対して，双方の社長とも明るい表情で力強く語っていた。

　一方，社内の同僚たちの反応はそれほど単純ではなかった。歓迎する者もいたが，むしろ，社長たちが高らかに謳う業務提携の効果に対して懐疑的な態度を示す者や，わが社が一方的にS社に利用されるだけではないかとの懸念を示す者も少なくなかった。どちらかといえば体育会系のノリのS社と，丁寧な仕事を良しとするわが社とでは，社風にかなりの違いがある。共同開発の際にも，開発に注力し費用を負担するのは主にわが社側，S社はその成果を利用するだけという

「いいとこ取り」をされるおそれも皆無ではないのではないかと心配になる。それに，S社と組むことで，わが社から離れてしまう顧客や取引相手もいるかもしれないと考える者もいた。この業務提携で，長く愛されてきたわが社の魅力が少しでも薄れる印象を持たれれば，確かにそれも十分ありうることだろう。

　こうした私たちの話を聞いていた上司は，余裕を見せた。「だから，まずは資本提携じゃなくて業務提携なんじゃない。これだったら，お互い何か気に入らないことがあったり，契約不履行に当たることがあったら，気楽に関係を解消できるからね。実際，この関係，それほど長くは続かないと見ているけどね」。

　組織同士が効果的なパートナーシップを組むには，押さえておくべきポイントがありそうだ。そもそも，どのようなときにその必要性が生じるのだろうか。

1 組織間関係とは

1.1 組織単体での限界

　これまでの章を通じて，組織は最大限の成果を得るため，さまざまな努力が必要なことを確認してきました。組織内部でいえば，組織メンバー個人はもちろん，個人とは作用の異なる集団やチーム，組織全体など組織内の多様なレベルのメカニズムや相互作用を正しく理解したマネジメントが求められます。組織外部に対しても，直面する環境の不確実性に可能な限り対処しうる意思決定や環境に適合した組織構造づくり，より積極的な働きかけが不可欠となります。

　このように，日々努力を重ねている組織ですが，残念ながら単体でできることには限界もあります。たとえば，グローバルに事業展開し，強力な影響力を持つようにみえる巨大企業でも，決して単独でそのような地位を確立しているわけではありません。何らかの理由で，現在の原材料や部品の調達先を突然失ってしまった場合，被る打撃の大きさ次第では，現在の地位から転がり落ちるおそれも十分にあります。

　また，環境変化の方向性にある程度の予想がついたとしても，既存の主要

事業がその方向性とかけ離れていたり，新技術の開発や普及のスピードが予想以上に早く，対応可能な人材の育成や調達が追いつかなかったりする場合も同様です。瞬く間に競争に敗れて，撤退を余儀なくされるかもしれません。環境変化が当初予想と全く違う方向で生じた場合は，なおさらです。

巨大企業であってもそうなのですから，中小・零細組織といった規模の小さい組織や，ベンチャー企業のように生まれたての組織では，いうまでもありません。そうした組織には巨大企業にない長所や特性を持つ組織もあるとはいえ，その保有資源は相対的にみて少ないことが多いですし，ブランド力や実績が少ない場合，外部に対する影響力もごく限られたものです。

このような限界を持つ組織に何か成し遂げたいことがあるとき，各組織はどうしたらよいのでしょうか。その答えの1つが，**組織間関係**の形成とその適切なマネジメントなのです。

1.2 　組織間関係の意義

私たち人間には認知能力や身体能力などに限界があり，そうした個人の限界と制約を克服するために組織を作るということを第1章では説明しました。それと同じことが，個人にだけでなく，組織に対してもいえるのです。

自らの努力が最低条件とはいえ，組織は自らをとりまく環境や他組織との相互作用なしでは決して存続・成長しえません。これは逆の見方をすれば，適切な相手と適切な協力関係を組む，すなわち，第7章の第4節で説明したような，組織同士の効果的なパートナーシップを形成できれば，組織のパフォーマンス向上の可能性が高まるということを意味します。相互に依存しつつも互いに自律的であろうとする，このような組織間の関係を，「組織間関係」と呼びます。

組織間関係では，**焦点組織**（自分の組織）と相手組織が必ずしも共通の目標を持つ必要はありません。もちろん共通の目標を持ってもよいのですが，それぞれが異なる目標を持ち，それを実現するための手段が相手との組織間関係であったとしても全く構わないのです。

たとえば，新興企業 A 社が大幅な設備投資のために銀行に融資を申し入れたところ，知名度とブランド力を誇る老舗企業 B 社と組むのであればよい，と言われたとしましょう。それを受けて，A 社が B 社との組織間関係の形成を決断した場合，両社の直接の目標は異なります。B 社側の目標が何であれ，A 社側の目標はとりあえず直近に必要な資金調達を可能にすることです。このように，その直接の目標が一致していなかったとしても，組織間関係を結ぶことに関する互いの利害が一致してさえいればよいのです。

典型的な組織間関係として真っ先に思い浮かぶのは，やはり企業と企業との関係でしょう。規模的に対等な場合もあれば，先に挙げた大企業とベンチャー企業の例のように，互いの規模に大きな違いがある場合もあります。また，同じ業種に属する企業同士が手を取り合うこともあれば，自動車会社が IT 企業と手を組むなど，全く違う業種が協力し合うこともあります。内容的には，特定の分野に限定して協力し合う**業務提携**や，互いの独立性を保つ程度に資本を出資し合う**資本提携**などの種類があります。

企業同士に限らず，**産官学連携**のように企業と企業以外，企業以外と企業以外が組織間関係を結ぶことも大いにあります。企業が文系・理系問わず大学のゼミと商品企画を練る，高校生と企業が協力して翻訳事業を行う，NPO と行政が協力して地域の問題解決を図るなど，さまざまな組み合わせが存在します。

また，組織間関係は 1 対 1 の関係に限ったものでもありません。巨大な敵に対抗するために，小さな魚が群れを作り，あたかも 1 匹の大きな魚のように見せるという例もあるように，大企業に対抗する目的で複数の小規模企業が団結して組織間関係を形成することもよくあることなのです。

2 組織間関係から享受できるメリット

2.1 資源獲得・交換および不確実性の軽減

　組織間関係はそれを通じて何らかのメリットを享受できると，当該組織同士が判断した場合に形成されますが，具体的にはどのようなメリットが考えられるのでしょうか。

　まず挙げられるのは，**図表９－１**の一番上に描いた，求める**資源の獲得・交換**です。ある事業を始めるのに必要な資源を自分の組織が保有していない場合，その資源を豊富に持っている他の組織と良好な組織間関係を築くことができれば，その資源の調達は飛躍的に楽になります。直接，相手組織の資源を利用させてもらうこともあれば，資源の獲得ルートを紹介してもらうことで，その組織間関係が維持される限り，自分もそれを利用できるようになることもあるでしょう。組織間関係を結ぶことで初めて利用できるようになる資源は，情報をはじめとして決して少なくないのです。

　もっとも，組織間関係が成立するためには，**互恵関係**にあることが基本です。したがって，相手が求める資源を，代わりに自分が保有している必要があります。資金はあるけれど先進技術に精通した人材がいない企業と，優れた人材はいるけれど資金が限られた企業が組むのはその典型で，互いの資源の交換が可能になるからこそ，両者の関係は成り立っているのです。一方だけが得をし，もう一方は損をする，という関係は，仮に一時的に組織間関係を形成することができても，決して長続きすることはありません。

　また，交換によって相互に保管される資源が周辺的というより核心的であるほど，部分的より全体的であるほど，その組織間関係は一層堅固なものになる傾向があります。その原材料が調達できないと製品が作れない，その流通網が利用できないと製品を作っても目指す顧客のもとに製品を届けられないなど，事業運営に不可欠であるほど，その関係性は大事にされるのです。

　その理由は，そうした組織間関係には単に資源調達の容易さの効果にとど

図表9－1 ▶ ▶ ▶組織間関係に関するメリット

資源獲得・交換	● 自分が保有しない資源を相手組織から獲得・交換。 ● 契約や信頼に基づく安定的な関係により，不確実性の軽減。
効率化・コスト削減	● 自分が取り組むより相手組織に依存することで，より早く，より効果的に成果を獲得。 ● 市場取引と組織内取引の中間形態として機能。
シナジー効果・学習機会	● 相互作用の結果もたらされるプラスの効果を期待。 ● 異なる価値観や経験に刺激されることで，気づきやより高次の学習効果を得ることを期待。

出所：筆者作成。

まらず，組織にとってより重要な**不確実性の軽減**に役立つ効果があるからです（小橋［2018］）。組織は存続・成長のために，常に自らが直面する不確実性の対処を求められています。その不確実性の中には，取引相手が突然，自分にとって必要な資源を提供しなくなることも含まれます。相手も独立した経済主体である以上，それも仕方のないことですが，相手と良好な組織間関係を築けていれば，そのリスクを減らすことができるというわけです。

2.2 効率性の向上

　組織間関係から得られるメリットには，他に**効率性**の向上があります。

　ある事業に必要な資源を自ら保有していても，組織間関係を結ぶ場合があります。自分の組織だけでも試行錯誤すれば最終的に実行できないことはないものの，そのために費やす時間や労力を考えると，非効率である場合です。

　何事でも，苦手なことを得意もしくは普通の状態に持っていくよりも，得意なことをより伸ばすほうが楽に，しかも大きな効果を期待できるものです。もちろん，苦手なことが得意に転じれば，長期的にみてその組織の大きな強みになることは間違いないと考えられます。しかし，それにはかなりの時間や労力を要するはずです。環境が安定している場合はともかく，競争が激し

く変化のスピードが速い場合には，苦手分野の克服に向けて悠長に時間を費やしている場合ではないでしょう。

それに対して，それを得意とする他の組織に担当してもらえば，目的をより早く，しかもより効果的に達成できます。ただし，その関係が実現するには，自分の得意分野で相手に貢献することを相手から求められます。

要は，自分の組織で行うとかえってコストが大きくなると判断され，同じように感じている相手と自分が補完関係にあるとき，コスト軽減と効率性の確保のために組織間関係は形成されると考えられるのです。

もともと経済理論上，本来ならばすべて市場で行われるはずの経済取引が企業内部で行われるようになったのは，**市場取引**において発生するさまざまなコストを節約するためと考えられています。

市場取引では売り手と買い手が直接交渉せず，価格を通じて売買が調整されるとされますが，実際には，取引相手を見つけるコストや相手と交渉するコスト，契約が本当に正しく履行されるかを監視するコストなどが発生します。そこで，より上位の権限に基づいて調整される企業組織が生まれたとされますが，企業活動の中には企業が単独で行ったり**内製化・内部化**したりすると，市場取引と変わらないくらいコストがかさむものもあります。

そのとき頼りになるのが，組織間関係なのです。決まった企業同士が良好

図表 9－2 ▶▶▶組織間関係の位置づけ

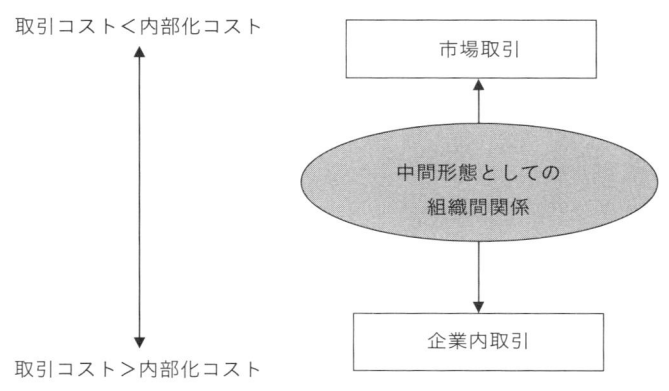

取引コスト＜内部化コスト

市場取引

中間形態としての
組織間関係

企業内取引

取引コスト＞内部化コスト

出所：筆者作成。

で安定した関係を築くことで，市場取引に関わるコストを抑えられるうえ，内部化したらかかるコストも削減でき，効率化が図れるようになるのです。すなわち，**図表9−2**で描くように，組織間関係は市場取引と企業内取引の**中間形態**であると位置づけられます。組織間関係によって実現する，資源調達や販路などに関する**規模の経済**や**範囲の経済**も，こうしたコスト削減や効率化の向上に貢献します。

　企業と市場に関する上記の考え方は，**取引コスト理論**（transaction cost theory）と呼ばれ，着想したコース（Coase, R. H. [1937, 1988]）と，それを発展させ精緻化・体系化したウィリアムソン（Williamson, O. E. [1975]）は，それぞれ 1991 年と 2009 年にノーベル経済学賞を受賞しています。

2.3 　シナジー効果や学習機会

　組織間関係を通じて得られる**シナジー効果**や**学習機会**も，メリットの1つです。単に効率性が高まるだけでなく，自分と異なる事業経験を積んだ組織，異なるスキルを持った人材と密接に交流することで，貴重な学習機会を互いに得て，単独では実現不可能なイノベーションの発生確率も高まります。

　シナジー効果とは，複数の組織成果の単なる総和ではなく，複数の組織が相互作用するからこそ生じる影響や効果のことをいいます。1 + 1 = 2 ではなく，1 + 1 = 3 と成果が増加することを**プラスのシナジー効果**と呼びますが，これが期待されるというわけです。なお，1 + 1 = 1 と減少するのは，**マイナスのシナジー効果**と呼び，もちろんどちらも起こりえます。

　詳しくは第 10 章や第 11 章で解説しますが，人は限られた合理性も働き，自分に馴染みのある価値観や知識，行動を選択し，その選択に固執しがちです。それでも成功しているうちはよいのですが，気づかないうちにそれらの知識が時代遅れになり妥当性を欠くようになると，取り返しのつかない結果に陥る危険があります。組織間関係はそうした自身の錆びついた知識や価値観に，他者から新風を吹き込む役目を果たします。

　最も効果的な方法だと信じていたが単なる思い込みだった，相手の組織文

化から受けたカルチャー・ショックが１つのインスピレーションとなり，これまでは思いも寄らなかったアイディアが生まれたなど，他者との交流と，それがもたらす既存の価値観の「揺さぶり」は，建設的に活用すれば，非常に有益な学習機会となるのです。

3 組織間関係から被るデメリット

3.1 依存関係による立場の弱体化

　組織間関係を形成しても，意図に反してデメリットが生じることも多くあります。その最たるものが，相手組織に依存しすぎることで相手がパワーを持ち，組織間関係の基本ともいえる自分の組織の自律性や，資源の配分や使用に関する**自由裁量権**が大きく制限されたり損なわれたりすることです。

　こうした現象を説明するのが，組織間関係に関する有力かつ統合的なフレームワークとして名高い，フェッファーとサランシック（Pfeffer, J. & Salancik, G. R. [1978]）による**資源依存理論**です。

　資源依存理論とそのモデルは，第７章で詳しく紹介したトンプソンの考え方を理論的源泉としています。自らの組織に必要な資源を保有し，かつ依存している他の組織との関係を適切にマネジメントすることこそ，組織の存続・成長の鍵という考え方です。相手から自分が必要な資源を得ることは前述したとおり，組織間関係の大きなメリットですが，依存しすぎると相手に自分に対するパワーを与えることになります。そのため，第７章でも説明したように，相手に強すぎるパワーを持たせないよう対策をとったり，逆に自分がパワーを持てる関係を構築したりしようとするのです。

　互いの依存度を決定づける要因には，**図表９－３**のように，大きく３つあります。１つ目は，相手の保有する資源の自分の組織にとっての重要度，２つ目はその資源に対する相手の自由裁量や能力の程度，３つ目はその資源のコントロールの集中度です（山倉［1993］，桑田・田尾［1998］，山田・佐藤

図表 9 − 3 ▶ ▶ ▶ 依存度の決定要因

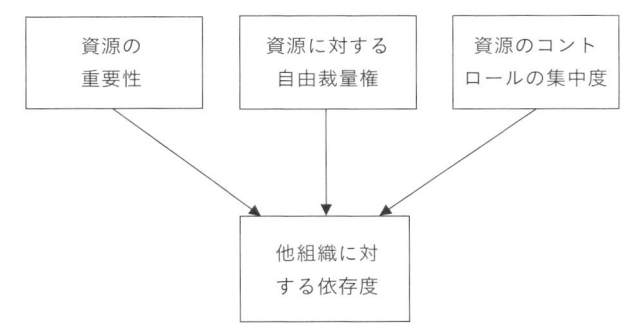

出所：山田・佐藤 [2014] の図表 9.1 および山倉 [1993]，桑田・田尾 [1998] をもとに筆者作成。

［2014]）。

　まず，先にも触れたように，求める資源が自身の事業活動の中核的なもの
である場合，その資源の重要度はどうしても高まります。その資源が自組織
の用いる全原材料の大半を占める場合も同様です。資源が獲得できない限り，
事業運営に支障が出るため，資源欲しさに保有者に依存せざるをえない状況
が生み出されることになります。

　第2に，資源の配分や使用が相手の自由裁量に委ねられて決定される場合
にも，相手に依存しやすくなります。必要な資源の入手方法やタイミング，
使用方法が相手の都合で制約されてしまうと，自分の組織の意思決定であり
ながら，自分の都合ではなく相手の都合で物事を決めざるをえません。結果
的に，相手に振り回されることになるのです。

　第3に，その資源が非常に希少だったり，量そのものは多いはずなのにあ
る組織に独占されていたりするなど，その資源に対するコントロールが相手
組織に集中している場合にも，同じことが起こります。たとえ重要性の高い
資源でも，相手組織以外にもその資源を保有する組織が多数存在する場合，
相手組織が無理難題をいって資源が得られない場合には別の組織と取引すれ
ばよいだけです。しかし，保有するのが相手組織のみであれば，その資源を
必要とする限り，相手組織に依存せざるをえません。

　依存することで相手組織との間に不利なパワー格差が生じても，相手が紳

士的で，パワーを悪用しないこともありえます。ただし，その場合でも，それに安心しきって心地よい依存関係に胡坐をかいていると，将来的に大きな問題に直面することがあります。たとえば，組織間関係が思いがけず解消されることになったときには，急な対応ができず，慌ててしまうことでしょう。

　また，技術面を依存した結果，自分の組織における**技術の空洞化**が起きると，ますますその技術に関する自分の能力は下がります。すると次第に，相手の技術が組織間関係を形成するのに十分適切かどうか，あるいは，市場に新たに登場した技術に価値があるのかないのかといった点すら，自分自身では判断できなくなる場合があることが指摘されています。

　繰り返しになりますが，組織間関係は互いに依存しつつも，同時に自律性を保っていてこそ有効に機能するものです。したがって，自律性を担保できないほど依存してしまうと，長期的には身の破滅を招く結果にもなるのです。

3.2　予想外のコスト増

　組織間関係を構築することで，かえってコスト増の結果につながることがあります。典型的なのは，相手組織に自分たちが当初期待していたほどの能力がなかった，もしくは能力はあっても，誠実にこの関係を維持する姿勢を持たなかったなどの場合です。

　先にも述べたように，組織間関係は，市場取引のコストを抑えるとともに，組織が完全に内部化した場合に生じるコストを抑えることを大きな目的の1つとして形成するものです。にもかかわらず，相手組織を十分信用できず，結んだ契約が正しく履行されるか常に厳しく監視しなければならないとしたら，そのコストは多大なものとなり，まさに本末転倒といえます。

　組織間関係を形成したものの，相手組織との関係が想定外に悪化し，**コンフリクト**が生じる場合も同様です。これまでの経験や組織文化，価値観が違う組織が交流することは，確かに貴重な学習機会となり，プラスのシナジーも期待させます。しかし現実にはむしろ，それぞれが自分たちのこれまでのやり方や価値観に固執した結果，深刻な摩擦が起こることのほうが多いくら

いであることを忘れるべきではないでしょう。

　目指す成果を獲得できないうえに，それぞれの組織内が混乱し，結果として双方の業績や評判が低下するだけであれば，そのような組織間関係にも，やはり意味はありません。そうした事態に陥らないためには，組織間関係を安易に結ぶ前に，相手組織をよく知り，その能力や誠実さ，この組織間関係への真剣度などを可能な限り正しく把握することが大切になります。

　それに加えて，相手組織と自分の組織との相性を見極めることも必要になります。そもそもの価値観や組織文化が異なり，それが自分の組織とは決して折り合えなかったり，互いに歩み寄れないほど大きな距離があったりすると，相手がいかに高い能力や誠実さを持っていたとしても，その関係の維持は非常に難しいからです。

3.3　関係の不安定さ

　実は，組織間関係が内部化より優れている点の1つとして，その関係性が固定的でないことがあげられます。市場取引のように常に違う相手と取引するのは確かに不安定ですが，そうした不安定さが行き過ぎることなく，同時に固定的でもない関係には，良いこともあるのです。

　直前でも述べたように，組織間関係を組むまでわからなかったものの，実際に組んでみたらかえってコスト増になることはしばしばあります。また，かつては良かったものの，相手の魅力が年々低下し，せっかく組織間関係を組んでも得られるものが少なくなってきたという場合もあります。そのようなときでも，組織に内部化した形であれば，そう簡単に問題部署や業務を切り捨てることはできません。その点，組織間関係という固定的でない関係は，自らにとって好ましくない関係と判断したら，それを無駄に引きずることなく，比較的傷が浅く早いうちに切り上げるという選択ができるのです。

　もちろん，正式に結んだ契約を破棄するには，それなりのコストを要します。たとえば，理不尽な破棄であれば，訴訟などの実質的な損失だけでなく，自社のイメージの毀損や悪評も生じるかもしれません。しかし，予定した期

間が満了した後に契約延長しない，もしくは次の契約を結ばないという意思決定をすることは，基本的には全く問題ないことと考えられます。

　一方で，この利点は諸刃の剣でもあるのです。相手の期待するものを提供できなくなれば，あるいは，自分以上に相手の望むものを提供できる組織が現れれば，自分もいつ相手組織から関係を絶たれてもおかしくないことを意味するからです。もっといえば，組織間関係を相手から切られたことが外部に知られると，それが自社の魅力の低さを表すシグナルとして働き，他の組織と組織間関係をより結びにくくなるという悪循環を招くことすらあるかもしれません。

　不安定さの解消や不確実性の抑制のために結ぶ組織間関係ではありますが，それは関係を結んでいる間だけに限定された効果です。その基盤となる関係そのものは決して永続的なものではないうえ，関係性が壊れるとかえって実害を被ることもあるのです。このような点から，組織間関係とは自分の組織が努力を怠れば，いつでも途切れる可能性がある不安定なものであることを，しっかり認識しておく必要があるでしょう。

4　組織間のネットワーク

　組織間関係は必ずしも1対1の関係ではなく，複数の組織同士でも形成されることは，本章の初めのほうで述べました。多くの組織が互いに関係性を持ってつながっているとき，組織間関係というよりは，**組織間ネットワーク**という表現が使われることが多くなります。関連する産業に携わる企業や組織が1つの地域に集結して活発に交流している**産業集積（産業クラスター）**は，組織間ネットワークの代表例です。たとえば，アメリカのシリコン・バレーや大阪の東大阪地域などは，産業集積地として非常に有名です。

　組織間ネットワークも，基本となる組織間関係と同様のメリット・デメリットを持ちますが，ネットワークならではの視点が加わります。たとえば，どのようなネットワークのどの位置を占めるかによって，保有している資源

の種類や量，質にかかわらず，得られる情報やパワーには違いが出てきます。

　勢いのある組織が多く所属するネットワークは，多くの人や情報が自然に集まってくるため，質のよい情報や有意義な出会いに恵まれやすくなります。そうしたネットワークでは，自分とは直接つながりのない相手であっても，ネットワークを通じて，知識や情報の恩恵を受けることもありえます。そうした「**緩い紐帯**（weak tie）」のほうが，イノベーションにつながるような質の高い情報を得られやすいとする研究もあります。

　ネットワークの周辺に位置するよりも，中心に位置するほうが，重要度の高い情報を入手しやすくなり，それに伴うパワーが得やすくなるという効果もあります。ネットワークの密度が高ければ，それほど格差は生じなくても，ネットワークの密度が低い場合には，周辺に位置すれば位置するほど，その組織は不利な状況に置かれやすくなると考えられます。

　ただし，ネットワークの密度が濃く，その中に過剰に埋め込まれてしまうと，良い面だけでなく，思わぬ弊害が生じることもあります。外部の新しい情報に鈍感になりやすくなる，自分にとって不利な関係であっても，そこから抜け出すことができないなどの場合です。

　そうした観点に立てば，一見不利にみえる組織間ネットワークの周辺部分への位置づけは，比較的自由度を保ちながら，必要な情報や知識にアクセスする手立てを確保し続けている，賢い戦略と捉えられなくもないかもしれません。

1. 何年か前に組織間関係を結び，その関係が現在まで続く企業の事例を１つ
   選び，それぞれどのようなメリットを目指してその関係を構築したのか，確
   認してみましょう。また，数年たった現在，当初期待していたような成果が
   どのくらい得られたのか，分析してみましょう。

2. 冒頭のエピソードにも出てくるように，組織間関係にはデメリットが生じる
   こともありえます。組織間関係の形成を発表しながら比較的早くそれを解消
   してしまった事例を探し出し，成功しなかった理由や，成功するにはどうし
   たらよかったのかについても，あわせて考えてみましょう。

▶▶▶さらに学びたい人のために ────────────

● 山倉健嗣［1993］『組織間関係―企業間ネットワークの変革に向けて』有斐閣。
　組織間関係に関する代表的な良書です。主要な学説やアプローチをわかりやすく
　まとめてあるとともに，今後の課題や展望を示しており，組織間関係論の概要を
　比較的手軽に把握することができます。

● 山田耕嗣・佐藤秀典［2014］『コア・テキスト　マクロ組織論』新世社。
　本章に登場したさまざまなトピックスをより詳しく，かつ初心者にもわかりやす
　く解説しています。テキストという位置づけではありますが，さらに深く学びた
　い人には次の一歩としてお薦めです。

● 若林直樹［2009］『ネットワーク組織―社会ネットワーク論からの新たな組織像』
　有斐閣。
　特に，組織間ネットワークに興味を持った人向けです。組織や企業の枠を超えた
　より幅広い視点でネットワークが持つ効果や可能性について論じています。

第Ⅲ部●組織内外のダイナミクス（うごめいている組織）

参考文献

- 小橋勉［2018］『組織の環境と組織間関係』白桃書房。
- 桑田耕太郎・田尾雅夫［1998］『組織論』有斐閣。
- 山倉健嗣［1993］『組織間関係—企業間ネットワークの変革に向けて』有斐閣。
- 山田耕嗣・佐藤秀典［2014］『コア・テキスト　マクロ組織論』新世社。
- Coase, R. H.［1937］"The nature of the firm," *Economica*, 4 (16), 386-405.
- Coase, R. H.［1988］*The Firm, the Market, and the Law*, University of Chicago Press.（宮沢健一・後藤晃・藤垣芳文訳『企業・市場・法』東洋経済新報社，1992 年）
- Pfeffer J. & Salancik, G.［1978］*The External Control of Organizations: A Resource Dependence Perspective*, Harper & Row.
- Williamson, O. E.［1975］*Markets and Hierarchies: Analysis and Antitrust Implications: A Study in the Economics of Internal Organization*, Free Press.（浅沼萬里・岩崎晃訳『市場と企業組織』日本評論社，1980 年）

第10章 組織変革の捉え方

Learning Points

▶ たとえ好業績を上げている企業でも，将来的には必ず組織変革が必要になります。その理由を理解する必要があります。

▶ 組織変革とは具体的に何を変革することでしょうか。この問いに答えるためには，どのような要素が互いに影響を与え合って組織の成果が生み出されるのか，そのプロセスを理解する必要があります。

▶ 組織変革で成果を上げるためには，変革の担い手が変革をめぐる組織内の対立や矛盾の構造を理解しておくことが大切です。

Key Words

組織のライフサイクル仮説　変革の3段階モデル　計画的な変革プロセス
創発的な変革プロセス　変革への抵抗

Episode 10

「製品開発のリードタイムを現状の3年から半分に短縮できないか」，社長の鶴の一声でわが社の大変革は始まった。わが社はオフィス用事務機器を開発，製造しているが，業界内での販売シェアはここ数年下降傾向にある。

技術革新が急速に進むこの業界では，革新的な技術を応用した新製品を競合他社に先駆けて市場に投入することがシェア獲得の鍵を握る。製品開発のリードタイムを短縮できれば，企画段階から最新の技術革新の動向を踏まえた製品コンセプトが作れるようになる。業界内では企業の生き残りをかけた開発スピード競争が激化しており，社長の発言は競争激化への危機感の表れでもあった。その重要な変革プロジェクトの統括リーダーを自分が担うことになった。

製品開発は社内の多くの部署が絡むプロセスである。具体的には，製品コンセプトの作成，製品の機能やスペックの計画立案，部品開発，製品の設計・試作・実験，生産工程の設計，量産版の試作などが一連の流れとなる。全体のリードタイムの短縮を実現するために，まず部署単位で一連の活動内容を洗い出させて，省略できそうな活動は思い切って省略し，時間を短縮できそうな活動は短縮させた。

各部署からは，「この工程は省略すべきじゃない」とか「無理に時間を短縮すると製品の品質に悪影響が出る」といった声も寄せられたが，変革に消極的な意見に耳を傾けているかぎり，リードタイム半減といった大変革は実現できない。ましてや，今回の変革は社長直轄のプロジェクトなのだ。妥協は許されず，現状の大胆な見直しが強く求められていることを，現場のマネジャーに繰り返し伝えた。

　一方，部署単位での見直しだけでは，目標に到底届かなかったため，部署間の業務フローも見直した。たとえば，従来は製品コンセプトを固めてから製品の基本計画を立てる流れだったが，その流れを見直し，後工程の開始時期を前倒しして，部署間で活動を同時並走させる期間を増やすことで全体プロセスを圧縮した。

　プロジェクトの責任者として，リードタイム短縮のために打つべき手は打った。そして現在，新たな開発プロセスが全社に導入されて1年が経とうとしている。しかし，リードタイム半減の達成はすでに絶望的な状況にある。たとえば，設計部署では，ある工程を省略したために後工程で想定外の問題が生じ，前工程から結局やり直すはめになった。また，部署間で活動を同時並走させる取り組みでは，従来よりも部署間での情報共有や緊密な連携が不可欠になるが，その連携もうまく進められず，部署間での連絡や調整に余計に時間がかかる始末だった。

　社長からは「リードタイムの短縮はいったいどうなっているんだ！」と先日叱責を受けてしまった。一方，現場マネジャーからは，「結局，余計な仕事が増えただけじゃないか」とか，「今のやり方を続けていたら，いずれ深刻な品質問題が起こるぞ」と言われている。確かに，現場の声にあまり耳を傾けなかったのは大きな反省点だ。とはいえ，現場主体の取り組みでは，リードタイム半減のような全社的な大変革は不可能だろう。いずれにしても，このままではダメだ。

1　組織変革の必要性

1.1　外部環境と組織変革

　組織変革とは，組織の共通目的をより効果的に実現するために，変革の担い手が，組織における戦略（組織の目標とそれを実現するための道筋）や構造（階層構造や分業体制，職務権限の配分など），組織のプロセス（メン

バー間や部門間での情報伝達や利害調整の進め方など），報酬システム，組織メンバーの態度や意識，行動などを変革する一連のプロセスを指します。

第8章で説明したとおり，外部環境が異なれば，マネジャーはそれに応じて異なる組織構造を設計する必要があります。このことは，外部環境が変化した場合に，現状の組織を新たな環境に合った組織構造へと変革する必要があることを示唆しています。今日の代表的な経営環境の変化には，経営のグローバル化や情報通信技術の進化，労働人口の多様化などがありますが，これらの環境変化は，多くの組織にとって新たな脅威であると同時に新たな機会ともなっています。そのような脅威や機会にうまく対処し，組織の共通目的をより効果的に実現できるようになれるか否かは，経営者やマネジャーが組織変革という課題にいかにうまく対処できるかにかかっているのです。

1.2　内部環境と組織変革

外部環境の変化だけではなく，組織の内部環境の変化が組織変革に着手する契機となる場合もあります。**図表 10 － 1** は，組織が誕生し，いくつかの成長段階を経て，最終的に死に至るプロセスを「**組織のライフサイクル仮説**」として，グレイナー（Greiner, L. E.）がモデル化したものです（Greiner［1972］）。

このモデルでは，組織の成長（規模の拡大）の原動力となるリーダーシップや組織構造，管理システムなどが，成長段階ごとに特有の特徴を持つことが示されています。つまり，子供の成長段階に応じて親の効果的な育児スタイルが異なるのと同様に，組織の成長段階に応じて，有効な組織管理のスタイルは異なるということです。

さらに興味深い点として，このモデルは，ある成長段階から次の成長段階に移行する際に，今まで組織の成長を牽引してきたリーダーシップや組織構造，管理システムが，逆に今後の組織の成長を妨げる要因となる「危機」的状況が訪れることを示しています。マネジャーはこの危機を克服するために，組織の生き残りをかけた抜本的な変革を実行する必要があります。

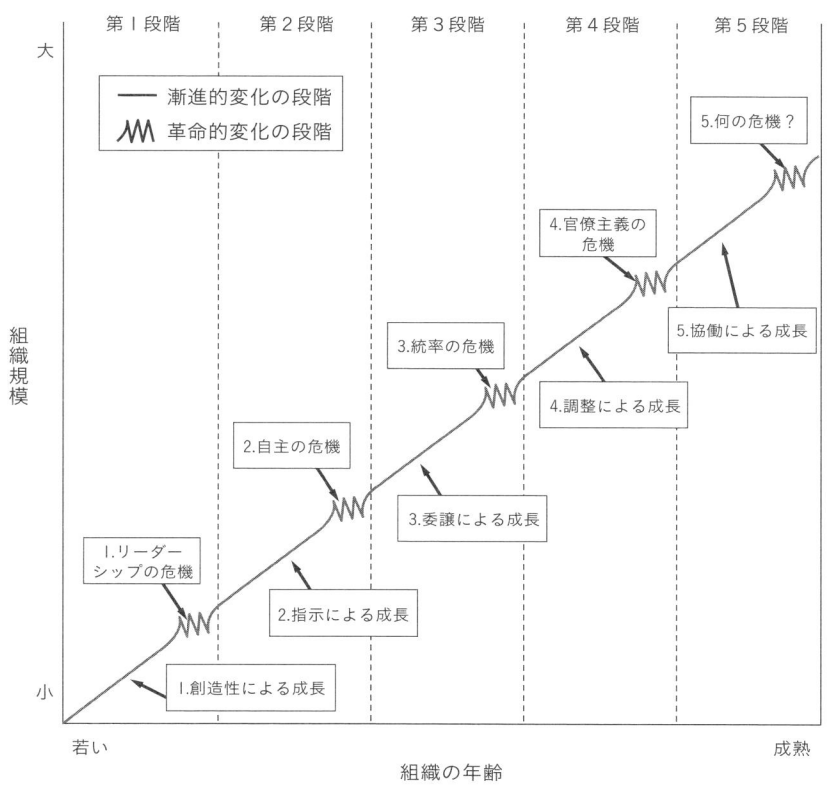

図表 10 − 1 ▶ ▶ ▶ 組織成長の5段階モデル

第1段階　　第2段階　　第3段階　　第4段階　　第5段階

大

—— 漸進的変化の段階
〰 革命的変化の段階

5.何の危機？

4.官僚主義の
危機

5.協働による成長

3.統率の危機

組織規模

4.調整による成長

2.自主の危機

3.委譲による成長

1.リーダー
シップの危機

2.指示による成長

小

1.創造性による成長

若い　　　　　　　　　　　　　　　　　　　　　　　　　　　　　成熟

組織の年齢

出所：Greiner［1972］.

第10章●組織変革の捉え方

　たとえば，第1段階で組織の成長プロセスを牽引するのは，革新的な新製品や新サービスであることが一般的です。その成長の背景には，創造性あふれる起業家が技術開発や生産などの実務に精力的に取り組んでいることもあるでしょう。そのような起業家の創造性を原動力として事業が拡大し，従業員の数が増加すると，それにつれて，組織は新たな問題に直面するようになります。それは，起業家の創造性に頼る今までの経営手法では，規模が大きくなった組織をうまく回せなくなるという問題です。この場合，起業家には，卓越した技術者として技術開発や生産などの実務に没頭するのではなく，組織規模の拡大に合わせて，経営者として組織全体の経営方針や目標を示し，

それを実現するために新たな分業体制や職務を設計するといった組織変革が求められるようになるわけです。

　しかしながら，とりわけ技術志向の起業家は，組織全体の目標と方針を示すリーダーシップの能力が十分でなかったり，その種のリーダーシップ自体に関心がなかったりすることも稀ではありません。これが**図表10－1**の第1段階から第2段階への移行プロセスで生じる危機（**リーダーシップの危機**）です。この危機を乗り越え，次の成長段階に組織を移行させるためには，起業家が従来とは異なるスタイルのリーダーシップを発揮するか，組織の経営に長けたマネジャーを外部から採用する必要があります。なお，この危機を克服できない場合，この組織は次の成長段階に移行することができず，場合によっては，存続の危機に陥ることになります。

2 　組織変革の対象

　組織変革とは，組織の何を変革することを具体的に意味するのでしょうか。組織変革の目的は，組織の共通目的をより効果的に実現することです。ということは，組織変革の対象とは，組織の共通目的を実現するうえで有効に機能していない組織の構成要素ということができます。それでは，組織はどのような構成要素から成り立っているのでしょうか。また，それらの構成要素がどのように互いに影響しながら，組織の成果は生み出されるのでしょうか。

　第8章にも登場した経営学者のガルブレイスは，組織設計に関する5つの構成要素が互いにうまくかみ合ったときに，組織は最も効果的に共通目的を達成することができると考えました。それが**図表10－2**で紹介する**スターモデル**です。

　具体的に5つの構成要素とは，戦略，構造，プロセス，報酬システム，人材です。まず「戦略」とは，組織の目指すべき目標とそれを実現するための道筋を示すコンセプトです。なお，戦略はその他の構成要素をいかに設計するかの基準を示す決定的な役割を果たします。次に，「構造」とは分業体制

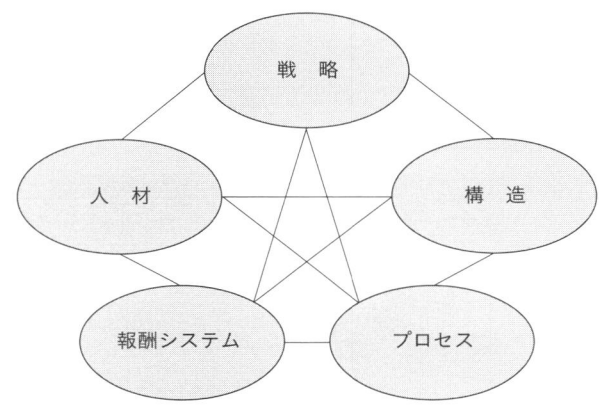

出所：Galbraith *et al.* [2002].

や階層，職務権限の配置などを指します。これは組織図で表現される「型」としての組織の構成要素にあたります。「プロセス」とは，組織における多様な活動がうまく連携するように互いに調整する過程のことです。具体的には，部門や担当の境界を越えて，部門間やメンバー間で情報伝達や利害調整を公式または非公式に進めることがこれにあたります。「報酬システム」とは，組織内で展開する個々の活動が，組織の共通目的の達成に向けられるように方向づける役割を果たします。最後に，「人材」とは，組織メンバーの採用，配置，成果のフィードバックなど人材開発に関わる要素です。これらの構成要素のうちのどれかが他の要素とうまくかみ合っていない場合，組織のパフォーマンスが損なわれるとガルブレイスは考えました。

　このように，組織変革の対象を見極めるためには，組織が成果をあげるうえで，どのような構成要素が互いにどう影響しているかを示す組織の診断モデルに基づいて，不具合が生じている構成要素を特定する必要があります。このスターモデルの他に，代表的な組織の診断モデルとしては，ナドラーとタッシュマン（Nadler, D. A., & Tushman, M. L.）の整合性モデルがあります。なお，整合性モデルの意義については第 11 章で詳しく説明します。

3 / 組織変革のプロセス

3.1 変革の3段階モデル

　変革とは，現状をより望ましい状態に変化させるプロセスを意味します。それでは，組織変革はどのようなプロセスを通じて行われるのでしょうか。変革の進め方の詳細な説明は第11章で行いますが，以下では，組織変革の基本的なプロセスが「解凍」，「移行」，「再凍結」という3段階から成り立つと主張した心理学者のレヴィンの「**変革の3段階モデル**」を紹介しましょう。

　図表10-3で描くように，第1段階の**解凍段階**とは，変革を実行する前段階として，現状と変革目標とのギャップを組織メンバーに認識させ，変革の必要性を周知徹底する段階です。たとえば，社内で今まで当たり前とされてきた仕事の進め方では，新しい顧客ニーズに対応できないこと，また新たなニーズに対応するためには仕事の進め方をどう改めるべきかを組織メンバーに認識させることがこれにあたります。次の**移行段階**とは，変革の実行段階を指します。たとえば新しい仕事の進め方を実際の職場に導入する段階を指します。最後の**再凍結段階**とは，変革の事後段階として，新たに導入された望ましい変化の定着を図る段階です。組織メンバーがもとの仕事の進め方に逆戻りしないための管理やサポートを行うことが，再凍結段階の目的となります。

　組織をある状態から別の状態に移行させるプロセスとして変革を描いたこのモデルの背景には，組織状態が常に2つの力のせめぎ合いから生み出されるとの考え方があります。その力とは，現状を変化させようとする「**推進力**」と，その変化を押しとどめようとする「**抵抗力**」です。これらの2つの力が均衡した組織の現状に対して揺さぶりをかけること，つまり変革の推進力を強めること，もしくは抵抗力を弱めること，あるいはその両方を同時に行うことで，変革プロセスを推進することができるとレヴィンは想定しました。

図表 10 - 3 ▶ ▶ ▶ 変革の 3 段階モデル

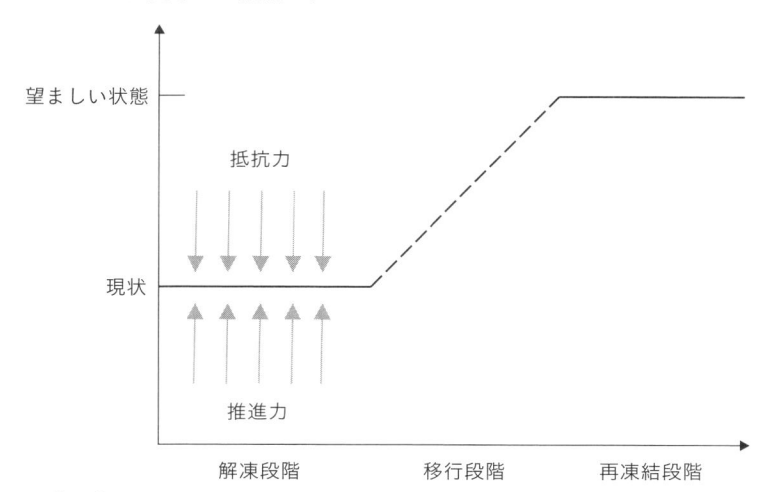

出所：Lewin［1951］.

　ここで注目すべきなのは，このモデルが組織の現状を，2つの力がバランスした安定状態とみなしている点です。すなわち，通常の組織は，あたかも「氷」のように状態が安定しているため，「熱を加える」ことで，その均衡状態を一時的に解く必要があります。また，解凍され「水」のように状態が不安定になった組織は，新たな型（すなわち，変革後のあるべき姿）にはめ込んで再凍結することで，再び均衡状態へと組織の状態を落ち着かせる必要があるというわけです。

　しかし，組織が直面する外部環境の変化が激しくなるにつれて，このような変革プロセスの捉え方には批判も寄せられるようになっています。その批判の矛先は，このモデルが組織の通常状態を，安定した均衡状態と捉えている点と，組織変革を一時的（例外的）な出来事として捉えている点に向けられています。外部環境の変化に組織を合わせることが組織変革の目的とするならば，環境変化が頻繁に起こる今日の経営環境のもとでは，変革は一時的（例外的）な出来事というよりも，むしろ日常的な出来事といえます。つまり，今日の組織にとっては不安定な移行状態こそが通常であり，むしろ安定した状態のほうが例外的ともいえます。そのような現実を反映した新たな変

179

革プロセスのモデルを構築し，その知見を社会に還元することが現代の組織変革論には求められているのです。

3.2　計画的プロセスと創発的プロセス

組織変革は，誰が変革プロセスを主導するかによって，トップ・ダウンで計画的に進められるプロセスと，ボトム・アップの現場主導で創発的に進められるプロセスとに分類することができます。以下では，それぞれのプロセスの特徴についてみていきましょう。

3.2.1　計画的な変革プロセス

計画的な変革プロセスでは，組織変革を実施するにあたって，経営層や本社の経営企画部門が事前に詳細な変革プランを策定します。また，策定された変革プランは，トップ・ダウン式に実行部隊となる部門や組織メンバーに伝達され，実行部隊には計画通りに変革を実行することが求められます。

計画的プロセスの強みは，組織の多くの部門やメンバーを巻き込むかたちで，大規模な変革を実行しやすい点にあります。変革プランでは変革の対象や達成すべき目標，達成までの期限があらかじめ示されると同時に，変革の実行主体となる部門や組織メンバーもあらかじめ指定されます。そのため，多くの力を結集しつつ，短期間で機動的に大規模な変革を実行することが可能になります。

また，変革プランは経営層によって承認されたものであることから強制力を持ち，成果に応じた報酬もあらかじめ用意されています。そのため，変革の実行部隊にとって，プランを行動に移し成果を上げるモチベーションにつなげやすいといえます。計画的な変革プロセスでは，臨時に集結した実行部隊が定められた期間に大変革を実行し，それが完了した後は，組織は通常運転に戻るという変革プロセスが想定されているわけです。前節で触れたレヴィンの3段階モデルの考え方に通じる変革プロセスといえます。

一方で計画的プロセスの弱みは，想定外の変化に対する柔軟な対応が難し

い点です。計画的プロセスでは，実行段階に入る前に経営企画部門が変革プランを詳細に詰めて，いざ実行段階に突入すると実行部隊がそのプラン通りに変革を実行することを重視します。そのため，ひとたび変革プランが決定されると，実行段階で外部環境に何か重要な変化が生じたり，変革の現場で想定外の問題が起こったりしたとしても，当初の計画通りに変革を実行することが優先されがちとなります。実行部隊にとっては，あくまで計画通りの成果を上げることが報酬につながるためです。

　また，経営企画部門にとっては，すでに多くの当事者が変革プランに従って動き出していることから，実行段階の途中で変革プランに修正をかけて現場に大きな混乱をもたらすことを避けたいとも考えます。こうした結果，計画的な変革プロセスでは，想定外の変化に対して柔軟に対処することが困難となり，あらかじめ決められた目標に向かって硬直的に変革プロセスを進めざるを得ないという弱みを持つのです。

3.2.2　創発的な変革プロセス

　一方，**創発的な変革プロセス**とは，本社の経営企画部門が一元的に変革を進める計画的プロセスとは異なり，組織階層の下位に位置する営業部門や生産部門などの部門がボトム・アップ式に進めるものを指します。現場により近い部門やそのメンバーたちが，目の前で起きている環境変化に適応するため，同時並行的に複数の変革を進めます。また，創発という言葉は，そのような現場発の局所的な取り組みが互いに影響を及ぼし合うなかで，組織全体を巻き込む大きな変革のうねりを形成していくというニュアンスを含みます。

　創発的な変革プロセスでは，組織が直面する外部環境の特徴として，流動的な環境を想定しています。外部環境が流動的である場合，その変化に素早く適応するためには，専門的な職務に対応した個別の外部環境（たとえば，顧客ニーズや生産技術の変化など）と直接的に接する機会を持つ下位組織のメンバーのほうが，その環境変化を的確かつ迅速に察知できます。

　また，創発的な変革プロセスでは，変革の範囲として，組織全体を巻き込む大がかりな変革ではなく，部門レベルの局所的な変革を想定しています。

この場合，計画的プロセスと比較して，本社による管理や他部門と足並みを揃える必要から解放されるため，各部門は頻繁に生じる環境変化にも柔軟に対処できるようになります。これらの特徴から，計画的プロセスが組織変革を一時的なプロジェクトとして捉えるのに対して，創発的プロセスでは不断に生じる環境変化に随時適応すべく，複数の下位組織が同時並行的に継続して取り組む活動として捉えていることがわかります。

ただし，部門単位の自律的な変革プロセスは，それぞれが自部門の利益を最優先する部分最適化に陥る危険性を持っています。そのため，それらの変革が互いに影響を与え合い，組織全体を巻き込む大きな変革のうねりにつなげるには，ボトム・アップ型の変革を率いる中間管理層と，組織全体の進むべき方向性を示しつつ局所的な変革を緩やかに束ねる経営トップとの間での双方向のコミュニケーションが重要な役割を果たすと考えられます。

3.3 変革プロセスをめぐる課題

第2節で説明したとおり，組織変革とは，互いに整合していない組織の構成要素に働きかけ，それらがバランスするポイントを模索するプロセスを指します。それでは，このプロセスに終わりはあるのでしょうか。

確かに，組織の戦略や構造，プロセスなどすべての構成要素が互いに整合する最適な均衡点を見出すことができれば，変革プロセスは完了するように思えます。たとえば，外部環境の変化に合わせて，新たな戦略を策定し，その戦略に最もフィットした構造やプロセスなどを新たに設計し導入したとしましょう。これは計画的な変革プロセスにあたります。この組織変革によって，組織の戦略や構造，プロセスなどの間の整合性が高まれば高まるほど，戦略を有効に実行できるようになり，組織の成果も高められるでしょう。

しかし，組織内部のいろいろな要素が互いにかみ合えばかみ合うほど，引き続き生じる局所的な環境変化に応じて，1つひとつの要素を柔軟に変革することは難しくなります。多様なパーツが互いに完全にかみ合うことで全体のパフォーマンスが最高レベルに保たれている組織にとって，個々のパーツ

を担当者レベルが勝手にいじること（つまり，創発的な変革プロセス）は，組織全体のオペレーションを混乱させ，全体のパフォーマンスの低下に直結するからです。

　そうなると，日常的に起こる環境変化によって，各種パーツをその都度取り替える必要が生じたとしても，すでにできあがっている組織全体の整合性を守ること自体が優先され，変化に柔軟に適応することは後回しにされます。結果として，経営を揺るがすような大きな環境変化が起きるまで，すでにできあがった組織全体の整合性を守り続け，変革に着手できないということが起こるのです。これは，計画的な変革プロセスを徹底すればするほど，創発的なプロセスが阻害され，長期的にみれば，経営リスクの高い大変革に再び取り組まざるを得ない素地が組織に作られるというパラドックスの一例です。なお，組織のパラドックスについては，第12章で詳しくみていきます。

　本章のはじめにみたように，組織の外部環境や内部環境が不変ということはありえません。そのような変化に適応するために，組織の多様な構成要素がバランスするよう働きかけ，それらが均衡するポイントを見出すことが組織変革の目的です。しかしながら，環境変化とともに均衡点も移動し続けます。一方，やはり前述のように，その均衡点にアプローチするための計画的プロセスは創発的プロセスを阻害し，逆に創発的プロセスは計画的プロセスを阻害するという状況が存在します。その中で，経営トップ層が主導する計画的プロセスと，現場レベルの創発的プロセスという互いに矛盾する変革プロセスをどのように両立させ，移動し続ける均衡点にアプローチし続けるのかという課題は，組織変革の永遠のテーマといえるのです。

4 / 変革への抵抗

4.1 習慣と不安心理

　組織変革は一筋縄でいかないことが一般的です。変革には**抵抗**がつきもの

ですが，それは人間には一般に安定性や一貫性を求め，現状に対する変化を嫌う傾向があるからです。たとえば，私たちの生活は多くの習慣から成り立っています。また，年齢を重ねるにつれて，毎日の行動のなかに占める習慣の割合が増える傾向にあります。

本来であれば，周囲の状況の変化に合わせて，私たちは行動や思考のパターンを柔軟に変化させるべきかもしれません。しかし，日々生じる多様な変化に合わせて，多くの選択肢から最適なパターンをその都度選択するには，大変な意思決定の労力が求められます。そのため，細かい状況の変化は無視し，習慣に従っていつもと同じ行動や思考のパターンをできるだけ繰り返すことで，私たちは変化に合わせるための労力を節約しようとします。このことは，人が変化を捉えたり，その変化に柔軟に適応したりすることが，習慣によって妨げられることを示しています。

他方，組織変革のように変革の担い手から変化を強いられる場合，その変化を無視することは難しくなります。この場合，変化に自分を合わせるための負担が特に大きかったり，新たに求められる負担の大きさがはっきり見通せなかったりすると，変化への不安心理が生じやすく，変化から自分を守るために組織変革に対して感情的な抵抗が生まれやすくなります。

ただし，変化への不安心理がいつも変革への抵抗につながるとは限りません。シャイン（Schein, E. H.）は，変化に直面した人間が感じる2種類の不安について指摘しています（Schein [1999]）。1つ目の不安とは，**新たなことを学習することへの不安**です。たとえば，配置転換のような変化に直面した場合，人はその変化（新しい職場と仕事）にうまく対処するために新たな知識やスキルを学ぶ必要に迫られます。しかしながら，人は新しい知識をいつもうまく身につけられるとは限りません。もし新しい知識をうまく習得できなければ，新しい職場で成果を出せず，立場的に困ったことになってしまいます。そのため，学習に対する不安が大きい場合，人は変化を極力避けたいと考えるようになります。

もう1つの不安は**生き残りへの不安**です。たとえば，新しい職場への配置転換が求められているにもかかわらず，この変化に自分が適応できないこと

に対して，組織メンバーはある種の罪悪感を抱くことがあります。この場合，変化にうまく適応できないままで，果たして自分は組織の中で今後生き残っていけるだろうかという不安の感情も生まれるでしょう。そのため，生き残りへの不安が強い場合，学習への不安とは逆に，組織メンバーは自己変革へと自分を駆り立てるように行動するといえます。

シャインによると，変革プロセスを前に進めるためには，これら2種類の不安に関して次の条件が満たされる必要があります。第1に，生き残りの不安または罪悪感が，学習への不安を上回ることです。第2は，生き残りの不安を高めるよりは，むしろ学習することへの不安を軽減することです。変革を進めるためには第1の条件を満たすことが必要ですが，そのアプローチとして罪悪感を過度に刺激することは得策ではないといえます。罪悪感から自分の身を守るために，組織メンバーはたとえば「今回の配置転換はそもそも不当だ」などと変革の必要性自体を歪めて捉えるおそれもあるからです。そこで，組織メンバーを変革へと動機づけるためには，罪悪感を刺激するよりも，新たな学習をサポートするなどして，学習に対する不安感を軽減するアプローチのほうが有効であると考えられています。

4.2 個人や部門の利害

組織メンバーは，組織の共通目的の実現に向けて，組織に対して何かしらの貢献（時間や労力などの負担）を行い，その見返りとして組織から何らかの報酬を得ています。組織メンバーにとっては，より少ないインプット（貢献）でより多くのアウトプット（報酬）が得られれば，報酬を効率的に稼ぐことができるため，組織に対する満足度が高まるといえます。

ここで，たとえば組織の構造（階層構造や分業体制，職務権限の配分など）や組織のプロセス（メンバー間や部門間での情報伝達や利害調整の進め方など）を変革することは，組織メンバーにとって何を意味するでしょうか。組織変革によって，分業体制や職務権限の配分が変更になる（たとえば，担当業務の範囲が広がる）ことで，その新たな職務の成果をあげるために，変

革前よりも多くの手間や労力を費やさなければならなくなる部門や組織メンバーもいるはずです。このことは，変革によって，組織に対する貢献とその見返りとしての報酬とのバランス関係が崩れ，変革前よりも満足できない状態に陥る部門や組織メンバーが生まれることを意味しています。すなわち，変革がその当事者たちにとって，追加的な労力だけを要求し，それに見合うだけの報酬の増加が見込めない場合，変革前のバランス状態との比較を通じて，その当事者たちは変革に抵抗を示しやすくなるでしょう。

　ただし，変革によってすべての当事者がより不満足な状態になるとは限りません。貢献と報酬のバランスが，今までよりも満足な状態に移行する部門や組織メンバーが生まれる場合も考えられます。すべての部門やメンバーが，組織変革を通じて，より満足な状態に移行できるならば理想的なのですが，変革は当事者たちの負担を一時的に増加させる傾向があり，また組織が見返りとして与えることのできる報酬には限りがあるため，そのような理想を実現することは容易ではありません。つまり，組織変革によって得をする当事者と損をする当事者が生まれる，変革はそのような明暗を組織内に一般に生じさせることになります。

　組織におけるこのような利害の対立は，当初設定した変革目標への到達を難しくするという意味で，変革への抵抗要因として捉えることができます。利害対立が激しくなるにつれて，互いの利害調整が難しくなり，その結果として組織変革の取り組みが頓挫してしまうおそれも高まるでしょう。

　他方で，組織内の利害対立には，逆に変革を推し進める作用があるという指摘もあります。確かに，変革をきっかけに生まれた利害対立は，変革の当初の目標を達成することを難しくしますが，だからといって，変革前の元の状態に組織が戻るわけでは必ずしもありません。当事者間での利害調整を通じて，お互いに受け入れられる「落としどころ」を探しながら，新しい変革のゴールを定義し直すことも可能です。このように利害対立は，必ずしも変革を妨げる要因とは限りません。むしろ組織内で利害対立が表面化することを過度に恐れ，それを極力避けて全体が調和することを重んじる組織カルチャーのほうが，現状維持の圧力を長期にわたって組織内に生みやすいとい

う意味で，変革の潜在的な抵抗要因といえるでしょう。

4.3 　決めつけと思い込み

　組織メンバーの中には，「そもそも現状を変革しなくてはならない合理的な必要性がない」という考えや，「今回の変革は組織に対して悪い影響を及ぼす」という判断に基づいて，変革に抵抗したり協力的でなかったりする場合もあります。もちろん，そのような考えや判断が客観的に的を射ている可能性もあるでしょう。変革が常に正しく，現状維持が常に誤りということはありません。しかしながら，「変革など必要ない」という判断の根拠が，限られた経験から導き出された個人的な経験則に過ぎない場合や，一昔前の「常識」に基づいたものならば，そのような変革反対論を鵜呑みにするわけにはいきません。

　また，そのような思い込みや「常識」が，個人レベルだけではなく，職場単位や組織全体を支配することもあります。たとえば，組織を経営危機に陥らせた過去の大きな失敗経験や，存続の危機から組織を救った成功経験から学習された知識や考え方が，多くの部門で世代を超えて語り継がれるうちに，組織全体の教訓や「常識」として昇華されるケースがその一例です。この場合，そのような教訓や「常識」には，時代を超えて普遍的に通用する一貫性が期待されるわけですが，今日の経営環境には必ずしも即さない，むしろ組織が環境変化に柔軟に適応することを妨げるように，それらが作用するおそれもあります。この危険性は，この組織が今日直面している環境変化が大きければ大きいほど高まるといえるでしょう。

　このようにマネジャーや組織メンバーが「常識」に基づいた思い込みや決めつけにとらわれて変革に抵抗する場合，変革の担い手が変革の目的や利益をいくら説いたとしても，この種の抵抗に対処することは困難です。というのは，「常識」は当たり前のこととして正当化されるのに対して，変革の担い手が主張する変革の利益は，不確かな将来の見込みに過ぎないとみなされるからです。場合によっては，変革の担い手にとってさえも，今回の組織変

革で成果を上げられるかどうか，絶対的な確信が持てないこともあるでしょう。

　ここで，変革の必要性や正しさを証明する方法としては，変革の担い手が変革の成果を実際に出してみせることが有効です。確かに，変革の必要性に疑問を持つマネジャーや組織メンバーが多い状況のなかで，変革に着手し具体的な成果を導き出すことは，変革の担い手にとって厳しい挑戦となります。しかしながら，組織変革の必要性や正しさは，変革の成果を具体的に出すことで事後的に証明するしかありません。変革プロセスの早い段階で客観的な成果を出し，変革への賛同者を徐々に増やしていくなかで，組織の「常識」を塗り替えていく役割が変革の担い手には求められているのです。

Discussion　　　　　　　　　　　　　　　　　　　　議 論 し て み よ う

1. **本章の冒頭に記載されたエピソードでは，なぜ組織変革がうまく進められなかったのでしょうか。本章で学習した「スターモデル」，「計画的プロセス」，「創発的プロセス」，「変革への抵抗」の考え方を用いて，今回の変革が効果的に成果を生み出なかった原因について自由に議論してみましょう。**
2. **全社的な大変革で成果を生み出すために，エピソードの主人公はどのように組織変革を進めればよかったと考えますか。エピソードの主人公の立場に立って自由に議論してみましょう。**

▶▶▶さらに学びたい人のために

- Kotter, J.P. [1996] *Leading Change: An Action Plan from the World's Foremost Expert on Business Leadership,* Boston, MA: Harvard Business School Press.（梅津祐良訳『企業変革力』日経 BP 社，2002 年）

  組織変革の取り組みが陥りがちな 8 つの落とし穴が，具体的な事例とともに変革プロセスに沿って示されています。組織変革の代表的な教科書であり，変革を率いるリーダーにとっての必読書です。

- 安藤史江・浅井秀明・伊藤秀仁・杉原浩志・浦倫彰 [2017]『組織変革のレバレッジ―困難が跳躍に変わるメカニズム』白桃書房。

  組織変革の理論と事例の両方がバランスよくまとめられています。組織のパラドックスと変革の関係について，事例を通じて学びたい人にお勧めです。

参考文献

- Galbraith, J. R., Downey, D., & Kates, A. [2002] *Designing Dynamic Organizations: A hands-on guide for leaders at all levels.* New York: AMACOM.
- Greiner, L. E. [1972] "Evolution and Revolution as Organizations Grow." *Harvard Business Review,* 50(4), 37-46.
- Lewin, K. [1951] *Field Theory in Social Science.* New York: Harper & Row.
- Schein, E. H. [1999] *The Corporate Culture Survival Guide.* San Francisco, CA: Jossey-Bass.（金井壽宏監訳，尾川丈一・片山佳代子訳『企業文化―生き残りの指針』白桃書房，2004 年）

組織変革の進め方

Learning Points

▶ 組織変革のアプローチは，大きく2つに分かれます。活用する際には，それぞれ優れた点もあれば落とし穴もあることを十分理解しておきましょう。

▶ 整合性モデルの活用は，組織変革の2つのアプローチの良い点を活用しつつ，その欠点もカバーしうる，組織変革の成功率を高める考え方の1つと捉えることができます。

▶ 組織変革の実現には，ダブル・ループ学習が欠かせません。各組織の多様な実状を十分に把握・反映させながら，ダブル・ループ学習を伴った組織変革の設計・運営が求められます。

Key Words

**8ステップの理論　学習する組織　システム思考　ダブル・ループ学習
整合性モデル　組織アイデンティティ　全体最適**

Episode 1

　今朝，出社前に，大学時代の友人の勤務先が組織変革に取り組んでおり，徐々にその成果が出始めているという報道をみた。うちの会社でも，社長をはじめとした経営陣が組織変革に乗り気なので，そろそろかもしれない。友人の会社では成果も出始めてきているというし，取り組みの詳しい状況を教えてもらおうと，連絡をとり，久しぶりに仕事帰りに会うことにした。

　しかし，話してみると，自社の取り組みに対する友人の評価は，意外にも冷ややかなものだった。「成果が出たといっても，実態はそうでもないし，社長が『やる』と言っているから仕方なく，表面的に付き合っている社員も多いよ。若い人もだけど，案外，そういうのは中間管理職ほど目立つような気がする」。

　というのも，友人の会社では創業以来，似たような組織変革の取り組みをこれまで何度も行ってきたが，どれも結果的にみると，お世辞にもうまくいったとはいえないという。取り組みの最初やその最中の掛け声だけは大きいが，いったん

終わると，もう何事もなかったかのように，それ以前の状態に戻ることが繰り返されているのだそうだ。「だから，毎回呼び名は変わるけれど，経営陣が組織変革するぞっていう度に，誰もが内心，やれやれ，またかって思うわけ」。

　一方で，友人は少し前にも「組織を変えなくちゃいけない，現状に安住していては先細りは見えている」と言っていた。つまり，組織変革そのものは必要だと考えているのだ。実際，そこは否定せず，「大事なのは，本当の意味での目的意識や，その取り組み方なんだと思う」と主張する。会社の動きをみると，本当に必要というより，同業他社に横並びで，もしくは世の中が求めているからと追随する形で取り組んでいることが不満なのだという。「会社がどこまで本気か摑み切れない。でも，今のような進め方で組織変革が成功するはずはない」。

　確かに，組織変革に取り組むところは多くても，成功するのはなかなか難しい。どういう取り組み方をすれば成功するのだろうか。

1 組織変革の理論的アプローチ

1.1 組織変革を取り巻く現状

　第10章で説明したように，いかに素晴らしい成果をあげた組織でも，時間の経過とともに組織変革の必要性は高まります。社会や経済状況などの外部環境は刻々と変化していますし，働く人の価値観や求められる能力など内部環境も常に変化しているからです。組織が硬直化してくればなおさらです。

　こうした理由から，多くの組織が規模の大小を問わず，組織変革に取り組んできました。組織変革には流行のようなものがあり，1980年代であればイメージ戦略としてのコーポレート・アイデンティティ（CI）活動，1990年代は業務の流れや構造を見直すビジネス・プロセス・リエンジニアリング（BPR）や組織文化改革，2000年代には成果主義を念頭に置いた人事制度改革などが盛んでした。2010年代以降になると，女性活躍推進などに代表されるダイバーシティ＆インクルージョン（多様性と包含）の取り組みや，労働生産性の向上とワーク・ライフ・バランスの実現を目指す「働き方改

革」が注目されるようになりました。

　しかし，組織変革の成功事例は決して多いとはいえません。もちろん，国内外で成功事例とみなされたものをいくつかあげることはできます。それでも，その取り組み総数を考慮すると，成功率は決して高いほうではありません。

　組織変革を推し進めようとすれば，多大なエネルギーやコストがかかります。たとえば，自社の弱み強みを洗い出そうとコンサルタントに調査や支援を依頼すれば，多額の費用が発生します。計画された変革活動を実行するにも費用がかかります。また，変革を目指す活動は，日常業務とは別に行われるのが通常であるため，その間の組織メンバーの負担もかなりのものです。

　もちろん成功すれば，そうした費用も苦労も報われます。しかし反対に，うまくいかなければ骨折り損のくたびれ儲けとなり，組織メンバーのモチベーションも損なうことでしょう。何の成果も得られないうえ，組織の雰囲気も悪化するようでは，何のための取り組みかわかりません。

　では，組織変革を成功させるには，何が必要なのでしょうか。第10章で，組織変革には計画的プロセスと創発的プロセスがあると説明しました。それぞれに効果的と考えられる理論的アプローチがあります。以下では，それを解説していきましょう。

1.2 　コッターによる 8 つのステップ

　計画的プロセスによる組織変革に効果的と考えられる理論的アプローチは，**ステップ・アプローチ**と呼ばれ，その代表例は，リーダーシップなどの研究で著名なコッター（Kotter, J. P.）の「**8 ステップの理論**」です。

　このアプローチでは，組織変革を実現するまでのステップを具体的に示すことで，組織変革の進捗の「**見える化**」を図って，組織変革を推進する多くの組織が陥りやすい「遭難」を防ごうとします。コッターの場合，**図表 11 － 1** で示すように，8 ステップをあげており，各ステップを順にクリアすることで，目標の実現を目指します（Kotter [1996]）。

図表 11 − 1 ▶▶▶コッターの 8 ステップ

第1ステップ	危機意識を高め，共有する
第2ステップ	変革推進のための連帯チームを築く
第3ステップ	ビジョンと戦略を生み出す
第4ステップ	変革のためのビジョンを周知徹底する
第5ステップ	組織メンバーの自発を促す
第6ステップ	短期的成果を実現する
第7ステップ	成果を活用し，さらに変革を推進する
第8ステップ	新たな方法を企業文化に定着させる

出所：Kotter [1996].

　中でも最も難しいのは，第1ステップである「危機意識を高め，共有すること」であると説明されます。組織変革の最大の敵は，現状に安住し変化の必要性を感じないことと考えるためです。本当は真綿で首を絞められているような状態に組織が陥っていたとしても，そのことに経営陣が微塵も気づいていなければ，手の打ちようがありません。仮に気づいていたとしても，事態を過小評価して，やり過ごす場合も同様です。

　コッターは，8つのステップの1つでもいい加減に済ませたり，飛ばしたりすると，組織変革は確実に失敗すると主張しています。つまり，前のステップを完成してからでないと，次のステップには進めないと考えており，この考えのもとでは，第1ステップをクリアできない限り，組織変革の実現はありえないのです。

　このように，目標実現のためのステップが具体的に示されると，計画的な組織変革プロセスの実践者には大いに助けになります。まず，組織変革に取り組みたいが，どこから手をつけてよいかわからないということがなくなります。第1ステップから着手すればよいのです。また，組織をあげて努力しているつもりなのに，なかなか成果が見えないという場合にも効果があります。現在どのステップまでたどり着いているかを確認し，次のステップに進むうえで障害になっている点の解決を図ればよいのです。

　「見える化」されると，組織全体に安心感が広がる点も優れた点といえま

す。自分が今何をしているかわからない，どの方向に進んでいるのかわからない，といった一寸先は闇のような状態が，私たちにとっては大きな不安材料になるからです。第1ステップにあるように，不安や危機感がなければ，人々は現状を変えたり変革に向けて動き出したりすることはまずありません。一方で，第10章でも説明したように，強すぎる不安は人々の足をすくませる原因や，取り組みのブレーキにしかなりません。8ステップの理論のようなステップ・アプローチは，それを防止する役割も果たすのです。

1.3　「学習する組織」の実現

　一方，創発的な組織変革プロセスに効果的と考えられるのが，もう1つのアプローチ，組織の内側から健全化を図り，より自然，かつ根本的に組織変革を実現しようとするものです。

　繰り返し述べているように，組織や人には変化や成長を求める気持ちと同時に，変化を恐れる心理的な特性や同じ状態を維持したい慣性が存在します。現在有利な立場にある組織メンバーは，組織が変化すれば一転して不利な状態に陥るかもしれません。新たな考え方や制度を導入すれば，たとえ一時的にしろ，組織に大きな混乱が生じるおそれもあります。それを避けたいと思うのは，ごく自然な感情や発想といえるでしょう。

　しかし，現状にとどまりたい気持ちが，変化させたい気持ちを上回る限り，組織変革の成功はまず望めません。そこで，この相対する感情のバランスをとり，変化に受容的もしくは柔軟になれるように組織の健全化を図ることこそ重要だと考えられるようになりました。当時マサチューセッツ工科大学で教鞭をとっていたセンゲ（Senge, P. M.）による**「学習する組織」**論は，その期待に応えるものとして，一気に研究者や実務家の関心を集めました（Senge [1990]）。

　センゲは，学習する組織（learning organization）を，「人々がたえず，自分が本当に望む成果を生み出していく能力を拡大していく場であり，開放的な新しい思考パターンが生まれ，集団としての野心が解放され，人々が共に

図表 11 − 2 ▶ ▶ ▶ **学習する組織の5つの法則**

レベル	法則	内容
個人 レベル	①自己マスタリー	・組織メンバー個人に求められる精神的な土台 ・自分が進むべき道は何か等の目的意識の明確化
	②メンタル・モデル	・固定観念や世界観，物の見方 ・自分の行動を進んで抑制する意識からの脱却
チーム・ レベル	③共有ビジョン	・組織として目指すべき将来像で，メンバー同士が進ん で共有するもの
	④チーム学習	・チーム内での対話の仕方や共同思考の方法の学習
組織 レベル	⑤システム思考	・自分もその世界の一部と捉えながら，より全体的，鳥 瞰的な視点でシステムを捉えること

出所：Senge［1990］.

学ぶやり方をたえず身につけていく場」と定義しました。

学習する組織の成立には，**図表11−2**のような5つの法則が大事になります。この5つの法則は，個人，チーム，組織という3つのレベルのどれか1つでも欠けたら立っていられない椅子として説明されました。中でも最重要とされたのが，組織レベルに分類される5番目の「**システム思考**（system thinking）」でした。

システム思考とは，部分的・表面的ではなく，全体を俯瞰して理解しようとする思考方法のことです。組織を構成する要素は，他の構成要素と密接かつ複雑に絡み合って存在しています。その全体像を正しく見極めずして解決を図ろうとしても，根本的な解決は不可能です。むしろ，誰も望まない，意図せざる結果を招くことすらあるのです。たとえば，既得権益を失うことを恐れて部分的な改善でお茶を濁せば，その場はよくても，しばらくして組織の業績が回復不能なほど落ち込んだ結果，組織そのものの消滅を招くこともあるでしょう。必要なのは，**全体最適**の視点を持つことなのです。

組織内部を健全化すれば，率直で深い対話や学習活動が容易になり，全体最適も実現しやすくなるといわれます。前述のステップ・アプローチを急進的な手段としての外科手術にたとえるならば，この組織内部の健全化は体質全体の見直しや改善を図ろうとする漢方薬的な治療にたとえられると考えられます。

2 / それぞれのアプローチの落とし穴

2.1 ダブル・ループ学習の必要性

　組織変革の2つのアプローチはそれぞれ，実践の際に非常に参考になります。一方で，こうした優れた考え方がすでに豊富に蓄積されているのに，組織変革が意図したとおりに進まないとすれば，その原因は何なのでしょうか。

　まずコッターのようなステップ・アプローチは，実践者が手軽に活用できる長所を持つゆえに，それが仇となり，手順を表面的になぞるだけで満足しがちな点に注意が必要です。組織変革の本来の目的は，組織がこれまで当然視していたやり方や価値観，硬直した状態に建設的かつ批判的に向き合うことを通じて，組織に巣くう根源的な問題を探り出し，解決することです。しかし，各ステップに真面目に取り組むほど，それが目的達成のための手段であることを忘れ，手段を目的化することが起こりやすくなるのです。

　組織変革を真に実現するために，不可欠な要素があります。それは，組織に**ダブル・ループ学習**（double-loop learning）を起こすことです。ダブル・ループ学習とは，組織学習の代表的な研究者であるアージリス（Argyris, C.）とショーン（Schön, D. A.）が提唱した概念です。組織の学習にはそのレベルによって，**図表11-3**で示すように，レベルの異なる2種類の学習があり，ダブル・ループ学習はもう1つの**シングル・ループ学習**（single-loop learning）より，高次の学習と位置づけられています（Argyris & Schön [1978]）。

　両者の違いは，目標や行動の見直し・改善が，既存の価値観の範囲内で行われるか否かという点です。既存の価値観の範囲内で行われるのがシングル・ループ学習，既存の価値観を打ち破って行われるのがダブル・ループ学習です。組織において行動や意思決定の拠り所とする価値観そのものが時代遅れになっている場合，その価値観をそのままにしておいては，せっかくの努力も的外れになりがちです。しかし，これまでの章でも繰り返し説明して

図表 11 - 3 ▶ ▶ ▶ 2種類の組織学習

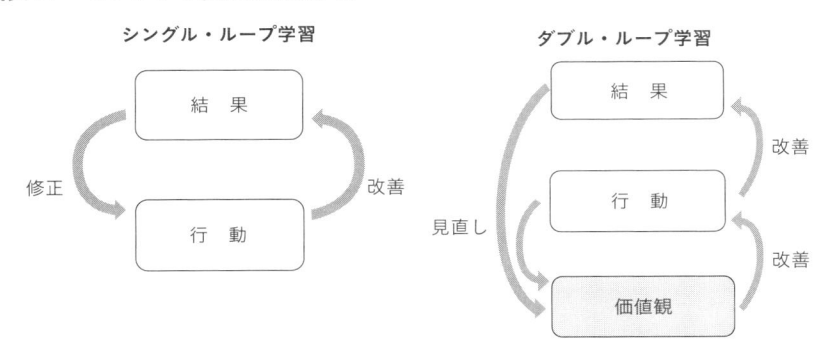

出所：Argyris & Schön［1978］.

きたように，人や組織には馴染みのある価値観や知識，行動を選択し，それがたとえ間違っているとわかった後までも，その選択に固執しがちになるという性質があります。そうした壁を崩せるかどうかが組織変革の分かれ目となります。組織変革の実現にダブル・ループ学習が必要なのは，そのためなのです。

　第12章で再び取り上げますが，この2つの組織学習は組織にとってどちらも大事で，かつ補完的な関係にあります。ただ，ダブル・ループ学習はシングル・ループ学習よりはるかに意識しないと実現しない組織学習です。そのため，各ステップを追うことだけに一生懸命になってしまうと，シングル・ループ学習のみしか発生しない事態や，非常に努力したはずなのに組織変革が実現しなかったという事態が起こりやすいと考えられています。そのため，今，何のためにそのステップを踏んでいるのか，時々立ち止まって確認することが非常に大事になるのです。

2.2 制度や仕組みによる応援

　もう一方の内面からのアプローチ（「学習する組織」）は，もともとダブル・ループ学習を志向する考え方ですが，こちらにも実は看過できない欠点があります。それは，たとえ組織が健全化しても，それによって元気になっ

た組織メンバーたちがいざ変革活動を実行に移そうとすると現行の制度や仕組みが障害として働く場合が多いという現実に，それほど注意が向けられていない点です。

　たとえば，近年よく話題にのぼる女性活躍推進があります。以前と比較すれば，子供を持った後も女性が就業継続や活躍ができるよう，育児休業や短時間勤務などの両立支援制度の充実が徐々に図られてきました。こうした多様な価値観や経験，働き方を支援することは，組織の健全化を進める一歩であり，これまでさまざまな事情や制約のために就業や組織における活躍を諦めてきた人々にとって，間違いなく朗報となるはずでした。

　ところが，事実は違いました。それらの制度を活用すると確かに働き続けることはできるものの，たとえば，その制度を利用している期間の評価は大きく下がることが少なくなかったからです。これまでの多くの日本企業の評価制度は，純粋に仕事の成果というより，長時間労働や全国転勤をはじめとする，私生活より会社生活を優先したか否かを含めるのが通常でした。そうした評価制度に根本的な変更を加えないまま，両立支援制度だけ導入・整備しても，組織内には矛盾が生じ，かえって当事者の失望を大きくするだけだったのです。

　結果的に，以前と比べて就業継続できる環境になったからこそ，キャリア意識の高い有能な女性ほど，膨らんだ期待と変わらなかった現実とのギャップの大きさに絶望し，離職を選択するという，本来の制度の意図に反する現象を招くことになりました。

　このように，組織を健全化する取り組みに希望を見出して，組織を変えよう変わろうとする積極的な動きが組織内部から次々に沸き上がったとしても，その動きに呼応しうる組織の公式的な制度や仕組み，仕事のルールの変更が伴わない場合，それが障害となって十分な効果は期待できないことが少なくありません。それどころか，組織メンバーの意識が高まった分，先にあげた女性活躍の例のように，強い副作用も起きやすいと考えられるのです。

　もちろん，制度が変わらないのが問題であれば，制度を変えればよいだけです。しかし，それにはすでに組織で公式的なパワーを持っている組織メン

バーや上層部の巻き込みが不可欠です。いかに優れた提案であっても，彼らの納得や共感を引き出せない限り，その提案が日の目をみることはないからです。

　まとめれば，内面からの健全化は確かに重要で，そのためのアプローチも必要です。しかし，それが真の意味で効力を発するには，そこを出発点として，どう現実的な結果へと結びつけていくのかという点についても，あわせて考えることが不可欠となるのです。その点が十分に考慮されていない現在の健全化アプローチには，やはり物足りなさがあるのは否めません。

3　統合的な発想が持つ力

3.1　4つの要素の整合性

　2つの組織変革アプローチはそれぞれ優れた点を持ちつつも，重要な不足点がありますが，それぞれ補完的な関係にあるようにみえます。

　そこで，両者の優れた点を活用し，不足点をカバーし合う統合モデルの登場が期待されます。**図表11－4**に掲げる**整合性モデル**はその典型例といえ

図表11－4 ▶▶▶組織変革の整合性モデル

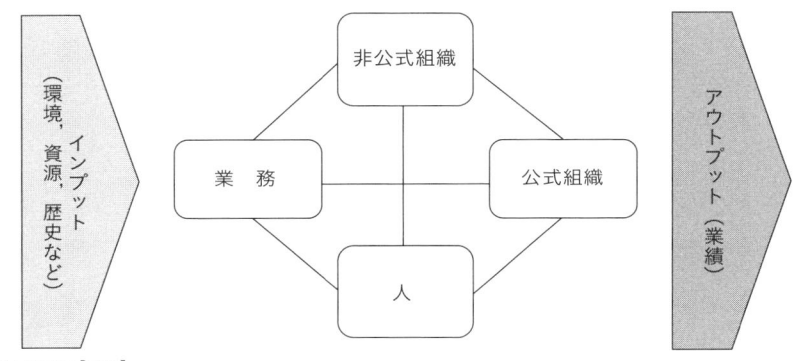

出所：Nadler［1998］.

ます。

　このモデルは，ハーバード大学で教鞭をとるタッシュマンとコンサルティング業に携わるナドラーの共同研究の成果として発表されました（Nadler & Tushman［1989］）。まず，本書の第1章でも述べた考え方のとおり，**業務組織**を，環境からインプットしてアウトプットを産出する変換システムと捉えたうえで，その4つの構成要素に注目しています。具体的には，「業務（Work）」，「人（People）」，「公式組織（Formal Structure）」，「非公式組織（Informal Structure & Process）」の4つです。

　望ましい組織変革の実現には，4つの構成要素が互いに整合性を持つことが不可欠と説明されます。必要なステップを踏み，理念や制度を十分に整えても，組織メンバーの感情や組織文化が変わらなければ，「公式組織」と「非公式組織」の整合性がとれていないことになります。同様に，多様な知識や経験を活用したいと，そうした人々を採用しても，従事させる業務内容が画一的で旧態依然としたものであれば，「人」と「業務」には不整合が生じてしまいます。

　このように組織が一見努力して部分的な整合を実現しても，別のどこかに不整合が存在する限り，それが足を引っ張ってしまいます。具体的には，もとの状態に引き戻したり，不整合を一層拡大させたりするだけであるため，組織変革は失敗に終わりやすくなるのです。

　すべての整合性を確保するには，ステップ・アプローチが提案する必要なステップを確実に踏みつつ，その度に4つの構成要素間の関係に目を配ることが求められます。また，深刻な不整合を起こしている箇所があれば，全体最適の視点に基づいて真の原因を特定し，ダブル・ループ学習を通じてその原因の解決に努めることが重要になるのです。

3.2　外部環境と業務組織との整合性

　業務組織の4つの構成要素間の整合性に加えて，資源を含む外部環境と業務組織との間の整合性を図ることも大切です。ここまでの複数の章でみてき

たように，外部環境の変化に合わせて組織が変わることは，生き残りや成長を志向するうえで不可欠なことといえます。

　この当たり前の現実を，整合性モデルは整合・不整合という独特の観点から説明しています。今ここに，4つの構成要素すべての整合性が保たれている業務組織があるとします。しかし，外部環境が変化し，4つのうち1つでもその影響を受ければ，それまでの完全な整合性はたちまち崩れ去ります。たとえば，「業務」が影響を受ければ，「業務」とそれ以外の3つの要素との関係は，一気に整合から不整合へと転じてしまいます。

　こうした不整合を放置することは，組織にとって望ましいことではありません。そのため，なんとかして突如発生した不整合を正そうとする動きが生じます。理論上は，外部環境から影響を受ける前のもとの状態に「業務」を戻せば，他の3つの構成要素との整合性を回復できるはずです。しかし，そうしても，すでに変化してしまった外部環境と業務の整合性は確保できません。それは，この業務組織の存続・成長の可能性が小さくなることを意味します。

　そこで，影響を受けて変化した「業務」を所与として，整合性の回復を進めることになります。ただし，前述したように，1つずつ不整合を直しても，それが別の不整合を招くため，全体最適の視点から本当に必要と思われる根本原因を突き止め，ダブル・ループ学習を通じてその解決に努めることで，全体の整合性を取り戻すしかありません。つまり，この場合は直接的には，業務組織の**内的不整合**を解決する取り組みにみえますが，実は外部環境と業務組織との**外的不整合**を解決する取り組みでもあると考えられるのです。

　組織と外部環境の境界線を従来よりもあいまいに捉えるこうした物の見方は，第2章や第7章で説明したオープン・システムに関わると同時に，システム思考に通じるものでもあります。業務組織だけに限らず，その構成要素に影響を与える外部環境までを1つの大きなシステムとして捉え，鳥瞰的な視点からその全体像を捉えようとしているからです。部分だけに焦点を当てていては組織変革を成功に導くことができません。大きく全体像を捉えることが非常に重要になるのです。

4 カスタマイズの必要性

4.1 各組織で異なる実状

　整合性モデルのような統合的アプローチは高い有用性を持ちますが，これさえ活用すれば無条件に，組織変革に関するすべての悩みや困難を解決できるかといえば，それは違います。

　基本的にはその考え方がすべての組織に適用可能だとしても，組織規模や各組織がこれまでたどってきた歴史が異なれば，配慮すべき点やより重点をおくべき点は異なってくることでしょう。サービス業と製造業のように業種が違う場合も同様ですし，同じ大企業だとしても国内のみに拠点がある企業と，グローバルにビジネスを展開している企業とでは，モデルを使って考えるべき問題の複雑さも大きく違うはずです。

　加えて，それぞれの組織が組織変革を必要とする背景も千差万別といえます。整合性モデルに倣っていえば，たとえば「業務」と「人」の間に不整合が生じてしまった場合と，「公式組織」と「非公式組織」との間に不整合が生じてしまった場合とでは，整合性を回復するための取り組みが全く同じでないことは明らかです。そして，取り組みの出発点が異なれば，目標とする状態にたどり着くための経路，道筋にも違いが出てくるのが当然のことです。

　このように各組織が抱える問題や実状は多種多様であり，どれ1つとして同じ状態にある組織はないといえます。それにもかかわらず，自分の組織の現状を正しく把握・理解する努力を怠ったまま，なんとなく良さそうなモデルを見つけては安易に飛びつき，何も考えずにツールとして利用するだけでは，組織変革が成功するはずはないと考えられます。

　先に，組織変革には，既存の価値観や慣れ切っている組織慣行に疑問の目を持つダブル・ループ学習の喚起が不可欠であると説明しました。しかし，単なるツールとして利用する限り，決してダブル・ループ学習は生じません。他社が取り組んでいるからといった横並びの行動や，流行への追随として行

われる取り組みが効果をあげないのは，こうした理由によるところが大きいといえるでしょう。

つまり，いかに優れたモデルが存在していたとしても，それを安易に利用するのではなく，自分の頭を使って考え抜き，自分の組織が真に求める内容にカスタマイズすることが，組織変革の実現の最低条件となるのです。

4.2 変えるべき点と守るべき点

最後に，組織変革に関して忘れられがちな点について述べておきます。それは，組織変革とはすべてを変えることではない，ということです。

組織変革の議論では，「変わらなければならない」という点が強調され過ぎる傾向があります。確かに，これまでのやり方が現在および将来の問題の原因となっていれば，それを見直すことは非常に重要なことです。

しかしながら，無闇にすべてを破壊することが良いわけではありません。組織変革の目的は，失われた整合性を回復し，組織をより望ましい一段上のレベルに引き上げることです。したがって，その実現にとっての障害物や不要なものは積極的に見直す必要がありますが，組織が長年にわたって培った資産に関しては，むしろ大切に守り続けることが望ましいと考えられるのです。

たとえば，もともと心理学や社会学の分野で生まれた概念を組織に応用させた「**組織アイデンティティ**（organizational identity）」という概念があります。これは，自分は何者か，自分たちはどうあるべきかといった，自分らしさについての組織の自己認識のことを指します。

組織アイデンティティは，組織に一貫性や継続性をもたらすとともに，他の組織とは異なる独自性，存在意義を確立する助けとなるため，組織変革の活動の基盤となる重要な存在です。これがあいまいなまま変革活動を行えば，その取り組みは本来大切にすべきところを損なってしまったり，実は変える必要が全くなかった箇所を変えて致命的な歪みを生じさせたりと迷走しやすくなります。

何を変え，何を変えてはいけないのか，その答えは自分以外，誰も教えて
くれません。組織が自分自身と真摯に向き合うことによってのみ，探り出し
ていけるものなのです。

Working　　　　　　　　　　　　　　　　　　　　　　調べてみよう

1.　**本章の冒頭のエピソードでは，友人は自社の組織変革の取り組みに危惧を感
じています。成功のために彼らが今からできること，すべきことを組織変革
の2つのアプローチや統合モデルを用いて説明してみましょう。**
2.　**組織変革に取り組んだ事例をいくつか探し出し，本章で説明した事柄や条件
をどの程度満たし，どういう結果が得られたのか確認してみましょう。**

▶▶▶さらに学びたい人のために ───────────────────

● Kotter, J. P. [1996] *Leading Change: An Action Plan from the World's Foremost
Expert on Business Leadership*, Harvard Business School Press.（梅津祐良訳
『企業変革力』日経 BP 社，2002 年）

組織変革の8つのステップを順に詳細に説明しています。変革を志向する企業の
現場で，それぞれのステップに特有の障害をどのように乗り越えていけばよいの
か，わかりやすく解説しています。

● 山岡徹［2015］『変革とパラドックスの組織論』中央経済社。

組織変革を取り巻く諸理論や視点をアカデミックな観点から網羅した良書です。
多少抽象度が高く，難しい記述もありますが，その分，深いレベルでの理解を促
進し，応用力をつけたり，考え方や組織変革に関するダイナミズムを俯瞰したり
するのに有用です。

参 考 文 献

● 安藤史江［2001］『組織学習と組織内地図』白桃書房。

● 安藤史江［2019，近刊］『コア・テキスト　組織学習』新世社。

● 安藤史江・浅井秀明・伊藤秀仁・杉原浩志・浦倫彰［2017］『組織変革のレバレッジ―困難が跳躍に変わるメカニズム』白桃書房。

● 金井壽宏［2004］『組織変革のビジョン』光文社。

● 山岡徹［2015］『変革とパラドックスの組織論』中央経済社。

● Argyris, C. & Schön, D. A.［1978］*Organizational Learning: A Theory of Action Perspective*. MA: Addison-Wesley.

● Kotter, J. P.［1996］*Leading Change: An Action Plan from the World's Foremost Expert on Business Leadership*, Harvard Business School Press.（梅津祐良訳『企業変革力』日経 BP 社，2002 年）

● Kotter, J. P.［2008］*A Sense of Urgency: Does Your Organization Have a True Sense of Urgency?* Harvard Business School Press.（村井章子訳『企業変革の核心―「このままでいい」をどう打ち破るか』日経 BP 社，2009 年）

● Nadler, D. A.［1998］*Champions of Change: How CEOs and Their Companies are Mastering the Skills of Radical Change*, Jossey-Bass.（斎藤彰悟監訳，平野和子訳『組織変革のチャンピオン―変革を成功に導く実践ステップ』ダイヤモンド社，1998 年）

● Senge, P. M.［1990; 2006］*The Fifth Discipline: The Art & Practice of the Learning Organization*, Currency/Doubleday.（守部信之訳『最強組織の法則―新時代のチームワークとは何か』徳間書店，1995 年；［改訂版］枝廣淳子・小田理一郎・中小路佳代子訳『学習する組織―システム思考で未来を創造する』英治出版，2011 年）

第 **11** 章 ● 組織変革の進め方

Learning Points

▶組織のパラドックスは，組織における変革の必要性や経営資源の希少性，ステイクホルダー間の利害対立などをきっかけに表面化する傾向があります。これらの要因はすべての組織に共通して存在する要因です。

▶変革や革新の取り組みでは，新しい未来を創造するために，自らの過去の経験を活かすと同時に，過去の経験を否定することが求められます。

▶組織のパラドックスを解消しようとするのではなく，それを受け入れることで，組織の持続可能性（Sustainability）が高まると考えられています。

Key Words

**組織のパラドックス　矛盾　緊張関係　探索　活用　有能さの罠
悪循環　両利き組織　持続可能性**

Episode 12

　社会人になってから，矛盾を目の当たりにしてモヤモヤすることが多くなった。入社式の挨拶で社長は「今は激動の時代だ。過去の経験は通用しない。君たちの『まっさらな目』でわが社を新しく生まれ変わらせて欲しい」と言っていた。しかし，実際に職場に配属になると，当然のことながら，そのような変革の仕事は若手には回ってこない。むしろ従来からの日常業務を覚えるだけで精一杯だ。職場の上司からは，「たとえ今の仕事のやり方に疑問や不満があっても，仕事が一人前にできるようになってから言え」と言われている。確かにそのとおりだと思う。でも仕事を一通りこなせるようになった頃には，会社のカラーに染まってしまい，「まっさらな目」なんてすでに失われているのだろう。

　自分の職場では日頃からチームワークや団結が重視されている。メンバー間の連携や意思疎通が職場の成果に直結するからだ。そのせいか，職場の風通しは社内でもとてもいいほうだと思う。チームで大きな成果を上げられたときは，みんなで一緒に祝うしきたりがあり，自分がこのチームの一員であることを誇らしく思うこともよくある。先日，仕事帰りの飲み会でそのことを職場の先輩に伝えた

ら，少しの沈黙のあと，「俺もこのチームが大好きだよ。でもな，俺たちは仲間であると同時にみんなライバルなんだ。他のメンバーよりいい仕事ができなかったら，チームの中で埋もれてしまう。個人プレーはダメだけど，チームプレーだけでもダメなんだ」と真面目な顔で言われた。チームプレーと個人プレー，単純な二分法では片付けられない問題みたいだ。

　また，最近の人手不足の影響で，昨年度から自分の所属する部門でも要員が削減され，より少ない人数で従来と同じ仕事量を処理しなければならなくなった。具体的には中間管理職のポストが削減されたため，今まで彼らが一元的に管理していた業務計画の立案などの権限が，自分を含む下層のメンバーたちに分散して委譲されることになった。不慣れな管理業務を新たに担うことになったため，当初はいろいろ混乱が生じたが，権限を現場に下ろした成果として，現場の状況に応じて業務計画の修正などが以前よりも柔軟にできるようになった。

　しかし来年度から，分散化した権限をまた上層に戻して，今度は部門長が一元管理するかたちに改めるという。というのは，権限を分散させた結果，担当者間で管理のバラツキが大きくなったことを経営幹部層が問題視したとのこと。一元管理と分散管理，互いに矛盾するそれらにはそれぞれ一長一短あるのだろうが，あたかも振り子のように，権限を分散化したかと思えば，今度はその反動で権限を集中化しようとする力が働く。その時々の状況に応じて，二者択一式の「改革」を繰り返しながら，うちの会社はいったいどこに向かっているのだろう。

1 　組織のパラドックスとは

1.1 　組織における多様な緊張関係

　マネジャーやリーダーとして組織をまとめ上げるプロセスでは，互いに矛盾する多くの事柄に対処する必要があります。たとえば，営業チームを率いるリーダーは，個々のメンバーの適性に応じて，個人の独自の強みを伸ばすのと，全体としてのチームワーク力の強化のどちらを最優先すべきなのでしょうか。また，チーム成果の追求には，メンバー間で自発的に協力し合うチームの雰囲気づくりに注力するのと，リーダーとして個々のメンバーに対

してトップ・ダウン式に明確な目標を設定したり，仕事の指示を具体的に出したりすること，また，彼らの業績評価の厳密化や徹底化を行うこととでは，どれが効果的なのでしょうか。さらに，人材育成の方法として，営業マニュアルを作成し，メンバーが効率的に共通のスキルや知識を身につけられるようにすることと，あえてマニュアルは作成せず，得意先の状況に応じて柔軟に対応できる提案能力を育てることのいずれが適切なのでしょうか。

　チームリーダーが直面するこれらの選択肢は，いずれも営業チームの業績を高めるために必要な内容を含んでいるようにみえますが，他方で，互いに矛盾する内容を含んでいます。選択肢の1つひとつは理にかなった内容なのですが，片方を重視すればするほど，もう片方を実行することが妨げられるような**緊張関係**が両者の間には成り立っているのです。

　このような緊張関係に対してリーダーがとる一般的な対応策は，どちらか片方の選択肢を選ぶことです。たとえば，個々のメンバーの能力発揮がチーム全体の業績に直結するのか，それともチームワークが業績に大きく影響するのか，営業チームが置かれている状況に応じて，その都度最適な方策を選択すればよいのです。このように，チームの成果によりつながりやすいと考えられる最適な選択肢を選ぶことで，リーダーはこの種の緊張関係を短期的に解くことができます。

1.2 「最適解」の限界

　しかし，状況に応じて最適解を選ぶという対応策が持つ限界にも私たちは注目する必要があります。チームや組織が直面している状況や環境は刻々と変化するものだからです。また，その変化のスピードは，時代を追うごとに速くなっているともいわれます。目まぐるしく変化する環境に合わせて，その都度，最適な選択肢を選ぶという対処法は，長期的なタイム・スパンで考えた場合，果たして組織やチームの成果にとって本当に望ましいアプローチなのでしょうか。

　目の前の状況や環境に応じて最適な運営方法を選ぶという考え方の背景に

は，チームや組織が直面している状況や環境が安定的であまり変化しないという前提があります。そして，その時々の状況の変化に応じて，組織やチームの運営方法をその都度変革，すなわち組織変革すればよいという考え方になります。しかしながら，組織を変革し成果を上げるためには，それ相応の時間や労力が必要です。変革に伴う抵抗や混乱にも対処しなければなりません。環境が頻繁に変化する状況下で，変化のたびに最適な運営方法を新たに選択し，ただちに経営成果につなげていくという短期的なサイクルを回し続けることは，組織やチームにとって決して容易なことではありません。

　ここで，環境変化が例外的な出来事ではなく，むしろ変化が日常的であるという今日の経営環境を前提とするならば，変化のたびに新たな最適解を探すというアプローチではなく，もう少し長いタイム・スパンで組織が持続的に経営成果を上げられるように，互いに矛盾する要素を組織のマネジメントにいかに同時に取り込んでいくかという課題に注目する必要があります。この場合，マネジャーやリーダーには，どちらか一方の選択肢だけを選択すればよいという二者択一ではなく，両方の選択肢に同時に対処するにはどうすればよいかという課題認識が求められます。

　すなわち，目まぐるしく変化する環境下にある今日のマネジャーやリーダーにとっては，たとえば，個々のチーム・メンバーに独自の能力を最大限に発揮させることとメンバー間のチームワークを最大化すること，効率性と柔軟性を両立させた業務運営プロセスを開発すること，企業の利益と社会的責任を同時に追求することなど，互いに矛盾する要素にいかに同時に対処できるかが日常的な課題であるといえます。こうした矛盾する要素間に生じる緊張関係をめぐる課題は，最適解を選択することで解消される一時的なものというよりむしろ，組織運営についてまわる普遍的な課題です。それゆえ，そのアプローチ次第で組織の長期的な生き残りが左右されると考えられます。

1.3 パラドックスの定義

　組織において互いに矛盾しながらも互いに影響を与え合う要素（二重性）

図表 12 − 1 ▶ ▶ ▶ パラドックスの概念図

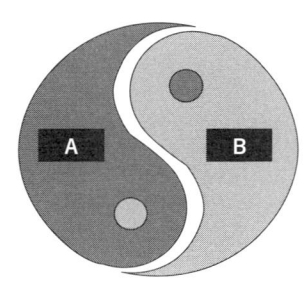

パラドックス
矛盾しているが互いに関連する要素（二重性）
それらは同時に存在し，長期にわたって存続する。
個別の要素だけをみると筋が通っているように見えるが，
両者を並べてみると，不合理で一貫性がなく互いに矛盾する。

二重性（AとB）
ひとつに統合された全体のまとまりのなかにある対極
• 内部の境界線は，両者を区分し対立を際立たせる。
• 外部の境界線は，統合された全体像を描くことで両者の相乗効果を促す。

出所：Smith & Lewis［2011］．

のことを，経営学者のスミスとルイス（Smith, W. K., & Lewis, M. W.）は「**パラドックス**」と定義しました（Smith & Lewis［2011］）。彼女らによると，パラドックスでは，**図表 12 − 1**で表現したように，これらの互いに矛盾する要素は同時に存在し，一時的ではなく長期にわたり存続するという性質があります。加えて，これらの矛盾する要素は，1つひとつに注目する場合，道理にかなったものなのですが，同時に並べてみると，道理に反していたり互いに矛盾したりするという特徴があることを彼女らは指摘しました。

たとえば，企業が長期にわたって業績を上げ続けるために，研究開発部門は，将来の新製品開発に役立つ新技術の**探索**（exploration）に人手や時間，資金などを投資する必要があります。しかし，そのような新技術の探索が確実に売上や利益につながる保証はありません。多くの場合，新技術の探索とはリスキーな挑戦を意味します。そのような不確実な試みに対して投資を続けるためには確かな財源が必要です。その財源を確保するために，研究開発部門では，既存技術を効率的に**活用**（exploitation）して，直近の売上や利益を確実に出せるような製品開発にも同時に取り組むことが必要になります。

このように，既存技術を効率的に活用し，売上や利益を確保することで，企業は新技術を探索するための財源を確保できるようになります。一方，もし探索の取り組みで新技術の種を見出すことに成功すれば，その技術を活用することで，直近の売上に貢献する新たな製品の開発もできるようになります。このように技術の探索と活用は，いずれも企業にとって不可欠な要素で

あり，互いに影響を及ぼし合う相互補完の関係にあります。

　ただし，技術の探索と活用という異質な取り組みを1つの組織が高いレベルで同時に両立させることは容易なことではありません。新技術の探索には，挑戦やリスク，試行錯誤，創造性などの要素が必要なのに対し，既存技術の活用には効率性や安定性，確実性などの要素が最も重視されるためです（March［1991］）。それぞれの取り組みで高い成果を上げるためには，互いに異なるマネジメントの手法や考え方が必要になります。このように，探索と活用という2つの取り組みは，他方がうまく進まないともう片方が成り立たないという相互作用の関係にありながら，互いに鋭く対立し矛盾する要素を含んでいるのです。

　探索と活用は，互いが互いを補い合う関係にあるため，マネジャーはどちらか一方を選択すれば，それで両者の緊張関係が解消できるわけではありません。むしろ，こうした緊張関係にある探索と活用をめぐるパラドックスへの対処，両者の両立こそが，組織の長期的な存続にとって普遍的な課題といえるのです。

2 ／ 組織におけるパラドックスの分類

　スミスとルイスは，1989年から2008年にかけて出版された**組織のパラドックス**に関する研究論文360本を見直し，組織におけるパラドックスが大別して4つのカテゴリーに分類できることを明らかにしました。以下では，その分類に従って，それぞれのパラドックスの内容を順にみていきましょう。

2.1 ／ 学習のパラドックス

　第1のカテゴリーは，「**学習（learning）のパラドックス**」です。このパラドックスは，組織で変革や革新に取り組む際に表面化するものです。変革や革新の取り組みでは，新しい未来を創造するために，過去の経験を活かす

と同時に，過去の経験を否定しなければなりません。前項で説明した探索と活用との間の緊張関係は，まさに学習のパラドックスにあたります。魅力的な新しいアイディアは，両者の緊張関係を通じて生み出されるものといえます。

2.2 所属のパラドックス

第2のカテゴリーは，「**所属（belonging）のパラドックス**」です。組織や集団に所属すると，私たちは「自分はこの組織の一員だ」とか「同じ組織のメンバーは自分の仲間だ」という思いを持つようになります。同時に，私たちは組織や集団の中で，自分の存在を他のメンバーとは異なる唯一の存在として周囲から認識され受け入れられたいという願望を持っています。このような組織や集団としてのアイデンティティと個人のアイデンティティとの間の緊張関係は，組織の中の個人や集団が「同じであること」と「独自であること」の両方を同時に追求するために表面化するものです。

2.3 組織化のパラドックス

第3のカテゴリーは，「**組織化（organizing）のパラドックス**」です。このパラドックスは，組織が望ましい成果を実現するために，互いに矛盾する設計やプロセスが生み出されることで表面化します。たとえば，組織が望ましい成果を上げるために，組織内の部門や個人には互いに競争することが奨励されます。競争を通して個々の能力が高められ，その結果，全体の成果が高められるからです。他方で，全体の成果を高めるためには，部門や個人が互いに協力し合うことも不可欠です。互いに協力し合うことで，互いの能力の限界を補うことができるようになり，結果として全体の成果が高められます。つまり，組織が成果を上げるプロセスには，競争と協力という互いに矛盾する要素間の緊張関係が存在するのです。

その他にも，組織が望ましい成果を上げるには，マネジャーが目標設定や

指示，業績評価を厳格に行って，組織メンバーの判断や行動をコントロールする必要がありますが，他方で，組織メンバーに一定の権限を与え，現場の状況に応じて柔軟に判断や行動ができるようにすることも不可欠です。これは，組織における統制と柔軟性との間の緊張関係にあたります。この緊張関係では，たとえば，「現場にもっと自由裁量を与えるべきだ」という議論がマネジャー間で活発になればなるほど，「その場合，現場に業務を効率的に行わせるためにどう統制すればよいか」という議論が同時に台頭してきます。ちなみに，世界トップ・レベルの競争力を持つトヨタ自動車では，統制と柔軟性の両方を高いレベルで可能にする生産システムを有効に運用できている点に独自の強さの源泉があると言われています。

2.4 実行のパラドックス

　第4のカテゴリーは，「**実行**（performing）**のパラドックス**」です。組織ではさまざまな活動が展開されています。たとえば，企業における営業や生産，研究開発活動などがそれにあたります。組織では全体の共通目的を設けることで，それらの多様な活動が共通目的の実現に向けて集中して実行され，バラバラの方向に向かないように設計がなされています。他方で，組織内外のステイクホルダー（従業員や部門，株主，仕入れ先，得意先，地域社会，行政など）は，それぞれの利害や目標を持って自分たちの活動に従事しています。たとえば，組織内の営業部門は売上目標の達成を追求し，生産部門では生産ラインの効率的な稼働を追求します。この場合，営業部門は，売上目標の達成を最優先し，生産ラインの効率的な稼働を妨げるイレギュラーな発注を生産部門にかけてくるかもしれません。これに対して，生産部門はそのような発注を断り，あくまで生産の効率性にこだわることもあります。

　このように，それぞれのステイクホルダーには，独自の利害や目標を最優先して部分最適を実現しようとする傾向がある一方で，組織全体の共通目的の実現には，多様なステイクホルダーの活動が全体の目標実現に向けて束ねられ，全体最適が実現される必要があります。限られた経営資源を利用しな

がら多様な活動が実行されるプロセスでは，組織全体の共通目的と多様なステイクホルダーの利害との間の緊張関係が常に存在しているのです。

　組織のパラドックスは，変革の必要性や経営資源の希少性，複数のステイクホルダー間の利害対立などをきっかけに表面化する傾向があります。これらはすべての組織が抱える普遍的な要素であり，個人や部門，組織全体といった分析レベルの違いを超えて，組織で繰り広げられる幅広い現象にパラドックスが網の目のように張りめぐらされていることが理解できます。

3　重要性の高い学習のパラドックス

　第11章では，組織変革において組織学習が果たす役割の重要性についてみてきました。学習とは，過去の経験への振り返りを通じて，個人や集団，組織の行動パターンが持続的に変化する現象を一般に指します。つまり，個人や組織の持続的な変化と学習とは表裏一体の関係にあるため，組織における変革では，組織としての学習が決定的に重要な役割を果たすと言えます。そこで，この節では4つの組織パラドックスのうち，特に学習のパラドックスに焦点を合わせて，その特徴についてみていきましょう。

3.1　互いに矛盾する学習間の緊張関係

　組織における学習活動は，組織が望ましい成果を上げられなかったことを1つの契機として，目標と結果との間のギャップを解消するために引き起こされます。具体的には，過去の経験を振り返り，何が目標未達の原因であり，将来に向けてどのように自らの行動パターンを変化させるべきなのかという検討が組織内では進められます。

　このように，学習活動とは，新しい未来を作るために過去の経験を振り返るプロセスを意味するのですが，過去の経験を振り返る際に，学習の主体が過去の経験をどのように位置づけるかによって，その後の変化の方向性は大

きく変わります。つまり，自らの過去の経験を肯定的に捉え，その経験を活かすことで，従来の延長線上によりよい未来を描くのか，それとも過去の経験を否定し，その経験から脱却することで，従来の延長線上にはない革新的な未来を創造するのか，どちらの立場をとるかによって組織変革の対象やプロセス，担い手，変革の範囲と深さは大きく異なることになります。

また，過去の経験の位置づけをめぐる双方の学習スタイルは，互いに矛盾する関係にあるため，両者の間には緊張関係が生じることになります。具体的には，過去の経験を肯定的に捉え，その経験を活かして現状をよりよく改善するスタンスの組織学習に注力すればするほど，長期的な視点に立って組織の現状を抜本的に変革するための組織学習は難しくなります。逆に，現状を抜本的に変革するための組織学習を優先すればするほど，過去の経験の蓄積を積極的に活かす組織学習の余地は狭められることになります。

両者は互いに影響を及ぼし，互いを補完し合う関係でもあります。一般に，過去からの積み上げを重視する組織学習は，その取り組みを日常的に繰り返すなかで，努力のわりに学習の成果が徐々に上げづらくなっていきます。その意味では，現状を抜本的に変革する革新的な学習を行うことによって，その後に展開する積み上げ式の組織学習の新しい舞台が用意されるといえます。一方，従来からの経験の蓄積を重視する組織学習は，日常的な繰り返しを通じて，組織の深層に確固たる強みや組織アイデンティティを形成するよう作用する側面があります。この場合，積み上げ式の組織学習を通じて組織に確かな軸足が形成されているからこそ，たとえば事業プロセスの抜本的な再編といったリスクある大変革に打って出ても，組織は一定のアイデンティティを保ち，揺るぎなく経営を持続できるのだともいえます。

このように双方の学習スタイルは互いに矛盾しつつも，互いに影響し補完し合う関係を持続的に保っているため，組織変革の担い手にとっては，どちらか一方の学習活動だけを選択すればよいということにはなりません。長期的な視点から，過去の経験を肯定しつつも否定するという学習のパラドックスに対処することが，組織の**持続可能性**を左右するといえます。

3.2　成功の罠

　前節では自らの過去の経験をどう解釈し位置づけるかという問いをめぐって，学習のパラドックスが組織に生じることを示しました。また，組織の持続可能性を高めるために，変革の担い手には，矛盾する双方の学習活動を組織内で展開する必要がある点にも触れました。

　しかしながら，過去の経験を否定する革新的な学習活動を立ち上げることは一般に容易なことではありません。特に過去の経験が成功体験である場合，それを否定することはさらに難しくなります。もちろん，過去の成功体験から導かれる知識や行動パターンが，現在もなお組織の業績向上に貢献しているのであれば問題ありません。問題なのは，時間が経過し環境が変化したにもかかわらず，過去の成功体験から学習した知識や行動パターンに個人や組織が固執する場合です。

　図表12－2は，過去に大きな成功を収めた組織が，その経験を過信するあまり，環境の変化に適応できず，業績を継続的に低下させる「**成功の罠**」のプロセスを描いたものです（Nadler & Shaw［1995］）。「成功の罠」が皮肉なのは，組織の長期的な業績低下の原因が，組織学習の不十分さよりも，むしろ組織学習の徹底にあることを暗示している点です。つまり，過去の成功体験をもっぱら肯定的に捉えて，その経験から学んだ知識を組織運営に活かせば活かすほど，その組織は長期的なスパンで環境不適応に陥り，業績を低下させるリスクが高まりやすくなることをこのモデルは示唆しているのです。

　また，このモデルがさらに興味深い点は，仮に業績低下に直面したとしても，個人や組織はその現実を直視できず，引き続き従来と同じ行動パターンを繰り返すことで，業績低下に拍車をかける**悪循環**のプロセスが描かれている点です。マネジャーやリーダーが組織の業績低下の原因を，過去の成功体験からの学習に固執したことではなく，むしろ過去の成功体験から学習した知識や行動パターンが組織内で十分に徹底されていない点に求める場合，この悪循環はさらに強化されます。これは第11章で学んだ「シングル・ルー

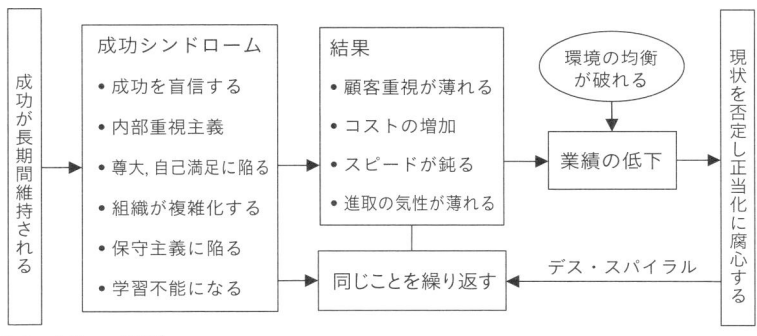

出所：Nadler & Shaw［1995］.

プ学習」に組織全体がはまり込み，「ダブル・ループ学習」を柔軟に展開できない事態が，組織の業績低下にさらに拍車をかけ，結果として組織の存続を脅かすほどの危機的状況をもたらす可能性があることを表しています。

　このように，過去から学べば学ぶほど，現状を客観的に見る目が曇り，新しい未来を描けなくなるという落とし穴が学習には存在します。その意味では，組織における学習と変革を率いるマネジャーやリーダーには，過去の経験からいかに学ぶだけでなく，学習の結果，組織に定着した知識や行動パターンをいかに捨て去るのかという，学習をめぐる互いに矛盾した課題に同時に向かい合うことが求められているのです。

3.3　有能さの罠と自己強化ループ

　組織のパラドックスが明らかになった場合，マネジャーや組織メンバーには矛盾する要素間の緊張関係への対処が求められます。ここで留意すべきなのは，組織のパラドックスに対して二者択一式の対処方法がとられやすい点，その結果として悪循環の強化ループが引き起こされやすい点の2つです。

　本章の **1.3** 項で説明した探索と活用のパラドックスを例に考えてみましょう。探索と活用は互いに矛盾する性質を持ちつつも，長期的なタイム・スパンでは互いに補完し合う関係にあるとすでに説明しました。そのため，組織

では両方の活動に同時に取り組むことで組織の持続可能性を高める必要がありますが，探索と活用は互いに矛盾する性質を持つため，それらを実際に両立させることは容易なことではありません。

ここで，探索と活用を比較すると，新しい技術や知識を探索することと比べて，既存の技術や知識の深耕を図るほうが，マネジャーや組織メンバーにとってはるかに取り組みやすいことに気づかされます。活用のほうが，既存の日常業務との関連性が高く，何に取り組むべきかという課題や取り組み内容が明確だからです。また，取り組みの成果を測定するための基準もすでに明確で，短期間で確実に成果を出しやすいという利点もあります。そのため，すでに得意な分野の技術や知識を深耕する取り組みが優先されることが一般的です。また，活用に優先的に投資した結果として，既存の強みがさらに強化されるという具体的な実績が生み出されると，未知の技術や知識を探索するといったリスキーで先行きの見通しが立てづらい取り組みは，ますます後回しにされるようになります。

つまり，すでに強みを持つ得意分野の能力の深耕に優先的に取り組み，その能力をさらに強化することに成功すればするほど，新しい未知の能力を身につけるための潜在的な学習機会が妨げられるという逆説的な因果ループが回り続けているのです。このような能力構築をめぐるパラドックスを「**有能さの罠**」と呼びます。有能さの罠に陥った組織は，既存の得意分野を強化することで，長期的なスパンからみると，将来の環境変化にますます適応できない状態，つまり無能な状態へと自らを追いやっているのです。

4 / パラドックスと両利き組織

組織のパラドックスに対処するためには，組織としてどのような構造やプロセスが求められるのでしょうか。以下では，探索と活用のパラドックスへの対処に焦点を絞って「**両利き組織**」のコンセプトを紹介します。両利き組織とは，探索と活用という互いに矛盾する活動の両方を高いレベルで同時に

実現する組織を表すコンセプトです。その代表的なコンセプトとして，**構造的両利き**と**文脈的両利き**を以下ではみていきましょう。

4.1 構造的両利き

　構造的アプローチでは，互いに矛盾する要素を構造的に分離することで，両方の要素を組織内に並列させる組織設計の考え方をとります。たとえば，すでに確立された主力事業に加えて，企業が新規事業を立ち上げる場合，社内ベンチャー制度を利用し，新規事業の開発に専念する部隊を既存の主力事業部門とは隔離するかたちで創設することがありますが，このような取り組みは構造的アプローチの一例にあたります。

　既存事業の運営（活用）と新規事業の開発（探索）を構造上で分離するのは，それぞれが成果を上げるためのマネジメントが互いに異なることが一般的だからです。たとえば，新規事業の開発では，意思決定に際して主力部門よりも大きなリスクを許容することや，よりスピーディーに決定を下すことが一般に求められるでしょう。また，部門の文化やリーダーシップ，マネジメントにも，より柔軟でより創造的であることが求められます。さらに，メンバーを動機付けるインセンティブも既存部門とは異なるでしょう。

　この場合，新規事業の開発部隊が既存の事業部門と同じ意思決定のルールや社内手続きに従って仕事を進めるならば，新規事業の経営環境の変化の速さや大きさに柔軟に対応できないおそれが生じます。そのため，主力事業と新規事業開発を担当する部門をそれぞれ別に設けて，それぞれの部門が独自の成果を上げやすいように，互いに異なる意思決定の基準やマネジメントのスタイルを認めるかたちで**二重構造**の組織を作るわけです。このように，互いに矛盾し対立する活動を構造的に分離させて，それらが同じ組織内で同時に展開できる余地を創ることが構造的アプローチの狙いです。また近年では，とりわけ技術革新が進む業界において，企業の境界を越えて探索と活用の役割を企業間で分担する組織間関係が普及しつつありますが，ここにも構造的両利きの考え方が反映されています。

しかしながら，探索と活用に専念する部門を別々に設ければ，自動的に両者の相乗効果が望めるわけではありません。別々に部門化するだけでは，かえって部門間の対立やコミュニケーション不足を助長し，結果として組織全体の成果に悪影響を及ぼしかねません。

　パラドックスへの有効な対処法としては，両者の相乗効果を長期的なスパンで追求する必要があります。たとえば，新規事業の立ち上げ段階では，担当部門の経営資源が十分ではないため，既存の主力事業部門が保有する技術や知識を部門間で融通することが不可欠です。一方で，新規事業の開発を通じて新たに習得した知識や技術が，長期的なスパンで既存事業の持続的な成長に貢献する余地があるかもしれません。このような相乗効果を実現できるかどうかは，橋渡し役を担うマネジャーや部門が，互いに矛盾する両者を受け入れ，潜在的に互いを補完し強化し合う側面に目を向けるなど，長期的なスパンで両者が好循環を生み出す方策を見出せるかどうかにかかっているといえます。

4.2 　文脈的両利き

　これに対して，経営学者のギブソンとバーキンショー（Gibson, C. B. & Birkinshaw, J.）は，両利き組織を実現するための新たなコンセプトとして，**文脈的な両利き**を提唱しました（Gibson & Birkinshaw [2004]）。文脈的両利きとは，個々の組織メンバーが整合性（alignment）と適応性（adaptability）の両方を同時に行動で示すことのできる能力を意味しています。前者の整合性とは，事業部門で活動に従事する組織メンバーが，組織の全体目標に向けて連携し一致協力することを指します。一方，適応性とは，将来の環境変化に素早く応えるために，組織メンバーが事業部門の活動を再編できる行動能力を意味します。整合性は，全体目標の達成に向けて組織内の秩序や効率性を重視する点で「活用」に関連し，適応性は，新たな変化や革新を追求する組織メンバーの行動能力に注目する点で「探索」と関連する概念といえます。

文脈的アプローチでは，個々の組織メンバーが各自の判断で，互いに矛盾する整合性と適応性をいかにバランスさせるのか，双方の活動にどれだけの時間や労力を割くかを判断しうる組織コンテクストの整備を重視します。具体的な例としては，日本の製造業において生産業務に従事している従業員が，製品の組み立てラインで他の従業員と連携し効率的にルーティン作業に従事する（整合性）一方で，生産ラインをより柔軟に運用できるように改善活動に継続的に取り組む（適応性）事例がこれにあたります。つまり，文脈的アプローチでは，構造的アプローチのように探索部門と活用部門を構造的に分けるのではなく，1人ひとりの組織メンバーが，与えられた全体目標を追求するために周囲と連携する一方，将来の環境変化に適応すべく事業や業務のプロセスの再編に取り組む姿を想定しているのです。

　文脈的アプローチが重視するのが**組織コンテクスト**です。組織コンテクストとは，組織における個人の行動を形づくるシステムやプロセス，信念を指します。ちなみにコンテクストは一般に「文脈」と訳され，コミュニケーションで使われる言葉や表現の意味合いを決める背景や前後の状況を指します。たとえば，経営者が自社の業績低迷に対して経営会議の場で「今回の業績不振は誠に遺憾だ」と発言した場合，自らの経営手腕のなさを部下に詫びているのか，それとも逆に部下の怠惰を非難しているのか，この経営者の発言の真の意味合いは，その組織のコンテクスト（企業の過去の経験や歴史，企業カルチャーなど）によって左右されます。また，どのような組織コンテクストが支配的かによって，その組織のメンバーの行動パターンは影響を受けます。

　ゴシャールとバートレット（Ghoshal, S. & Bartlett, C. A.）は，組織コンテクストを特徴づける4つの次元（規律，伸張，支援，信頼）に注目しました（Ghoshal & Bartlett [1994]）。第1の「規律」とは，自分の義務や責任に対して周囲から寄せられる期待に応えるために，組織メンバーが自発的に努力することを促す組織コンテクストです。第2の「伸張」は，組織メンバーが野心的な目標に向けて努力することを促すものであり，第3の「支援」は，組織メンバーが周囲のメンバーを援助し支持するように促すもので

す。また，第4の「信頼」は，互いの責任や義務が果たされることを組織メンバーが信じ，それに頼るよう促す組織コンテクストです。

　これら4つの次元が組織内でどの程度満たされているのか，その組み合わせと相互作用が，互いに矛盾する整合性と適応性をバランスさせる組織メンバーの行動能力に影響を及ぼすと考えられています。行動能力を高める具体的なシステムや組織プロセスについてはいまだ研究途上のテーマなのですが，規律と伸張の組み合わせから醸成される組織コンテクストと，支援と信頼の組み合わせから醸成される組織コンテクストとは，時として互いに対立する可能性を持っています。具体的には，規律と伸張のコンテクストを強調しすぎると，組織メンバーは個人的な責任や能力開発を追求するあまり，個人主義的な行動に走ったり，仕事に燃え尽きてしまったりするおそれがあるかもしれません。一方，支援と信頼のコンテクストを強調しすぎると，組織メンバーが周囲への依存心を強めてしまい，自発的に責任を持って仕事に取り組まなくなるかもしれません。その意味では，互いに矛盾する組織コンテクストのハード面（規律と伸張）とソフト面（支援と信頼）の相互作用を通じて，いかに組織メンバーの両利き能力を高めていくか，その具体的な組織プロセスを解明することが，文脈的アプローチの課題といえるでしょう。

Discussion　　　　　　　　　　　　　　　　　　議論してみよう

1.　本章の冒頭に記載されたエピソードの主人公が直面している，組織のパラドックスはどのようなものでしょうか。　第2節の「組織におけるパラドックスの分類」を参考にして話し合ってみましょう。

2.　あなたがエピソードの主人公の立場ならば，主人公が感じている「モヤモヤ感」にどう対処するでしょうか。長い目でみたときに，パラドックスが組織の持続可能性や組織メンバーの成長にもたらす前向きな面にも目を向けながら自由に議論してみましょう。

▶▶▶**さらに学びたい人のために**

● Senge, P. M. [1990; 2006] *The Fifth Discipline: The Art & Practice of the Learning Organization*. Currency/Doubleday.（守部信之訳『最強組織の法則──新時代のチームワークとは何か』徳間書店，1995 年；[改訂版] 枝廣淳子・小田理一郎・中小路佳代子訳『学習する組織──システム思考で未来を創造する』英治出版，2011 年）.

　矛盾する多くの要素が互いに影響を与えつつ組織の成果を生み出していくプロセスを，循環ループを用いて長期のタイム・スパンで分析するシステム思考の考え方は，パラドックスに対処する際の強力な思考ツールになります。

● Mintzberg, H. [2009] *Managing*. Berrett-Koehler Publishers.（池村千秋訳『マネジャーの実像──「管理職」はなぜ仕事に追われているのか』日経 BP 社, 2011 年）

　マネジャーが日常的に直面する組織の矛盾やジレンマにいかに折り合いをつけながら仕事に従事しているのか，その姿が描かれています。組織のパラドックスの実像をイメージするのに有効です。

参考文献

●Ghoshal, S. & Bartlett, C. A. [1994] "Linking organizational context and managerial action: The dimensions of quality of management," *Strategic Management Journal*, 15, 91-112.

●Gibson, C. B. & Birkinshaw, J. [2004] "The antecedents, consequences, and mediating role of organizational ambidexterity," *Academy of Management Journal*, 47 (2), 209-226.

●March, J. G. [1991] "Exploration and exploitation in organizational learning," *Organization Science*, 2 (1), 71-87.

●Nadler, D. A. & Shaw, R. B. [1995] "Change leadership: Core competency for the twenty-first century," In D. A. Nadler, R. B. Shaw & A. E. Walton (Eds.), *Discontinuous Change: Leading Organizational Transformation*, San Francisco, CA: Jossey-Bass.（斎藤彰悟監訳，平野和子訳「第 1 章　変革のリーダーシップ」『不連続の組織変革──ゼロベースから競争優位を創造するノウハウ』ダイヤモンド社，1997 年）

●Smith, W. K. & Lewis, M. W. [2011] "Toward a theory of paradox: A dynamic equilibrium model of organizing," *Academy of Management Review*, 36 (2), 381-403.

▶組織を個別ではなく，共通の特性を持つ個体群のレベルで捉えるとき，個別の努力を超えた大きな影響を環境から受けて，その中で選択・淘汰されているという視点も見過ごせないことを理解します。

▶個体群に，個別の組織のとき以上に変化に対して強い慣性が働きやすくなる理由を学びます。また，そうしたなか，少しでも生き残りの確率をあげるにはどのような条件が必要になるのかについても考えていきます。

▶度重なる大きな環境変化にあっても，長期にわたって存続・発展している組織は存在します。それらの組織から得られる教訓を探ります。

個体群生態学（組織エコロジー論）　自然淘汰モデル　正統性　同型化
ノイズ　赤の女王理論　リビング・カンパニー

Episode 13

　わが社は，健康食品を中心とする健康関連の通信販売業を営む会社だ。値段は多少高いが，その分，どの商品の品質にも絶対の自信がある。それを実直に伝え続けてきた結果，健康に年齢を重ねたい人々や，セルフケアに強い関心を持つ人々の支持・信頼関係を得て，これまで着実に業績を伸ばしてきた。

　しかし，最近悩みが出てきた。これは儲かると思ったに違いない他社が，わが社より規模が小さい企業から，資金的にも設備的にも太刀打ちできないほどの大手企業まで，続々と参入してきたのだ。先駆者として商品開発や市場開発を行うことはとてつもなく大変なことだが，追随するのは圧倒的に楽な話だ。社長を含む経営陣はこの動きに明らかに焦りをみせ，新規顧客の開拓に一層の力を注ぐよう指示するとともに，リピーター1人当たりの購買量をもっと増やす工夫を考えて，至急対策をとるよう求めてきた。

　私たち営業が必死で売り込んだ結果，なんとかその月は前の月や昨年の実績よりも良い数字を出すことができた。だが，安堵したのも束の間だった。大手企業

がわが社の看板商品と類似する商品の価格を大幅に下げたうえ，2か月分無料か
つ購入金額に応じたプレゼントを用意するなど，大々的なキャンペーンを展開す
ると発表したのだ。社内には一瞬にして徒労感がみなぎった。

　もちろん，また皆が一丸となって必死で頑張れば，対抗することも不可能では
ないだろう。なにせわが社には，絶対の品質と長年培ってきた顧客との信頼関係
があるのだ。だが，競合他社がまたすぐに違う手を講じてくることは容易に予想
がつくし，別の企業も次々に同様のことを仕掛けてくるに違いない。それを1つ
ひとつ抑え込んでいくのは，まるで終わりの見えないモグラ叩きのようなものだ。
こんな消耗戦をいつまで続けていけばいいのか，大手企業ほど体力のないわが社
にとってはかなり辛い。もっとより良い方法や戦略があるのではないだろうか。

　もっとも，こんなことを考えてみたって，一営業部員である自分には会社の指
示に従うことしかできない。しかし，だからこそ，社長や経営陣がこの問題と自
社の未来をどうしていきたいと考えているのか一層知りたいと思うのだ。

1 　環境決定的か自己決定的か

　環境の変化に応じて，もしくは先んじて組織も変わる必要がある，そうで
ないと生き残っていけないということを，本書では各章のさまざまな観点か
ら繰り返し説明してきました。また，組織と環境はどちらも，相手から一方
的に影響を受ける受動的な存在ではなく，能動的な行動でときに自ら環境を
作り出すことすらする，相互作用のもとで成り立つ関係です。したがって，
組織は組織内外を適切にマネジメントすることで，望む結果を自ら積極的に
獲得していくべきであることも述べてきました。こうした考え方は，組織が
自己決定的な存在であるという前提に立ったものです。

　それに対して，組織の活動は環境による強い影響を受け，それに適応する
結果として生じると捉えるのが，**環境決定論**です。この考え方はこれまで紹
介してきた自己決定的な立場からみれば，時代遅れな発想にみえます。実際，
近年では，環境適応の側面をあまりに強調した議論を展開すると，組織の自
己決定的側面を軽視していると批判されることが少なくありません。

しかし，環境決定論が完全に否定されているかと問われれば，それもまた違います。組織のパラドックスとして第12章で説明したように，環境と組織の双方にとって程よいバランスを模索しながら成り立っているのが現実の真の姿であり，環境が組織に対して持つ影響力そのものを否定することなど決してできないからです。

また，個別組織については自己決定論がそれなりに適用できても，個別組織の範囲を超えるレベルで起こる環境変化，その影響力の大きさは決して無視できるものではないという考え方は根強く存在しています。個別の企業としては最大限の努力を費やしているのに，そうした個別の事情を超えるほど大きな環境変化が起きたことで，特定の産業に属する企業群が一斉に衰退するということは，珍しくありません。

こうした考え方をする理論の代表格が，ハナンとフリーマン（Hannan, M. T. & Freeman, J.）による**個体群生態学**（population ecology）で，より広い概念である**組織エコロジー論**（organizational ecology）の1つと位置づけられています（Hannan & Freeman [1977]，高瀬 [1991]）。

2 組織の個体群生態学

2.1 自然淘汰モデル

組織の個体群生態学とは，個別組織ではなく，何らかの共通の属性を持った組織の集合体である**個体群**に注目し，それらに外部環境が与える影響を明らかにしようとする考え方です。進化論では，多種多様な「種」が環境からの影響で衰退・絶滅したり，また新たに誕生したりという生態系の変化を議論の対象にします。その進化論から大きな影響を受けたのが，個体群生態学で，進化論における種にあたるのが，個体群生態学では個体群になります。

個体群生態学では，組織の個体群の変化や盛衰を「自然淘汰」という概念を用いて説明しようとします。それを描いたのが，**図表 13 − 1** です。

図表 13 － 1 ▶ ▶ ▶ 自然淘汰モデル

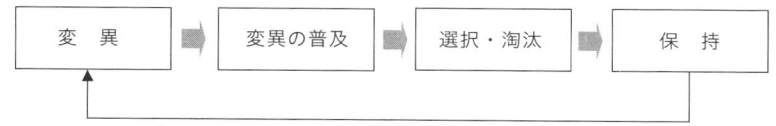

出所：Hannan & Freeman［1977］，高瀬［1991］をもとに筆者作成。

　自然淘汰モデルは，「変異（variation）」「変異の普及（diffusion）」「選択・淘汰（selection）」「保持（retention）」という，大きく 4 つのステップで説明されます。

　まず「**変異**」とは，細かな違いはあっても基本的には共通の特性や属性を持つ個体群や組織のなかに，意図的に，もしくは意図していなかったにもかかわらず，これまでとは異なる組織や部分が誕生することを指します。具体的には，組織構造や価値観，行動様式などに変異が現れます。そうした変異は，その組織が設立された時期がその他大多数の組織とは異なるなど，所与の環境が異なることから生まれたり，経営トップの指示や政策が組織の末端や部分に十分に浸透しない管理の失敗から生まれたりすると考えられています。

　変異した組織や部分の数は時間の経過とともに増加するため，個体群全体にとって当初と比較するとそれほど珍しいものではなくなっていきます。ただし，生じる変異の方向性は一様ではなく，その変異のレベルも同じではないため，そこには多様性が生まれます。これが「**変異の普及**」です。

　普及した変異体のうち，どのような形であれ，その時点の何らかの環境に適合できた組織や部分は生き残れますが，どこにも適合できなかった組織は生き残ることができません。これを環境に選ばれなかったという意味で，「**選択・淘汰**」と呼んでいます。選択・淘汰は多くの場合，市場での競争や政府の規制や政策の転換などの結果として生じると考えられています。

　淘汰の波を潜り抜けた組織たちは，次に新たな環境変化が到来するまでは，存続できることになります。言い換えれば，その間は自らを特徴づける組織形態を安定的に保つことができるわけで，そのときその個体群や組織は「**保持**」されたと捉えます。保持された種の中に，その後，繁栄を謳歌するもの

が登場するのと同様に，保持された個体群の中には単に存続するだけでなく，大いに発展するものが現れます。そして，繁栄の時代が長く続くうちに，再びその中から変異が生まれ，同じサイクルが繰り返されることになるのです。

2.2 強い慣性を生む組織内部の制約

　組織の存続・発展には個別組織の努力はもちろんですが，自然淘汰モデルからうかがえるのは，それ以上に環境の影響力が大きく，突如として訪れる大きな環境変化に個体群として適合することが不可欠であるという考え方の存在です。確かに，かつて輸送・移動手段としての馬車が鉄道，自動車へと置き換わり，エネルギーの主軸が石炭から石油，原子力へと置き換わったように，非連続的な環境変化が発生してしまうと，個別組織がそれまでいかに努力を積み上げていても太刀打ちできないことが多々あります。そのため，組織は平常時には環境に対して自己決定的に振る舞えても，予想を超えた激動期には結局，環境決定的にならざるをえないと考えられているのです。

　個体群生態学では，各個体群に共通するもともとの特性や属性には非常に強い慣性が働いていると捉えています。そして，そうした組織特性は組織変革の議論とは異なり，基本的に自分の意思で変えることはできないという立場に立っています。その理由としてあげられているのは，組織内外のさまざまな制約の存在です（Hannan & Freeman［1984］）。

　まず，組織内部の制約としては，第10章や第11章で説明した変化を嫌い恐れる個人感情，変化によって既得権益が脅かされることへの抵抗などに加え，第12章で言及した組織のパラドックスが深く関係します。組織は現在の業務を効率よく遂行できるように設計されます。その結果，第6章で取り上げたように，意思決定者はその業務に関する情報は入手しやすくなる分，それとは無関係な異なる情報や全く新しい情報が入手しにくくなります。そのため，組織を変革することが難しくなるというのです。既存技術の利用に注力すれば，新技術の探索が難しくなるというのと同様です。

　また，そうした難しさは，組織が既存の業務や設備に大きな投資をしてい

るほど，増すことになります。現在の業務を続けている限りは，その投資の結果としての価値を産出し続けます。しかし，業務を止めてしまえば，もうそこから価値を引き出せないばかりか，これまで投資した費用や時間，エネルギーを取り戻すこともできません。こうしたすでに回収不可能となってしまった費用を**埋没費用**（**サンクコスト**）と呼びますが，その発生を避けたいがために，組織は既存のものにしがみつき，自ら変化する機会を逸してしまうのです。

2.3 外部制約としての正統性確保と同型化

一方，組織外部の制約としては，市場などに潜む**参入障壁**や**退出障壁**もあります。参入障壁が高ければ，新たな事業に着手することを躊躇しますし，退出障壁が高くても，現在の事業・業務を止めることを躊躇して，既存のものを継続する道を選びやすくなることでしょう。しかし，本章で外部制約としてより注目したいのは，環境からの**正統性**（legitimacy）の要求です。

正統性とは，その行為や存在が外部から認められていることを指します。世間の常識や規範に適合しているかなどの一般的な観点による正統性ももちろん重要ですが，個別組織にとってより重要度が高く，ときに死活問題ともなるのは，自分が所属している集団や個体群からの正統性です。その個体群における正統性が得られない場合，事業運営に必要な資源の獲得が難しくなったり，第9章で説明したような組織間関係を形成することが不可能になったりと，組織の存続が脅かされる事態に直接つながるからです。そのため，各組織は必死で個体群内における正統性の確保に努めます。

典型的な動きとしては，他の組織，個体群そのものへの**同型化**が試みられます。同型化とは，互いに競争している組織同士や同じ産業に属する組織同士が次第に似てくることをいいます。同型化には，激しい競争による選択・淘汰の波をかいくぐった結果，たまたま同じ特性を持った組織ばかりが残ったというパターンもある一方で，より積極的に他者に似せるパターンもあります（DiMaggio & Powell [1983]）。

図表 13 － 2 ▶ ▶ ▶ 外部制約が淘汰をもたらす仕組み

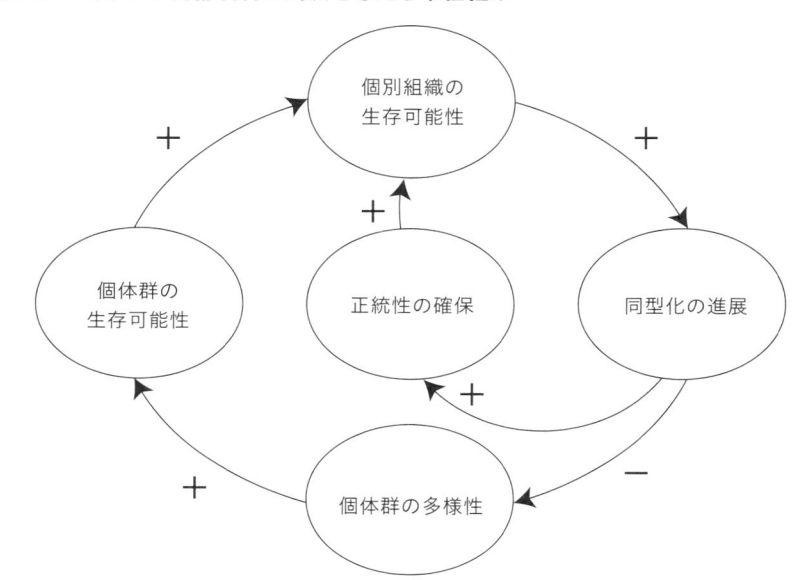

出所：DiMaggio & Powell［1984］，山田・佐藤［2014］を参考に筆者作成。

　たとえば，その業界ならではの自主的なルールや政府の定めた法律や規制に従うこと，優れていると評判の高い組織を自主的に模倣することなどで同型化は図られます。それに成功すると，その個別組織は個体群の内部では信頼できる仲間，外部には信頼に値する組織という正統性を確立できます。結果として，当該環境下で生き残れる確率が高まるのです。

　一方で，こうした個体群における正統性の確保とそれによる恩恵は，変化が必要な際は一転してマイナスに働きます。変化の必要性を認識するのが難しくなるうえ，たとえ比較的早く認識できたとしても，いったん得た正統性を捨てるのは感情的にもしがらみ的にも非常に難しいことだからです。それゆえ，個体群が滅びるときには，横並びの圧力から完全に抜け出せないまま，同型化した個体群と運命を共にするという結末を迎えやすくなるのです。

　なお，このとき，個別組織が全く努力していないかといえば，むしろ逆です。努力して個体群に同型化しすぎているからこそ抜け出せなくなるのです。そして，同型化した組織ばかりで構成される個体群は環境変化に脆弱になり

ます。より正確には，**図表13−2**で描くように，多様性が低い個体群の場合，大きな環境変化が起きると，それに適合できず淘汰される確率が高まります。所属していた個体群が淘汰されれば，同型化していた個別組織も自動的に淘汰されてしまいます。

3 生き残りの確率を高める方策

3.1 変異の出現を許し，歓迎する環境

ここまでみてきたように，個体群生態学では，過去に努力したか優れた成果をあげたかはあまり関係なく，予想を超えた環境変化に自分たちが偶然適合したら生き残れる，そうでなければ淘汰される，という考え方がなされます。もちろん，過去の努力や成果のレベルが一定水準以下である場合は問題外で，環境変化とは関係なく，主に個体群内の競争によって淘汰されることになるわけですが，このように生き残りが運不運，もしくは単なる確率の問題と説明されると，私たちにはもはや何もなす術がないように感じられます。

しかしながら，生き残りの確率を多少なりともあげる方法はあるのです。まさに，自然淘汰モデルがそのヒントとなります。それは，個体群や個別組織における変異の出現を許し，変異の普及を意識的に支援することです。変異の普及は個体群内，もしくは個別組織内の多様性を高めます。そうすれば，予想を超えた大きな環境変化が起こって，たとえ個体群内の組織の大部分が淘汰されても，その中で生き残れる組織や部門がわずかに存在するかもしれません。いったん淘汰の波を生き抜くことができれば，後は徐々に努力と実績を積み重ねることによって自らの勢力を拡大していけばよいのです。

そのためには，日頃から変異が出現しやすい環境を作っておくことが重要になります。もし本当に環境変化がどの方向，もしくはどのレベルで現れるか誰にも予想がつかないことだとすると，どの方向やレベルで現れても必ず何かそれに適合するものが個体群内や組織内に存在するよう，全方位的に変

異を生み出しておけばいいと考えられるからです。もっとも，変異が出現する頻度が低ければ，それも不可能です。だからこそ，変異の発生率をあげることがその第一歩となるわけです。

ところが，現実には同型化の圧力が働くことからもわかるように，自然に任せると，組織は自主的に変異を抑制する方向に向かいがちとなります。また，個体群内や組織内ではむしろ異質なものを排斥したり抑え込もうとしたりする動きさえ生じます。そのため，個体群生態学では変異は計画的にも計画外にも生じると説明されるものの，実際に起きている変異の大半は，計画的にではなく，計画外に生じている可能性が高いと考えられます。そうであれば，計画的・意識的に変異の出現を奨励し支援する環境を作ることで，そうでない場合よりも飛躍的に変異の発生率を上げることができるはずです。それに伴い，その個体群や組織の生き残りの確率も高まることでしょう。

3.2 ノイズや過当競争から距離をおく姿勢

ノイズや**過当競争**から距離をおくことも，生き残りの確率を高めるのに役立つと考えられています。ノイズとはこの場合，当該組織にとって本当に必要もしくは重要ではない情報を指します。新しい経営手法や目新しい情報が登場すると，多くの組織がそれに本当に効果があるのか，自らの組織にとって必要なのかを十分に検証しないまま，競って導入・利用しようとしますが，実はその大半が，一時の流行として何ら特筆すべき価値を生み出さないまま消えていることが明らかにされています（Abrahamson [1996]）。

環境変化に適応し，またこうした情報をも積極的に取り入れようとする個体群全体の動きに歩調を合わせようとすることも，ある程度は大切です。しかし，組織の周りには変化というより正確にはノイズといえる情報があふれかえっています。そのすべてを，無検証のまま対応していては，組織は振り回されるだけで終わってしまいます。周りに遅れをとることを恐れるあまり，考えなしにいきなり突入するのではなく，まずは距離をおいてその対象を冷静に眺めることが必要です。そうすれば，同化に進みがちな個体群の中で，

結果的にみて変異的な位置づけを確保しやすくなるといえるのです。

　同様に，過当競争に巻き込まれないようにすることも大切です。スタンフォード大学の経営学者バーネット（Barnett, W. P.）は，激しい環境変化のもとでは，組織が通常以上に過当競争に巻き込まれやすくなると説明しました。組織は自分が淘汰の対象とならないよう必死で進化し続けようとします。その際，努力の成果が自分だけで完結する場合はいいですが，生き残りの必須条件に個体間の競争に勝ち残ることも加わると，状況は一変します。相手が武力を増強すれば自分もそれを上回る増強を図ろうとする軍拡競争と同様，たとえそれが無意味もしくは非生産的な争いであるとわかっても，自分の意思とは無関係にその競争は際限なくエスカレートしやすくなるのです。この主張は「**赤の女王理論**」と呼ばれます（Barnett & Hansen［1996］）。

　こうした過当競争にいったん巻き込まれ，深く組み込まれてしまうと，それが破滅に一直線であることが明白であったとしても，そこから抜け出すことは非常に困難になります。そこで，そうした事態に陥らないよう，過当競争からは適度に距離をおくのが重要だと考えられているのです。

4 リビング・カンパニーからの教訓

　ここまで，周囲に合わせる点は合わせつつも，着かず離れずの関係を保つことが，生き残るうえで重要であることが見えてきました。実際，環境変化のなか，多くの組織や個体群が淘汰の対象となってきましたが，そこにあっても長期に存続・発展を続けてきた企業は存在します。創業・設立から100年以上たってもいまだ健在な，いわゆる**老舗企業**や，長寿であることから「**リビング・カンパニー**」と呼ばれる企業はその代表例です。

　こうした長寿企業には，共通する特徴が見出せるとされています。豊富な国際的な業務経験をもとにその研究成果をまとめたデ・グース（de Geus, A.）によれば，リビング・カンパニーには大きく4つの特徴があります（**図表13－3**）。保守的な財務体質をとっていること，身の丈を知っていること，

図表 13 − 3 ▶ ▶ ▶ リビング・カンパニーの条件

| ① 保守的な財務 |
| ② 身の丈を知る |

→ 無駄なリスクを避ける堅実さ

| ③ 環境変化に敏感 |
| ④ 新しいアイディアに寛容 |

→ 学習能力と柔軟性

出所：De Geus［1997］をもとに筆者作成。

環境変化に敏感なこと，新しいアイディアに寛容なことの４つです。

　前の２つは共に，無駄なリスクをとらないという意味で，その組織の堅実さを表しています。自分を正しく見極めて，たとえ周囲が過熱していても，それが自分に必要でなければ深くかかわらない，あるいは，必要な範囲内での関与にとどめるという姿勢を貫くことが大事であると説明されているのです。そのためには第11章で説明したように，組織アイデンティティをしっかりと確立し，日頃から明確に意識・共有しておくことや，優れた制度やツールにみえるものでも，自組織の事情を十分に把握・反映させたうえで利用するというカスタマイズの努力が，やはり不可欠になるといえるでしょう。

　一方，後の２つは，高い学習能力や柔軟性が必要であることを示すものです。それによって組織には，組織能力全体の向上やその結果としての高いレベルの組織成果はもちろんのこと，前述したような変異の出現可能性を高めることも期待できるようになります。

　このように，実際に大きな環境変化に何度も直面しながらも，長期にわたる存続・発展を遂げてきた組織はやはり，環境に適応しながらも決してそれに流されず，かつ，自己の能力を高めながら変異の可能性も十分に確保するなどして，しなやかに世の中を渡ってきたことがうかがえるのです。

1. 冒頭のエピソードのような状況に直面した場合，経営者はどのような経営判断，意思決定を下すことが望ましいのでしょうか。類似の状況に直面したことがある企業の事例を集め，それぞれの企業がとった行動とその結果を調査し，その結果をもとに自分の考えをまとめてみましょう。
2. リビング・カンパニーと呼べそうな企業を探してみましょう。そして，本章で取り上げた条件をどの程度満たしているか確認してみましょう。

▶▶▶さらに学びたい人のために

● 桑田耕太郎・松嶋登・高橋勅徳［2015］『制度的企業家』ナカニシヤ出版。

本章の議論には制度と組織との関係を考えることが不可欠ですが，組織が制度に影響を与えるうえで，重要な役割を担うのが制度的企業家です。その制度的企業家に関する最新の研究がまとめられた書です。

● 帝国データバンク史料館・産業調査部編［2009］『百年続く企業の条件─老舗は変化を恐れない』朝日新聞出版。

大きな環境変化のなかでも，百年以上続いている企業の事例が複数取り上げられています。業種に多少の偏りはあるものの，生き残っている企業には本章でも指摘したように，共通する特性があることが明確に読み取れます。

参考文献

- 高瀬武典［1991］「組織学習と組織生態学」『組織科学』25⑴, 58-66.
- 山田耕嗣・佐藤秀典［2014］『コア・テキスト マクロ組織論』新世社。
- Abrahamson, E.［1996］"Management fashion," *Academy of Management Review*, 21⑴, 254-285.
- Barnett, W. P. & Hansen, M. T.［1996］"The red queen in organizational evolution," *Strategic Management Journal*, 17, 139-157.
- De Geus, A.［1997］*The Living Company: Habits for Survival in a Turbulent Business Environment*. Boston, MA: Harvard Business School Press.（堀出一郎訳『リビングカンパニー——千年企業への道』日経 BP 社, 1997 年）
- DiMaggio, P. J. & Powell, W. W.［1983］"The iron cage revisited: Institutional isomorphism and collective rationality in organizational fields," *American Sociological Review*, 48⑵, 147-160.
- Hannan, M. T. & Freeman, J.［1977］"The population ecology of organization," *American Journal of Sociology*, 82⑸, 929-964.
- Hannan, M. T. & Freeman, J.［1984］"Structural inertia and organizational change," *American Sociological Review*, 49⑵, 149-164.

索　引

▶**事項索引**

┃英数

5 つの職務次元 ………80
8 ステップの理論 ………192
ERG 理論 ………72
Every Day Low Price（EDLP）戦略 ………121
High & Low 戦略 ………121
MPS（motivating potential score）………82
PDCA サイクル ………33, 44

┃あ

アウトプット（業績）
　………21, 35, 39, 50, 185, 199
アウトプットの多様性 ………141
赤の女王理論 ………233
悪循環 ………216
悪魔の提唱者（devil's advocate）………97
網の目型 ………62
安全の欲求 ………70
移行段階 ………178
意思決定者 ………114
意思決定の連鎖 ………106
依存関係 ………131
一体化 ………111
イノベーション ………111, 163, 169
インフォーマル・グループ ………89
インプット ………21, 35, 39, 50, 185, 199
インプットの多様性 ………141
衛生要因 ………74
営利組織 ………17

営利法人 ………17
横断的関係 ………148
オーバーロード状況 ………143
オープン・システム ………35, 124
思い込み ………187

┃か

解 ………114
外的不整合 ………201
解凍段階 ………178
科学的管理法 ………31
学習機会 ………163
学習する組織 ………194, 197
学習能力 ………234
活用（exploitation）………210, 218, 220
過程理論 ………75
過当競争 ………232
環境決定論 ………225
環境の不確実性 ………123
緩衝化 ………128
完全合理性 ………38
簡素化・平準化 ………123
カンパニー制 ………60
管理過程論 ………32
管理的レベル ………126
管理の諸原則 ………32
官僚機構 ………33
官僚制 ………33
官僚制組織 ………33, 139
技術的レベル ………126
技術の空洞化 ………166

規則と手順⋯⋯⋯⋯⋯⋯⋯⋯142
期待⋯⋯⋯⋯⋯⋯⋯⋯⋯⋯77, 78
期待理論⋯⋯⋯⋯⋯⋯⋯⋯⋯77
機能⋯⋯⋯⋯⋯⋯⋯⋯⋯50, 52
機能の専門化⋯⋯⋯⋯⋯⋯⋯55
機能別組織⋯⋯⋯⋯⋯⋯53, 55
規模の経済⋯⋯⋯⋯⋯⋯⋯163
決まった手順（ルーティン）⋯⋯109
決めつけ⋯⋯⋯⋯⋯⋯⋯⋯187
狭義の組織環境⋯⋯⋯⋯⋯⋯42
共通目的⋯⋯⋯⋯⋯⋯⋯⋯⋯37
共同戦略⋯⋯⋯⋯⋯⋯⋯⋯133
協働体系⋯⋯⋯⋯⋯19, 34, 36
業務組織⋯⋯⋯⋯⋯⋯⋯⋯200
業務提携⋯⋯⋯⋯⋯⋯⋯⋯159
近代組織理論⋯⋯⋯16, 44, 49
緊張関係⋯⋯⋯⋯⋯⋯207, 208
グループ・ダイナミクス⋯⋯⋯87
クローズド・システム⋯⋯35, 124
クロス・ファンクショナル・チーム
　（cross functional team: CFT）⋯⋯60
経営資源⋯⋯⋯⋯⋯⋯⋯⋯⋯21
経営組織論⋯⋯⋯⋯⋯⋯⋯⋯16
計画的な変革プロセス⋯⋯⋯180
契約締結⋯⋯⋯⋯⋯⋯⋯⋯133
ケーラー効果（Köhler effect）⋯⋯92
権威⋯⋯⋯⋯⋯⋯⋯⋯⋯⋯110
限界と制約の克服⋯⋯⋯⋯⋯18
権限（authority）⋯⋯⋯⋯⋯50
権限委譲⋯⋯⋯⋯⋯⋯⋯⋯⋯51
権限ライン⋯⋯⋯⋯⋯⋯⋯⋯52
限定された合理性
　（bounded rationality）⋯⋯38, 103
公益法人⋯⋯⋯⋯⋯⋯⋯⋯⋯17
広義の組織環境⋯⋯⋯⋯⋯⋯42
貢献⋯⋯⋯⋯⋯⋯⋯⋯40, 185
貢献意欲⋯⋯⋯⋯⋯⋯⋯⋯⋯37
公式組織⋯⋯⋯⋯⋯⋯⋯⋯⋯34
構造的両利き⋯⋯⋯⋯⋯⋯219
行動プログラム⋯⋯⋯⋯⋯105

効率性⋯⋯⋯⋯⋯⋯⋯⋯⋯161
合理的な意思決定⋯⋯⋯⋯102
合理的モデル⋯⋯⋯⋯⋯⋯124
コーポレート・アイデンティティ
　（CI）⋯⋯⋯⋯⋯⋯⋯⋯191
互恵関係⋯⋯⋯⋯⋯⋯⋯⋯160
コスト⋯⋯⋯⋯⋯⋯⋯25, 166
個体群⋯⋯⋯⋯⋯⋯⋯⋯⋯226
個体群生態学（population ecology）⋯⋯226
古典的組織管理論⋯⋯16, 30, 43, 49
コミットメント⋯⋯⋯⋯⋯⋯76
ゴミ箱モデル⋯⋯⋯⋯⋯111, 113
コミュニケーション⋯⋯⋯36, 110
コンティンジェンシー理論⋯⋯139, 140
コントロールの集中度⋯⋯⋯164
コンフリクト⋯⋯⋯117, 152, 166

さ

再凍結段階⋯⋯⋯⋯⋯⋯⋯178
サイバー・カスケード
　（cyber cascade）⋯⋯⋯⋯96
産官学連携⋯⋯⋯⋯⋯⋯⋯159
産業集積（産業クラスター）⋯⋯168
参入障壁⋯⋯⋯⋯⋯⋯⋯⋯229
事業⋯⋯⋯⋯⋯⋯⋯⋯⋯50, 52
事業の専門化⋯⋯⋯⋯⋯⋯⋯56
事業部制組織⋯⋯⋯⋯⋯53, 56
事業本部制⋯⋯⋯⋯⋯⋯⋯⋯59
刺激⋯⋯⋯⋯⋯⋯⋯⋯105, 109
資源依存理論⋯⋯⋯⋯⋯⋯164
資源化⋯⋯⋯⋯⋯⋯⋯⋯⋯⋯24
資源の獲得・交換⋯⋯⋯⋯160
資源の重要性⋯⋯⋯⋯⋯⋯165
自己完結的職務⋯⋯⋯⋯⋯145
自己完結的職務の創出⋯⋯146
自己強化ループ⋯⋯⋯⋯⋯217
自己決定的⋯⋯⋯⋯⋯⋯⋯225
自己効力感⋯⋯⋯⋯⋯⋯⋯⋯76

自己実現の欲求⋯⋯⋯⋯⋯70
仕事の標準化（マニュアル化）⋯⋯⋯123
市場取引⋯⋯⋯⋯⋯162
システム⋯⋯⋯⋯⋯34
システム思考（system thinking）⋯⋯195
自然システム・モデル⋯⋯⋯124
自然淘汰モデル⋯⋯⋯226
持続可能性⋯⋯⋯⋯⋯215
自尊の欲求⋯⋯⋯⋯⋯70
シナジー効果⋯⋯⋯⋯⋯163
老舗企業⋯⋯⋯⋯⋯233
資本提携⋯⋯⋯⋯⋯159
シミュレーション・モデル⋯⋯⋯116
社会的アクター（行為者）⋯⋯⋯16
社会的促進⋯⋯⋯⋯⋯89
社会的手抜き（social loafing）⋯⋯⋯90
社会的補償（social compensation）⋯⋯91
社会的抑制⋯⋯⋯⋯⋯90
集権化⋯⋯⋯⋯⋯55, 58
自由裁量⋯⋯⋯⋯⋯144
自由裁量権⋯⋯⋯⋯⋯164
集団（グループ）⋯⋯⋯⋯⋯86
集団凝集性⋯⋯⋯⋯⋯97
集団極性化⋯⋯⋯⋯⋯95
集団浅慮（groupthink）⋯⋯⋯96
集団分極化（group polarization）⋯⋯⋯94
集団力学⋯⋯⋯⋯⋯87
集中型テクノロジー⋯⋯⋯126
状況定義（definition of the situation）⋯104
上申⋯⋯⋯⋯⋯143
焦点組織⋯⋯⋯⋯⋯158
職能別組織⋯⋯⋯⋯⋯55
職務設計⋯⋯⋯⋯⋯80
職務特性モデル⋯⋯⋯⋯⋯81
所属と愛の欲求⋯⋯⋯⋯⋯70
自律性⋯⋯⋯⋯⋯81
シングル・ループ学習
　（single-loop learning）⋯⋯⋯196, 216
推進力⋯⋯⋯⋯⋯178
スキルの多様性⋯⋯⋯⋯⋯80

スターモデル⋯⋯⋯⋯⋯176
スタッフ⋯⋯⋯⋯⋯51
スタッフ業務またはスタッフ機能⋯⋯⋯51
ステイクホルダー⋯⋯⋯213
ステップ・アプローチ⋯⋯⋯192, 196
スラック資源⋯⋯⋯⋯⋯145
成功シンドローム⋯⋯⋯217
整合性（alignment）⋯⋯⋯200, 220
整合性モデル⋯⋯⋯177, 199
成功の罠⋯⋯⋯⋯⋯216
生産主体⋯⋯⋯⋯⋯20
正統性（legitimacy）⋯⋯⋯229
制度的レベル⋯⋯⋯126
製品別事業部制⋯⋯⋯56
生理的欲求⋯⋯⋯⋯⋯70
全体最適⋯⋯⋯⋯⋯195
選択機会⋯⋯⋯⋯⋯114
選択・淘汰⋯⋯⋯⋯⋯227
創発的な変革プロセス⋯⋯⋯181
組織アイデンティティ
　（organizational identity）⋯⋯⋯203, 215, 234
組織エコロジー論
　（organizational ecology）⋯⋯⋯226
組織学習⋯⋯⋯⋯⋯215
組織化された無政府状態
　（organized anarchy）⋯⋯⋯113
組織間関係⋯⋯⋯⋯⋯158
組織間ネットワーク⋯⋯⋯168
組織均衡論⋯⋯⋯27, 35, 39
組織コンテクスト⋯⋯⋯221
組織成長の5段階モデル⋯⋯⋯175
組織的な意義⋯⋯⋯80
組織デザイン⋯⋯⋯48, 142
組織の3要素⋯⋯⋯37
組織のパラドックス⋯⋯⋯207, 211
　学習（learning）のパラドックス⋯⋯⋯211
　実行（performing）のパラドックス⋯213
　所属（belonging）のパラドックス⋯⋯⋯212
　組織化（organizing）のパラドックス
　⋯⋯⋯212

組織のライフサイクル仮説⋯⋯⋯174
組織への一体化⋯⋯⋯110
組織変革⋯⋯⋯173, 191
組織ルーティン⋯⋯⋯108

た

退出障壁⋯⋯⋯229
代替案⋯⋯⋯102
ダイバーシティ＆インクルージョン⋯191
タスク環境⋯⋯⋯130
タスクの一貫性⋯⋯⋯81
タスクの重要性⋯⋯⋯81
タスクの割り当て⋯⋯⋯107
タスクフォース⋯⋯⋯151
ダブル・ループ学習
　（double-loop learning）⋯⋯⋯196, 217
単位（ユニット）⋯⋯⋯49
探索（exploration）⋯⋯⋯210, 218, 220
地域別事業部制⋯⋯⋯56
チーム⋯⋯⋯87, 151
中間形態⋯⋯⋯163
長期的なタイム・スパン⋯⋯⋯208
調整⋯⋯⋯49
長連結型テクノロジー⋯⋯⋯126
直接接触⋯⋯⋯150
抵抗⋯⋯⋯183
抵抗力⋯⋯⋯178
適応性（adaptability）⋯⋯⋯220
テクニカル・コア⋯⋯⋯125, 128
デス・スパイラル⋯⋯⋯217
動機付け⋯⋯⋯68
動機付け要因⋯⋯⋯74
道具性⋯⋯⋯77, 78
同型化⋯⋯⋯229
統合的役割⋯⋯⋯153
同調行動（conformity）⋯⋯⋯92
トップ・ダウン⋯⋯⋯58, 180
ドメイン（領域）⋯⋯⋯130

取り込み（co-opt）⋯⋯⋯133
取引コスト理論⋯⋯⋯163

な

内製化・内部化⋯⋯⋯162
内的不整合⋯⋯⋯201
内容理論⋯⋯⋯69
二重構造⋯⋯⋯219
二重性（AとB）⋯⋯⋯210
二要因理論⋯⋯⋯74
ネットワーク組織⋯⋯⋯62
ノイズ⋯⋯⋯232
能率（efficiency）⋯⋯⋯39, 110

は

パートナーシップ⋯⋯⋯158
媒介型テクノロジー⋯⋯⋯126
ハブ・スポーク⋯⋯⋯62
パラドックス⋯⋯⋯183, 210
パワー⋯⋯⋯131, 164
パワー格差⋯⋯⋯165
範囲の経済⋯⋯⋯163
ピア・グループ（peer group）⋯⋯⋯98
非営利組織⋯⋯⋯17
ビジネス・プロセス・リエンジニアリン
　グ（BPR）⋯⋯⋯191
ピッグス湾の大失敗⋯⋯⋯96
標準化⋯⋯⋯31
ピラミッド型⋯⋯⋯53
不安心理⋯⋯⋯183
　新たなことを学習することへの不安
　　　⋯⋯⋯184
　生き残りへの不安⋯⋯⋯185
フィードバック⋯⋯⋯76, 81
不確実性⋯⋯⋯140
不明確な技術⋯⋯⋯113, 117

部門化（departmentalization）……49, 52
フリーライド（タダ乗り）……91
プロジェクト・チーム……87
プロジェクト・マネジャー……153
プロダクト・マネジャー……152
分業……49
分業と協働……18
分権化……56, 58
文脈的な両利き……220
平滑化……128
変異……227
変異の普及……227
便益……25
変革の３段階モデル……178
変換システム……200
変換プロセス……21
報酬……185
報酬提供……20
法人……17
ホーソン工場……38
ホーソン実験……89
保持……227
ボトム・アップ……180

ま

埋没費用（サンクコスト）……229
マクロ組織論……16
マトリックス型……54
マトリックス組織……53, 58, 153
満足化原理……104
見える化……192
ミクロ組織論……16
見過ごし……117
メッシュ型……62
目標設定理論……75
モチベーション……67
問題……114

問題のある選好……113, 117

や

やり過ごし……117
誘意性……77, 78
誘因……40
有効性（effectiveness）……39
有能さの罠……218
緩い紐帯（weak tie）……169
予測……129
欲求……69
欲求階層説……70

ら

ライン……51
ライン業務またはライン機能……51
リーダーシップ……83, 174
リーダーシップの危機……176
利害関係者（またはステイクホルダー）……40
リビング・カンパニー……233
流動的な参加……114, 117
両利き組織……218
リンゲルマン効果……90
ルーティン……109
ルーティン的な業務……143
レパートリー……105
連合形成（coalescing）……133
連絡調整役（リエゾン）……150

わ

ワーク・ライフ・バランス……191
割り当て……129

▶人名索引

あ

アージリス（Argyris, C.）──196
アッシュ（Asch, S. E.）──92
アルダファ（Alderfer, C）──72
ウィリアムズ（Williams, K. D.）──91
ウィリアムソン（Williamson, O. E.）──163
ウェーバー（Weber, M.）──33, 139
ヴルーム（Vroom, V. H.）──77
オールダム（Oldham, G. R.）──80
オルセン（Olsen, J.）──113
オルポート（Allport, F. H.）──89

か

カラウ（Karau, S. J.）──91
ガルブレイス（Galbraith, J. R.）
──140, 144, 176
ギブソン（Gibson, C. B.）──220
グレイナー（Greiner, L. E.）──174
クンツ（Koontz, H.）──32
コーエン（Cohen, M.）──113
コース（Coase, R. H.）──163
ゴシャール（Ghoshal, S.）──221
コッター（Kotter, J. P.）──192

さ

サイモン（Simon, H. A.）
──18, 34, 38, 102, 109
サランシック（Salancik, G. R.）──164
サンスティーン（Sunstein, C. R.）──95
シャイン（Schein, E. H.）──184
ジャニス（Janis, I. L.）──96
ショーン（Schön, D. A.）──196

スミス（Smith, W. K.）──210
センゲ（Senge, P. M.）──194

た

タッシュマン
（Tushman, M. L.）──177, 200
テイラー（Taylor, F.）──31, 80
デ・グース（de Geus, A.）──233
トンプソン（Thompson, J. D.）──124, 164

な

ナドラー（Nadler, D. A.）──177, 200
野中郁次郎──18

は

バーキンショー（Birkinshaw, J.）──220
ハーズバーグ（Herzberg, F.）──72
バートレット（Bartlett, C. A.）──221
バーナード（Barnard, C. I.）──34
バーネット（Barnett, W. P.）──233
ハックマン（Hackman, J. R.）──80
ハナン（Hannan, M. T.）──226
ファヨール（Fayol, H.）──32
フェッファー（Pfeffer, J.）──164
フリーマン（Freeman, J.）──226
ポーター（Porter, L. W.）──77

ま

マーチ（March, J. G.）──18, 34, 102
マズロー（Maslow, A.）──70

メイヨー（Mayo, E.）................................89

ルイス（Lewis, M. W.）................................210
レヴィン（Lewin, K. Z.）........................87, 178
レスリスバーガー
　（Roethlisberger, F. J.）................................89

ローラー（Lawler, Ⅲ, E. E.）........................77
ロック（Locke, E. A.）................................75

▶著者紹介 (執筆順)

安藤 史江 (あんどう ふみえ)　　　　まえがき，第 5，9，11，13 章，Episode 1 〜 3

南山大学経営学部教授。博士（経済学，東京大学）。

東京大学大学院経済学研究科博士課程単位取得退学。南山大学経営学部専任
講師，同大学院ビジネス研究科准教授，教授を経て現職。専門は，経営組織
論，組織学習論，組織変革論。

主要著書・論文等に『組織学習と組織内地図』（2001 年，白桃書房），『組織
変革のレバレッジ』（2017 年，白桃書房），『コア・テキスト組織学習』（近刊，
新世社），「組織学習と組織内地図の形成」（1998 年，『組織科学』，第 15 回組
織学会高宮賞（論文部門）受賞），「ケア責任を負った女性の就業継続・育成
のための組織変革マネジメント」（2017 年，公益社団法人全日本能率連盟主
催第 69 回全国能率大会　経済産業省経済産業政策局長賞受賞）等がある。

西脇 暢子 (にしわき のぶこ)　　　　　　第 1 〜 3 章 （Episode 1 〜 3 を除く）

日本大学経済学部教授。博士（経済学，京都大学）。

京都大学経済研究科博士後期課程修了。京都産業大学経営学部専任講師を経
て現職。専門は経営組織論，組織行動論。

主要著書等に『日系企業の知識と組織のマネジメント―境界線のマネジメン
トからとらえた知識移転メカニズム』（編著，2018 年，白桃書房），『新版 経
営行動―経営組織における意思決定過程の研究』（共訳，2009 年，ダイヤモ
ンド社）等がある。

山岡　徹（やまおか とおる）　　　　　　　　　　　　第 4, 10, 12 章

横浜国立大学大学院国際社会科学研究院教授。博士（経済学，京都大学）
京都大学大学院経済学研究科博士後期課程単位取得退学。東海旅客鉄道株式
会社（JR 東海），横浜国立大学経営学部専任講師を経て現職。専門は経営組
織論，経営管理論。
主要著書・論文等に『変革とパラドックスの組織論』（2015 年，中央経済社），
「組織における両利き経営に関する一考察」（2016 年，『横浜経営研究』第 37
巻第 1 号，等がある。

稲水　伸行（いなみず のぶゆき）　　　　　　　　　　　　　第 6 〜 8 章

東京大学大学院経済学研究科准教授。博士（経済学，東京大学）。
東京大学大学院経済学研究科博士課程修了。筑波大学ビジネスサイエンス系
准教授を経て現職。専門は経営組織論，経営科学。
主著に，『流動化する組織の意思決定』（2014 年，東京大学出版会，第 31 回
組織学会高宮賞受賞），『プロ野球「熱狂」の経営科学』（2016 年，東京大学
出版会）等がある。

経営組織

2019年12月20日　第1版第1刷発行
2025年 1 月20日　第1版第13刷発行

著　者　　江口　行子徹継
　　　　　　史伸暢
　　　　　　藤水脇岡
　　　　　　安稲西山

発行者　　山　本　　　継

発行所　　㈱中央経済社

発売元　　㈱中央経済グループ
　　　　　　パブリッシング

〒101-0051　東京都千代田区神田神保町1-35
電　話　03 (3293) 3371 (編集代表)
　　　　　03 (3293) 3381 (営業代表)
https://www.chuokeizai.co.jp
印刷／三英グラフィック・アーツ㈱
製本／誠　　製　　本　　㈱

© 2019
Printed in Japan